HUBERT LECONTE

LES LARMES DU LUBERON

Roman historique

Millepertuis-création
84490 Saint-Saturnin-Lès-Apt

A la mémoire de
Guy LECONTE
Mon père...

REMERCIEMENTS

A Josette, mon épouse et inlassable collaboratrice.
A mes amis qui m'ont encouragé.
A l'Association d'Etudes Vaudoises et Historiques du Luberon,
A l'Association d'Histoire et d'archéologie des Pays d'Apt et du Luberon, dont le soutien me fut précieux.
A Jean Franval, et à « l'équipe » de Créaction... qui m'ont fait confiance.

Hubert Leconte.

ASSOCIATION D'ETUDES VAUDOISES ET HISTORIQUES DU LUBERON

Monsieur,

J'ai lu votre roman d'une traite, avec passion.

Votre style, poétique et sensible aux réalités spirituelles, entraîne le lecteur dans la reconstitution de l'atmosphère sociale et religieuse de ce XVIème siècle qui a marqué notre histoire et la mentalité de notre pays.

Vous connaissez bien cette histoire vaudoise et je vous suis très reconnaissant de cette évocation vivante...

Mérindol le 18 avril 1990
Le Co-Président de A.E.V.H.L
Christian Mazel.

PREFACE

Les « LARMES DU LUBERON », titre insolite pour la grande montagne: image de lumière et de joie pour les élus qui la parcourent amoureusement.

Amoureusement.... Oui, l'amour est là sans cesse dans cette longue histoire qui nous est si bien contée: celle d'une minorité religieuse, originale, les Vaudois du Luberon. Et si, au terme de l'ouvrage, le « Luberon pleure », c'est parce que l'inexorable marche du siècle a anéanti pour un temps cet amour, passionnément et douloureusement vécu.

La petite flamme du chandelier est éteinte, mais la mèche, à l'odeur âcre, fume encore.... L'étroit filet de fumée monte en spirale: c'est le signe, après les désastres, de la foi profonde que ces Vaudois vont continuer de vouer à Dieu, directement, à la lecture de la Bible en famille le soir devant la grande cheminée, dans le souvenir de leurs « barbes » itinérants, descendus comme eux, autrefois, des vallées refuges du Piémont et du Briançonnais.

Un amour sans faille aussi unissait les générations blotties l'une contre l'autre dans les bastides solitaires des « écarts », silencieuses, sur la défensive, dans l'attente des brimades des bien-pensants et des exactions de l'inquisiteur dominicain.

Amours tumultueuses encore entre Jehan le Prêcheur et Orlane la pure, sur les berges du Rhône, amour pastoral entre Emmanuel le miraculé des Jassines et Alyne, sa belle voisine de Soubeyran.

Amour enfin, tendresse infinie surgie du plus profond de la terre, du patriarche Emilio pour ce petit-fils qui prend la relève, qui « maintiendra » et qui deviendra le lieutenant désespéré du grand bretteur de Cabrières, Eustache Marron.

*

Par delà cet amour, qui transcende des êtres de chair, héros du roman, rayonne à chaque page, comme le ciel étoilé des nuits d'Août, un attachement viscéral de « *ces travailleurs de terre* » à leurs cultures qui dégringolent en cascade des restanques millénaires, à leurs bastides carrées largement étalées, aux arbres torturés par le vent et aux baumes étroites du haut pays. Ah ! comme ils l'aimaient cette terre naguère exsangue: La Dame de Cental et autres seigneurs des lieux les avaient appelés pour la faire revivre, et, dans le silence de leur foi tranquille, ils la retournaient avec acharnement, depuis le rose pâle du petit matin jusqu'au rouge sang du crépuscule.

La triple flamme qui brûle dans ce roman et nous brûle, c'est celle de l'amour, de la foi, de la terre sans cesse présente, sous la plume inspirée d'Hubert Leconte...

*
* *

Mais en contepartie, profondément liée à l'action, règne la violence. Amour et violence. Le Bien et le Mal, manichéisme de toujours.... La fin du Moyen-Age où l'on guerroyait de bon coeur n'est pas très éloignée, la Renaissance, elle, avec la Réforme, nous apporte la sarabande effrenée des luttes religieuses souvent sans merci. Il y a la guerre, contre Charles Quint d'abord, au cours de laquelle la troupe vit sur l'habitant, et sur le sol étranger, ne rêve que de pillages. A la cour de France le règne des favoris n'empêche en rien les règlements de comptes et les intrigues meurtrières, la paillardise règne, même dans les rangs du clergé. En Luberon, à l'ombre du tout puissant Parlement de Provence embourgeoisé à Aix, se déchaîne la violence à l'encontre de l'hérétique, malgré les épisodiques atermoiements royaux. Embuscades, attentats, incendies, pillages, viols, galères, massacres, tortures de l'inquisiteur.... Ce flot de violence et de sang, le procureur Aubery, fidèle enquêteur du roi, le consignera plus tard par le menu dans son rapport marqué du sceau de l'objectivité et de... l'énumération sèche.

Peut-on alors reprocher à l'auteur des « Larmes du Luberon » de décrire tant de scènes de violence, même si parfois il lui arrive de dépeindre avec magnificence certains viols ?

*

* *

Amour, violence, tout se déroule dans le roman, en des lieux parfaitement identifiés. Hubert Leconte, n'est pas méridional de naissance mais il a été littéralement envoûté par la magie du Luberon dès son arrivée en Provence, il y a quelques lustres. Il a sur le terrain, successivement, reconnu, humé, admiré ces lieux qui seraient le théâtre où allaient vivre les héros de son roman. Il a ainsi l'émotion forte, directe inspiratrice que ne peuvent ressentir les trop nombreux « écrivains en chambre ». Alors pour notre grand ravissement, sonnent à nos oreilles les noms de tous ces vieux lieux-dits: les Moutins - la Valmasque - les Jassines - Soubeyran - La Verrière - les Ferriers - Tirasse - Roquefure - la Yaude - la Roque des Bancs et le Pré de Roustan - les Claparèdes - la Brémonde - les Seguins - la Baume de l'eau - Chantebelle - Le Paradou - La Barigoule. Cette géographie du coeur donne à l'ouvrage un parfum, de vérité d'abord mais de poésie aussi.

*

* *

« les violés, les battus, les estropiés, avaient fait leur plein d'humiliations ».

Pour justifier tant de misère, il était indispensable de faire appel au contexte historique qui entoura la foi de ces vaudois dissimulée le jour et ravivée la nuit.

Au grand dam des lectrices avides de voir se poursuivre l'action sans interruption mais, en revanche, pour le plus grand plaisir des amoureux de l'Histoire, Hubert Leconte évoque, en quelques chapitres intercalés, la politique religieuse du roi de France exposée à Amboise, l'échec des troupes de Charles Quint et du traître Bourbon face au courage des « Dames de Marseille », les fastes du mariage de Catherine de Médicis toute jeune épouse du futur Henri II et les conclusions du synode de Chanforan de 1532 au cours duquel « *Cette Eglise de nulle part, cette Eglise fugitive des Vaudois qui s'évanouissait avec l'aurore* » se fondra dans le mouvement de la Réforme... « *Ainsi tout ce que la foi simple de Valdo avait su garder de fraîcheur se diluait dans le catéchisme de Luther* »

*

* *

Ce premier roman, Hubert Leconte, chantre, pris dans la mouvance du valdéisme, l'a écrit dans l'enthousiasme et la ferveur: toute une poésie diffuse l'illumine du début à la fin. Le Luberon mythique est là, les personnages vêtus de simplicité candide et de droiture, quelle que soit la couleur du ciel, sont là aussi. Style et poésie rythment notre lecture. L'âme du poète est partout. Très souvent Hubert Leconte n'écrit pas. Comme les troubadours, d'antan, il chante !

«... C'est le dernier clin d'oeil de l'étoile du berger avant que ne monte sur l'horizon le fastueux cortège des grandes constellations. »

« L'aube les saisit en effilochant les derniers lambeaux de leurs rêves. »

« Le Luberon s'habillait de mauve au seuil de la nuit »

Parfois l'adjectif bien choisi souligne l'image:

« Les enfants, les jeunes femmes, retroussées à mi-cuisses dansaient sur les grappes préparant ainsi le raisin pour le pressoir »

Le fantastique, lorsque nous est contée la sulfureuse histoire de la Louba, nous égare:

« Les femmes se signaient lorsque la silhouette de la louve se dessinait sur le fond bleu du crépuscule »...

« La louve, soyeuse comme une eau dormante se glissait dans l'ombre tiède de la nuit »...

« Son chant descendait des Claparèdes comme une plainte, se fracassait sur le rocher... ».

« Le Luberon exhalait un sulfureux mélange de désir et d'angoisse... »

« C'était l'heure où la bête repue gagne son gîte, où le brigand, ivre mort, oublie ses victimes: l'heure des passeurs, des faux-sauniers, du petit gibier et de la Louba. »

Enfin l'homme de la montagne, sa vie, sa mort, humbles toutes les deux:

« Le montagnard qui, de son pas mesuré, descend la balle de foin de ses alpages, connaît le poids des gestes inutiles et du temps perdu... Il doit vivre de l'essentiel, du pain rustique, des joies simples tissées au jour le jour et de prières... Dieu est toujours présent à ses côtés. »

« De longues heures durant, Emilio resta assis sur le mur de l'Abbaye, baignant dans un ravissement quasi mystique... Dieu le rappelait. Le visage dirigé vers le ciel, les yeux grands ouverts, il regardait le vent pousser les nuages et créer des formes éphémères, les chevaux de l'Apocalypse foulaient aux pieds des cathédrales de vapeur...

« Emilio larguait les amarres pour l'ultime traversée... »

« Aspiré comme un fétu de paille, Emilio décrocha, enlevé vers les célestes pâturages... »

« Auprès de son arbre, Emilio était mort.. »

*

* *

Hubert Leconte a écrit, d'un seul souffle, l'épopée d'une famille vaudoise, au quotidien. Le climat social et religieux de ce Luberon mystérieux, il l'a dépeint dans le tumulte et la poésie, traversé par le cortège des martyrs, des bourreaux mais aussi des sorcières et démons, témoins des superstitions d'un Moyen-Age finissant... Surviennent heureusement, en contraste, les lumineuses scènes pastorales de vendanges ou de labours, les sourires délicieux des filles des bastides, les secrètes veillées familiales emplies d'une Foi des premiers âges. Hymne d'amour, mémorial au rythme ininterrompu, on croit voir défiler les séquences d'un grand film qui tient sans cesse en haleine le lecteur-spectateur !

Après avoir lu les « Larmes du Luberon » certains lecteurs désireront sans doute mieux connaître la longue aventure du Valdéisme, depuis les « Pauvres de Lyon » jusqu'à la diaspora actuelle, et consulteront les nombreux ouvrages spécialisés.

Miracle des romans historiques, les bons..

Mais plus humblement et sans acrimonie pour nos amis suisses, souhaitons que le terme de « vaudois » ne désigne plus uniquement, pour quelques béotiens, que les paisibles habitants du pays de Vaud !

*

* *

A plus de cinq siècles de distance de la persécution vaudoise en Luberon, nous évoquerons cette notion immatérielle du Temps pour conclure, avec une pointe de nostalgie et selon les propres termes de l'auteur des « Larmes du Luberon » que:

« Le temps qui dessine les rides, calme la douleur, embellit la mémoire, compose un bouquet d'immortelles, de joies fanées et de regrets... »

LOUIS PELLECUER
de l'Académie de Vaucluse
Vice-Président d'Archipal *

(*) Association d'histoire et d'Archéologie des Pays d'Apt et du Luberon

PROLOGUE

La Renaissance et la Réforme...

Le roi de France confiait à son parent:

« Mon frère, vous ne pourriez croire les beaux jardins que j'ai vus dans cette ville. Sur ma foi, il semble qu'il n'y faille qu'Adam et Eve pour en faire un Paradis terrestre tant ils sont beaux, remplis de merveilleuses et singulières choses... Je chercherai des peintres que je puisse emmener avec moi pour les faire travailler à Amboise. J'ai espérance de vous amener les meilleurs ouvriers et j'ai bien des choses à vous conter de mon voyage et de ce que j'ai vu en Italie. »

Un vent chaud, venu du Sud souffle sur le royaume.

La Renaissance italienne pénètre en France dans les fourgons de l'armée du roi. Les grands maîtres italiens recomposent pour lui les palais de Florence et les jardins de Toscane. Les façades austères des demeures médiévales s'ouvrent sur l'Aventin et les nymphes languides, les satyres amoureux hantent les sous-bois et les bassins d'eau claire. Les vierges de Raphaël ont la grâce de Vénus et le Moïse de Michel-Ange la force de Jupiter.

Les vieux barons altiers de nos marches lointaines, jadis rugueux comme le chêne, papillonnent sous les lambris d'Amboise, courbent l'échine, plient le jarret et balaient de leurs plumets les marches du trône.

C'est le temps des courtisans et la fin des grands féodaux.

Le Moyen-Age agonise, la pensée se dissipe et le doute s'insinue dans les sanctuaires du savoir. La faculté fustige, condamne et persécute, mais les faibles lumières de l'humanisme s'insinuent entre les dogmes étouffants et les superstitions crépusculaires.

De Paris, de Lyon, de Genève, les imprimeurs audacieux diffusent les grands textes de l'Antiquité, les libelles et les pamphlets subversifs.

Le vieux monde vacille entre vice et vertu.

Le pape vend le paradis à l'encan pour construire ses tombeaux et doter ses bâtards. Savonarole, sur son bûcher, condamne l'Eglise de Rome: « la fille perverse ».

Tout est à vendre: un prince électeur, un cardinal du consistoire, le glaive de Charlemagne et le trône de Saint-Pierre.

Charles Quint et François Ier assourdissent l'Europe du fracas de leurs armes et de leurs embrassades. Le peuple paie de ses maigres deniers, de son honneur et de sa vie, les ambitions de ses princes et la concupiscence de ses prélats.

Les brebis sans pasteurs cherchent d'autres voies de salut hors des temples pervertis. L'ombre et la lumière confusément se mêlent dans un ciel d'orage, saintes paroles et sacrilèges seront tantôt confondus en une même malédiction.

De mariniers en colporteurs, les bibles en langue populaire, interdites par l'Eglise, circulent sous le manteau. Elles offrent à tous la connaissance des clercs et préparent les schismes à venir. Luther allume ses brûlots et l'inquisition prépare ses bûchers.

Le siècle bouillonne de la fureur de ses passions, de la démesure de ses rêves que le génie inscrit sur la pierre, la toile ou le parchemin.

Les armées en campagne, le pillage, le viol, l'inquisition, le feu et le sang des Incas, Borgia, Luther, Catherine de Médicis et bien d'autres encore... signent pour la fureur.

Léonard de Vinci, Raphaël et Michel-Ange, Erasme, Thomas Moore et l'humble Copernic qui, de son doigt magique, fit danser les étoiles... témoignent pour le génie.

*

Aux portes de la Provence, Avignon la superbe, vivait depuis des siècles sous le charme italien.

L'humble fille du Rhône, prostrée dans ses ajoncs, se réveilla princesse florentine par la faveur d'un pape en exil.

Adulée, belle et perverse, elle attirait un peuple de marchands, de banquiers et d'artistes qui lui donnaient parures, richesses et gloire. Grande dame de petite vertu, dévote en ses églises, catin dans ses palais, putain sous les remparts, occitane et romaine, elle aimait le troubadour, méditait Machiavel, entretenait le spadassin et jouait de la lyre, un poignard dans sa manche. Mais elle offrait aussi l'asile au proscrit et gardait pour le poète son soleil, ses couleurs, le blanc rocher des Doms et les eaux vives de la Sorgue. Le Rhône fougueux déposait à ses pieds les trésors du levant et les restes brisés des peuples naufragés. Les Juifs, les Gitans, les bannis de l'Europe trouvaient dans son giron la sécurité et la paix. Dans les tours du Palais se sont nouées les alliances et défaits les états.

Cette Provence, dolente aux pieds des Alpes, était la voie immémoriale des invasions du sud et la proie des conquérants. Les routiers, mercenaires des armées en campagne, la vidaient de sa substance. Indestructible, elle relevait ses créneaux, pansait ses plaies et, frileuse, attendait les mauvais coups du sort.

Depuis quelques années, la paix régnait dans le pays. Du plateau de Vaucluse au sombre Luberon, les champs de la vallée frémissaient sous le vent. Les villages de pierres blanches, fondus dans la rocaille, s'étageaient sur les pentes, à l'abri des autans et des hordes mercenaires. Les rues étroites escaladaient le roc, s'engouffraient sous un porche et fuyaient dans la garrigue entre deux murs de pierres sèches, ombragés d'amandiers. Le vieux château se drapait de lierre, de ronce folle et de vigne sauvage.

Les ruines austères témoignent encore des seigneuries de Provence. Au fil du temps qui passe, un symbole griffé dans la pierre, une devise en fronton marquent les pages de leur histoire.

D'Agoult et Simiane, Pontevès, Forbin et Villeneuve ont, depuis des générations, modelé ce pays.

Sur chaque versant du Luberon, de Mérindol aux flancs de Gordes, leurs laboureurs ont défoncé le sol, essarté le plateau et fait fleurir les paluds*. Ces hommes venus des Alpes, chassés par la misère et la peur du bourreau, gagnèrent leurs terres et leurs droits sur l'herme* et la garrigue. Ils s'appelaient Serre, Pellenc, Maynard, Vian ou Rey.

Ils formaient en Provence un peuple marginal avec ses coutumes et sa foi. Disciples de Valdès, « le Pauvre de Lyon », ils prêchaient l'Evangile dans sa simplicité première et rêvaient d'une église dépouillée de ses pompes et de ses ors.

Durant des générations, pourchassés dans leurs montagnes, excommuniés et traqués, ils avaient appris à se dissimuler dans l'ombre des clochers. Fils soumis de l'Eglise au lever du soleil, le soir à la veillée, portes closes, ils renouaient avec la foi ancestrale et relisaient, à la chandelle, la Bible familiale, fatiguée, jaunie de trop d'usage. Elle avait circulé par les chemins, les traverses et les cols, semant à chaque halte sa petite graine d'hérésie qui fera, l'heure venue, moisson de martyrs et de ruines.

Les prédicants, appelés barbes*, circulaient la nuit et tissaient, des Alpes à la Durance, un réseau serré de complicités, portaient les nouvelles, le salut des frères de la montagne aux exilés de la plaine. Ces barbes familiers avaient leurs refuges dans les baumes * cachées du Luberon, leurs pistes et leurs clairières discrètes pour le culte commun.

Les vaudois* se taisaient, s'entraidaient, se protégeaient et priaient dans le secret.

* L'astérisque renvoie au lexique en fin de volume.

Première Partie

LE TEMPS DES JASSINES

I

LE BERCEAU DES REY

1515...

Chassés de leurs pâturages de Freissinières par l'inquisition, les Rey s'étaient installés en Provence depuis deux générations. Sur ces terres en friches, ils avaient tiré une à une, les pierres de la garrigue, transformé la terre aride en champs superbes qui s'étendaient, à perte de vue, de l'abbaye Saint-Hilaire aux limites de Soubeyran.

Emilio était un tenancier aisé, estimé de son seigneur, du baile* et de ses voisins.

Assise en face du Luberon, sa bastide dominait la Valmasque*: la vallée des sorciers de sinistre réputation.

Mais il y avait des années que le laboureur avait perdu le goût du bel ouvrage et si les terres ne retournaient pas à la friche c'est que sa dignité, plus forte que son chagrin, l'entraînait malgré lui. Il poussait l'araire, émondait le verger, taillait la vigne dans la plus morne indifférence, ignorant l'angoisse des premières gelées et la joie des greniers croulant sous le grain. Il avait renoncé à faire plus que le nécessaire.

Son fils lui manquait...

Sous le platane de la cour, assis sur la pierre à blé, il parlait, déroulait les mots mille fois répétés depuis l'année du drame. Sa femme Colette écoutait sans impatience et recueillait les plaintes de ce coeur blessé.

Le curé de La Coste leur avait pris leur fils.

Emilio ressassait son histoire pour la garder présente en sa mémoire et réchauffer sa haine contre les papistes*. Il brodait sa misère, égrenait tout au long des jours le chapelet de ses rancoeurs et s'inventait des raisons de haïr. D'un lointain passé surgissaient des images qui hantaient ses nuits blanches.

Combien de fois avait-elle entendu le récit de cet été maudit de l'année 1504 et dont elle se rappelait chaque détail.

*

1504...

Il fait une chaleur d'enfer, la silhouette noire du curé s'étire sur le chemin. Colette le regarde venir... Il faut avoir de bonnes raisons pour battre la campagne aux heures pleines de midi, lorsque le soleil cuit les pierres et assomme les oiseaux. Les chiens jappent, les époux ne sont pas rassurés.

Lorsque le prêtre franchit le portail de la cour, son visage ruisselant de sueur s'éclaire d'un bon sourire. La peur s'éloigne.

Malgré les temps qui changent, catholiques et vaudois vivent en bonne intelligence sur le plateau. Il y a longtemps que le curé de La Coste a renoncé à séparer les brebis galeuses de son troupeau. Les bons et les mauvais chrétiens vivent ensemble sans se haïr. Les enfants vont à la messe et les parents mènent leurs affaires, sans provocations ni tumultes. Ils paient la dîme à l'Eglise, les taxes au seigneur et la paix règne dans sa paroisse. Antoine est respecté et c'est un homme heureux. Toutefois, si personne n'évoque l'hérésie, l'idée taraude les consciences.

- Quel bon vent te pousse aux Jassines* ? demande Emilio. Ne reste pas sur le pas de la porte sinon tu vas rôtir comme une grive, je vais te chercher du vin frais.

Soucieux, Emilio ne s'attarde pas dans le cellier. Il rapporte son pichet rempli de vin et deux gobelets d'étain.

- Bois, c'est après celui de Baridon de Cabrières, le meilleur vin du pays. Il vient d'une petite vigne que je mène à mi-fruit avec Thomas Pellenc du Plan* d'Apt. C'est une bonne manière qu'il me fait. Sur notre versant la vigne ne vient pas, je ne dis pas que du côté des Mallans, ce ne soit pas meilleur, mais c'est pentu.

Le curé boit à petites lampées, écrase la liqueur entre langue et palais pour en saisir toutes les nuances. La fraîcheur le pénètre, glisse dans son gosier surchauffé. Il se détend dans la pénombre, la paix de midi que les bruits du dehors ne troublent pas. Le temps s'est figé sur le seuil. Dans ces demeures paysannes, les choses lentement mûrissent, se transforment et vieillissent au coin du feu. Le présent est le fruit des maturations du passé. Depuis toujours les mêmes objets sont à la même place, paisibles. La cruche débonnaire, assise sur la pierre à feu est une présence familière et si, par malheur elle est brisée, son absence se remarque comme la place du mort à la tablée du soir.

Antoine observe Emilio qui verse le vin. Il refait un geste ancestral, étire le filet qui se déroule par le col du pichet, comme un ruban de velours, moiré et chatoyant dans l'ombre. Le paysan fait admirer la couleur, la chaleur de son vin. Le geste rituel du vigneron, ennoblit le vin et sanctifie l'instant. C'est le partage des initiés.

Emilio patiente encore, il scrute le visage du prêtre, tente d'y déceler un signe qui le mettrait sur la voie.

Le curé se décide enfin:

- Je viens pour le petit.

Le petit, c'est Jehan, le fils d'Emilio et de Colette, un garçon de 10 ans qui, pour l'heure, dort dans la remise.

Colette, assise sur le banc de pierre devant la porte ouverte, tend l'oreille car les hommes parlent de son petit.

Soucieux, Emilio fronce le sourcil car il n'aime pas que les siens attirent l'attention: c'est une vieille habitude des temps de Fressinières et de la traque. Il se ferme et prend son air sournois.

- Il t'a manqué le mauvais ?... Il aura ce soir sa comptée de verges.

Emilio voulait un fils instruit car le savoir était précieux pour un laboureur de quelque importance, obligé de traiter sur les marchés, de compter souvent et de lire quelquefois. Lui, il savait signer de son nom et faire son compte. Il se distinguait de la foule des ignorants que les juges et les notaires traitaient par le mépris. Lui, Emilio, était respecté.

Durant l'hiver, Antoine apprenait aux enfants du village, à lire, compter, écrire. Les paysans lui rendaient de petits services et lui portaient, pour la Pâque, la galine* et les oeufs frais.

- Mon pauvre Antoine, ce petit te fait perdre ton temps, il est comme moi, pas trop malin. Nous autres, laboureurs, ne pouvons faire que des enfants qui nous ressemblent, notre science se borne à quelques dictons qui nous viennent des vieux: peser le temps, flairer le vent porteur d'orage ou de grêle, voilà toute notre science. Il nous faut suivre notre chemin dans la crainte de Dieu et sans plus de chimères, tu n'aurais pas dû nous mettre des idées en tête qui ne sont pas de notre condition. Le savoir, c'est pour les nobles, les bourgeois et les prêtres: les bons prêtres.

L'air faussement contrit du fermier, agaçait le curé. Il connaissait Emilio depuis longtemps, malin comme le diable, retors à l'occasion et qui faisait la bête pour mieux sentir le vent, calculer sa course. Antoine ne se laissait plus prendre aux vieilles ruses du renard des Jassines. Il savait bien qu'en attendant leur tour de cuire le pain au four du village, les femmes parlaient et Colette se vantait d'avoir un fils qui lisait dans la bible, presque sans se tromper.

Emilio allait en rajouter, lorsqu'Antoine d'un geste de la main lui fit signe de se taire.

- Tu déparles, Emilio, Jehan est un bon petit, plein de qualités et de promesses. C'est une terre de bon rapport et qui pourrait produire gros fruits si ses parents voulaient faire un effort. Moi je ne peux plus rien donner, il a tout pris de mon maigre savoir mais il peut aller plus loin, plus haut, là où se donne la vraie science.

Antoine marqua un temps d'arrêt. Le plus difficile restait à faire et il devait peser ses mots.

- Il faut qu'il rentre au collège: une chance se présente, l'évêque de Cavaillon cherche, dans nos campagnes, les meilleurs de nos fils pour en faire de bons prêtres; l'Eglise manque de bons prêtres. Jehan nous reviendra savant comme un docteur, doré comme un prélat, avec grande cure et beau salaire. L'affaire est sûre et ne dépend que de toi. Le seigneur Balthazar, à qui j'en ai parlé, est prêt à nous aider.

Emilio Rey dont les ancêtres étaient morts pour leur foi, s'effondra. Le piège, qu'il n'avait pas vu, se refermait sur lui. Il était pris le renard. Les papistes lui volaient son fils. Ses mains noueuses écrasaient le gobelet et des envies de meurtre lui mordaient le ventre. Les bonnes manières du curé cachaient la trahison. Le prêtre frappait au plus sensible de sa chair: le fils, l'avenir de sa race. Le tenancier de Balthazar de Simiane, lié par bail perpétuel à son seigneur, baissa le front. Il n'y avait pas de refus possible pour le Piémontais.

Antoine était malheureux car il n'aimait pas cette sale besogne que l'évêque lui imposait. Il mesurait la douleur d'Emilio mais ne pouvait dévier le cours du destin. Le petit Jehan ne leur appartenait plus, il était l'oblat * obligé du village. La décision venait de très haut et le curé n'était que l'instrument docile de l'Eglise.

Terre romaine pétrie d'humanisme, pays du « gay savoir »*, souvent tentée par ses démons, la Provence couvait l'hérésie. Dissimulés, insaisissables sous une apparente soumission, les vaudois pratiquaient leur culte en secret, entretenaient leurs prédicateurs porteurs d'une parole qui ne se perdait pas dans le désert.

L'Eglise était critiquée par le peuple et dans ses propres collèges où se propageaient des idées de réforme. Les rois réclamaient des conciles et les papes s'en défendaient, repoussant aux calendes une nécessaire remise à jour des articles de la foi et la fin des excès.

L'Eglise bâillonnait ces évangélistes timides qui suggéraient un retour aux sources de la foi, dans la maison du Père enfin débarrassée des marchands et des voleurs.

Ce qu'elle refusa à la plume, au temps des paisibles débats, lui sera arraché par la violence et les armes. Guillaume Briçonnet, Lefèbvre d'Etaples, Erasme et le furieux Savonarole, précédèrent Luther, Calvin, Farel et tant d'autres. On ne les écouta pas.

Le pape faisait la guerre, agrandissait ses états et négligeait ses devoirs sacerdotaux. Il n'était plus le bon pasteur, mais au gré de ses passions et de ses intérêts, le satrape ou le condottière:

« Le pape Jules II eût été digne des plus grands honneurs, s'il avait utilisé la même ardeur avec laquelle il poursuivait, par les armes, l'amélioration de l'Eglise dans sa grandeur temporelle pour la conduire, par des moyens pacifiques, vers la pureté et la perfection spirituelle. »

Pour nuancé que soit ce propos d'un diplomate, il stigmatisait l'attitude constante des princes de l'Eglise: s'enrichir, s'agrandir, nouer les alliances profitables à la famille et tondre le troupeau.

Les prélats du Comtat Venaissin, terre papale, connaissaient bien cette hérésie vaudoise qui, durant des siècles, avait infesté le Dauphiné, la Savoie, le Piémont. La suspicion qui pesait sur la secte, n'empêchait pas les seigneurs et les évêques, d'attirer sur leurs terres cette main d'oeuvre peu exigeante et de bon rapport. De la mansuétude dont bénéficièrent ces hérétiques, l'intérêt ne fut pas absent. Il parut plus sage de ramener ces égarés dans le giron de la Mère en lui donnant des prêtres issus du terroir, instruits et pieux; un sang nouveau irriguerait le corps usé de cette Eglise millénaire.

Quelques années plus tard, les enfants des vaudois seront arrachés à leur famille et enfermés dans les couvents.

Le sort du petit Jehan était scellé. Emilio et Colette mesuraient l'étendue du désastre. Antoine, le rabatteur d'enfants, chien courant de ses maîtres, pleurait. Il savait que, suspects et traîtres à leur communauté, les pauvres gens seraient, à jamais, coupés de leurs racines. Enfin, il y avait la terre. Jehan était l'héritier d'un bien durement acquis.

Emilio tenta de fléchir le curé qui vivait près des laboureurs. Il pouvait comprendre ce langage de la terre en déshérence, du patrimoine à l'abandon:

- La terre nous vient de loin, et tout ce qui s'étend des Jassines à Soubeyran, je l'ai gratté de mes mains et mon père avant moi. La famille c'est comme un arbre, s'il ne lui vient pas des pousses au printemps c'est qu'il est mort... Sans notre fils et les petits qu'il nous fera, nous sommes comme des morts... Tu peux comprendre ça, toi le curé ? Mais non !... Un curé n'a pas de famille.

Emilio n'apprenait rien au prêtre qui vivait au milieu des plus pauvres de La Coste. Il savait toutes les peines et les craintes investies dans cette terre façonnée jour après jour. Il connaissait l'attachement viscéral du laboureur à son lopin. Entre la terre et lui s'étaient noués des rapports humains, intimes. Il la caressait, lui parlait comme à une maîtresse indocile, généreuse un jour et, le lendemain, exigeante, capricieuse et stérile.

Pour ces hommes de la glèbe, laisser disperser le bien, c'est trahir son lignage car, entre les deux cyprès caressés par le vent, sous leur carré de terre, les vieux sont les témoins éternels d'un bien qui s'agrandit ou se défait, les jalons de la race qui, au soir de chaque vie, mesurent le chemin parcouru. Une terre vacante est une tombe mangée de mauvaises herbes et c'est pourquoi, dans chaque ferme, le nouveau-né éclaire l'avenir comme un soleil tout neuf, garant des futures moissons. Fragile, il est joie et soucis pour les vieux qui le regardent pousser, se bonifier avec le temps. Dénicheur de fauvettes, jeune garçounet* qui piège son gibier au détour de la trace, fureteur, braconnier avide de grands espaces, il se fait, au fil des saisons, homme tanné par le vent, la sueur, le soleil. Il pétrit la terre, la respire, s'en imprègne, la fait sienne et rêve de riches moissons. C'est la vie du laboureur, fouetté par le mistral et rôti jusqu'à l'os. Emilio aurait pu parler jusqu'à la nuit de sa campagne, des nuances de la vigne, du printemps verdissant à l'automne rouillé.

- Antoine, laisse-nous notre petit, s'il-te-plaît.

Colette était entrée. Sur le seuil de la porte ouverte, elle observait son homme, tassé sur le banc, frappé de plein fouet au plus tendre de sa carcasse et qui implorait le prêtre impuissant. Jamais elle ne l'avait vu dans cet état. Elle savait que la lutte était inégale. Nul ne pouvait s'opposer à l'évêque et le seigneur de Simiane les tenait dans sa main. La femme connaissait les colères de son mari et, pour sauver ce qui pouvait l'être, devait parler contre lui. Colette était une maîtresse femme qui ne perdait pas son temps en vains bavardages, pesait ses mots et savait aller à l'essentiel. Toute de finesse et d'intelligence, elle flairait les pièges et savait les contourner. Elle se glissa près de son homme, posa sa joue contre son bras, retrouvant ces gestes de tendresse que les rudes journées, les ennuis, avaient fait oublier: caresses d'autrefois, lorsqu'ils se dessinaient à deux, une vie de bonheur.

- Antoine a raison, cet enfant n'est pas pour la terre, regarde-le bien, il n'aime pas notre travail et préfère les livres du curé. Alors, tout bien pesé, il vaut mieux en faire un bon prêtre qu'un mauvais laboureur. Il est dolent et gâcherait le bien sans le faire produire. Les Jassines dureront bien aussi longtemps que nous.

Le prêtre était surpris. La farouche vaudoise, fille du vieux Baridon de Cabrières, lui préparait quelque tour de sa façon. Subtile, elle pliait sous l'orage pour se redresser, plus forte encore. Mais, pour l'heure, cette alliée dans la place lui facilitait la besogne. Emilio, non moins surpris que le curé, prit sa femme par les épaules et la regarda dans les yeux; il y puisa une certitude, un réconfort. Il fit face au curé et lui dit:

- Prends-le, il est à toi.

Un silence, épais comme la haine, séparait les deux hommes. Entre eux se dressaient les murs de l'Eglise, la puissance des barons, l'inquiétude des temps qui changent et le souvenir ravivé des martyrs. Leur vieille amitié ne pouvait y survivre.

Le curé se leva et tendit une main que personne ne saisit. Le regard du vaudois le chassait des Jassines.

Lorsque le prêtre eut quitté la bastide*, Colette s'expliqua:

- Ils sont bien trop puissants pour nous, mon homme. Ils te sourient, te cajolent ou t'envoient aux galères en te disant que c'est pour ton salut. Mais je sais, dans ma tête et dans mon ventre, que mon fils ne sera jamais des leurs. Il a le soleil et le vent de nos montagnes dans le coeur. Il nous reviendra, Emilio.

La vaudoise rêvait d'un fils savant, qui volerait la science de l'Eglise pour la donner à ses frères. Elle imaginait les enfants du village, respectueux du barbe Jehan: nom d'amour, patiné d'or fin dans les épreuves et qui sanctifie les messagers de leur foi. Elle offrait toutes les douleurs à vivre d'une famille sacrifiée, pour sa folle espérance.

Quinze longues années s'étaient écoulées depuis la dernière visite d'Antoine aux Jassines. Le vieux prêtre était mort. Emilio n'avait pas versé une seule larme sur sa mémoire.

En cette fin d'été Jehan rentrait à la maison. Ce n'était pas la gloire espérée, mais il était attendu.

II

LES AMOURS DU PRECHEUR

Pour les humbles de la Paroisse Saint-Symphorien, le père Jehan était un guide. Ils avaient confiance en lui, car les mots de ses sermons se lisaient dans sa vie. Il parlait de Dieu comme personne dans la cité. C'était un fils du pays, savant, bien en cour, qui incarnait la revanche des Provençaux sur les Florentins du palais.

Orlane Cambolive était gracieuse et gaie. Cette rafale de printemps brassait l'air de la sacristie et les austères gardiennes du temple supportaient mal la fraîcheur de cette insolente jeunesse. Elles tenaient leur fief bien en main et leur curé en otage.

Le jeune prêtre aimait le rire de l'enfant, sa joie éclatée qui sonnait sous les voûtes vénérables et réveillait les bigotes endormies. Elle entrait dans l'église, posait ses fleurs des champs près des lys bouffis d'orgueil. L'odeur des simples imprégnait l'air de cette sacristie saturée d'ennui. Jehan appréciait la compagnie d'Orlane et ne s'en cachait pas. Les vieilles dépossédées guettaient le sourire complice, le geste incontrôlé de tendresse qui viendrait appuyer leurs soupçons car à n'en point douter, le curé troussait la fille et le diable campait dans leur église.

Le jour vint, enfin, où leur infinie patience trouva sa récompense: la fille de Cambolive était grosse du curé.

Drapées dans la réprobation glacée qui sied aux vertus outragées, elles allaient, de porche en porche et de soupir en soupir, distiller la nouvelle et scruter sur les visages, le doute, les inquiétudes, les premiers signes d'une colère qui lève. Un grand malheur s'était abattu sur le clocher: l'idole de la paroisse gisait sur le carreau. Le diable faisait la noce et le vieux Cambolive pleurait de honte. Cet homme avait connu les massacres, les viols, le tout venant de la fureur des hommes de guerre, la peur qui hante les campagnes et les faubourgs déserts, les routiers, les crocheteurs et les capucins paillards. Depuis des siècles, le peuple subissait l'outrage et se terrait dans l'attente de jours meilleurs.

Comme les autres, Cambolive avait écouté ce jeune curé qui parlait des pauvres et de leur salut, de la justice de Dieu qui viendrait à son heure et du christ qui leur ressemblait. Son vieux coeur de sanglier avait bougé dans sa carcasse. Doucement, la confiance était venue et le solitaire, avare d'amitié, avait ouvert sa porte. Le soir au bout de sa journée, entre l'épouse et la fille, il aimait à retrouver l'ami et partager le pain, la tendresse et le rêve. Jehan lisait les Evangiles et, sur les mots du curé, le vieux brodait des images. Le temps passait vite sur les chemins de Palestine et la dernière lueur de la bûche mourante imprégnait les visages de sereine gravité.

Soudain la foudre avait détruit ses icônes et ses rêves.

Depuis quelques temps déjà, « la petite » avait perdu sa vivacité de cabrette. Elle ne chantait plus dans la remise et prenait des airs de chatte endormie... Le curé désertait la maison. Peu à peu, le doute s'était installé dans la tête du vieil homme. Il eut tôt fait de confesser sa fille. Sa colère dévastatrice ravagea la maison, il hurlait comme un chien fou. Rien ne tenait devant lui.

Puis il se tut et se verrouilla dans son désespoir.

Le vieux tonnelier, prostré sur son banc, divague. La mère glisse devant lui en évitant les gestes brusques qui pourraient déclencher la fureur de l'homme. Elle coule, se dissout dans l'ombre. Un calme épais dilue les formes et les bruits. Le rire des enfants, le carillon des Doms, l'odeur du pain chaud et les rumeurs de la rue se figent sur le seuil. Dans un coin de la chambre le berceau grince, l'enfant dort. Orlane égrène de longues heures inutiles. Elle les embellit de ses souvenirs et de ses émotions passées. Ce sont des fleurs de tendresse et de passion qui se dessèchent, bien serrées entre les pages de son livre de prières.

*

Elle était allée vers Jehan comme le ruisseau s'en va vers la rivière, entraîné par la pente. Ils partageaient leurs rires et leurs soucis.

Curieuse, elle voulait tout savoir de Jehan et forçait ses secrets. Le solitaire se laissait aller aux confidences car il avait besoin d'elle, de sa gaîté qui faisait écho à la sienne et bousculait les mornes silences de son église. Le prêtre avait soif d'amitié.

Au fil des jours cette pure affection se troublait. Orlane rougissait de ses pensées indiscrètes, refoulait ses émois, ses langueurs importunes, jugulait son mal d'amour.

Il avait dit si souvent que jamais le désir ne viendrait ternir leur sublime amitié, que la pauvre enfant n'osait plus le regarder dans les yeux, tant son trouble était grand.

Les saules de la Barthelasse bruissaient au vent du sud. Ensemble, ils avaient quitté les droits chemins pour les sentiers discrets et les fourrés propices. Le soleil jouait sur leurs peaux nues et le fleuve complice couvrait de sa rumeur le chant plaintif de la jolie vestale déchue. La voix profonde du Rhône, le frisson des feuilles sous le vent, les trilles de l'oiseau, participaient à la fête païenne. Les grands yeux de l'amant caressaient le visage d'Orlane, effaçaient la brûlure. Le désir courait sur son échine et le corps en transes quêtait l'extase, le plaisir inconnu dont les prémices secouaient son ventre. Elle devint femme ce jour-là, révélée, assouvie et imprégnée de l'homme.

Ce fut une belle journée, prodigue de joie et riche de promesses.

« Que tu es beau mon bien aimé,
Combien délicieux !
Notre lit n'est que verdure.
Les poutres de notre maison sont de cèdre
Et nos lambris de cyprès. »

Le Cantique des cantiques chantait dans sa tête comme un hymne à l'amour.

Dès qu'ils le pouvaient, ils s'en allaient dans l'île dévorer en cachette le temps dérobé. Ils découvraient ensemble, les subtiles caresses, les étreintes sauvages. Ils allumaient des brasiers, déchaînaient des tempêtes et sombraient sans remords.

Orlane s'était épanouie. Elle marchait de ce pas assuré des bourgeoises installées, sous le regard acide des commères de la place.

Tous les jours, elle portait ses bouquets à la vierge pour se faire pardonner.

Et la vie germa en son sein. L'enfant lui mangeait le ventre, l'angoisse la torturait. Elle avait peur. Orlane n'était plus de ces demoiselles sages aux vertus enchâssées dans l'honneur des familles. Les sourires entendus, les regards de pitié ou de mépris la clouaient comme une chouette à son portail.

- Dieu que j'ai aimé ces temps de plénitude, songeait-elle en regardant l'enfant, le fruit mûr qui tua l'amour coupable. Ce fut la fin du bel été. Il ne lui restait en partage que l'outrage, la douleur et la solitude.

La petite fille aux fleurs des champs, ferma sa porte à tous les mois de mai, aux étés palpitants. Elle reporta sur le fils les tendresses d'un coeur vacant et languit sous les lèvres goulues, inondée de cette paix organique qui sécrète des images de terre qui fume sous les labours, de printemps qui germe après les froids désespérés.

Le temps qui dessine les rides, calme la douleur, embellit la mémoire, composait un bouquet d'immortelles, de joies fanées et de regrets.

L'enfant s'éveilla, réclamant sa tétée. Orlane délaça son corset pour libérer un sein que le fils de Jehan aspira.

*

Il faisait nuit sur la cité des papes, la lune découpait sur le ciel la silhouette du palais, prenait la rue en enfilade, accrochait un balcon et projetait son ombre sur le sol. De loin en loin, l'aboiement d'un chien ou le pas martelé d'un dernier cavalier étonnait le silence. Dans les grands lits, les corps moites collaient à la toile. L'air était immobile et le micocoulier de la place se pétrifiait dans l'ombre.

L'église était sombre, massive dans la nuit. Une lueur filtrait sous le vantail, un cierge sur l'autel animait les personnages du retable.

A genoux sur les marches, Jehan Rey priait. Il cherchait la paix, le repos, le pardon.

Le temple, le silence et l'ombre sont les derniers refuges de l'homme désemparé.

Le jeune prêtre, à la chair bien trop tendre, touchait au fond du désespoir. Il avait connu les tourments d'un corps affolé, les pulsions fauves, les langueurs insidieuses, les veilles solitaires et les nuits blanches à guetter l'aube libératrice. Le confesseur était saoul des ivresses des autres, toujours absoutes dans le secret. Ce péché, que le prêtre effaçait d'une bénédiction, laissait une trace douteuse, une souillure de l'âme. Sous la robe de bure, le corps tressaillait.

Jehan s'accrochait à la croix du Christ comme un naufragé à son épave, cherchait dans l'Evangile le verset salvateur. Les mortifications, le cilice, ne le protégeaient pas de la tentation.

Orlane partageait à ses côtés le poids du fardeau et relevait souvent le besogneux du Christ. Intouchable, innocente, la fraîche pucelle sublimait ses instincts en sereine tendresse.

Pour un temps, l'affection de la fille, la chaude amitié du père éloignèrent le péché, exorcisèrent ses désirs. Ainsi le voulait-il. Mais ce corps d'adolescente qui dansait dans les travées de la chapelle, les yeux d'Orlane, son trouble qui semblait un aveu, excitaient la bête et, la croix, chaque jour, se faisait plus pesante. Jehan n'était pas pétri de cette argile que Dieu façonne à sa guise et brûle de sa lumière. L'exigeante jeunesse refusait de s'immoler. Bien que se promettant les feux de l'enfer, ils s'en allèrent tous deux, par les sentiers ombreux vers les clairières enjôleuses, communier de tout leurs corps libérés.

Et la fête dura tout l'été.

Prostré sur le carreau, le prêtre mesurait l'étendue du désastre. Il était le moyeu de cette communauté autour duquel tout évoluait. Il recevait en échange de son dévouement et de sa loyauté l'amitié des hommes, la confiance des mères, les confidences des filles. Il avait tout perdu par le scandale. L'axe avait cédé détruisant le faisceau. Bourrelé de remords, il expiait et souffrait pour les vies brisées autour de lui, pour la confiance trahie et les symboles détruits. L'instant magique de la foi partagée, l'émotion de la prière commune s'étaient évanouis. Les regards hostiles avaient remplacé la bonne chaleur de jadis. Ses paroissiens riaient de ses sermons.

Pour avoir entretenu trop de rêves et suscité trop d'espoir, Jehan Rey tombait de plus haut. Il était rejeté, banni de sa paroisse comme un pestiféré. Il n'avait plus rien à faire dans cette église, plus rien à dire du haut de cette chaire. Il prit la décision qui, à ses yeux, s'imposait: rompre ses voeux et retourner aux Jassines où il était attendu depuis toujours. Il n'était plus temps de pleurer sur des ruines mais de rassembler ce qui lui restait: une femme, un enfant et son maigre bagage. Avec eux et l'aide des siens il pouvait encore construire un bonheur simple, à sa mesure. De ce fils qui lui tombait du ciel, il voulait faire sa pâte à pétrir, son ami et son unique paroissien. Il s'en allait rejoindre les siens dans la montagne et renouer avec la vie simple du laboureur.

Ayant fait ses comptes, Jehan retrouva la paix.

Le jour levant vivifiait le vitrail, mettant un terme à ses doutes. L'embellie qui surgissait après l'orage le tira de sa longue prostration. Son église lui semblait hostile. Les saints de pierre étaient trop froids, les madones trop pâles et les lumières trop chiches.

Il eut envie d'espace, de lumière et d'air pur.

Dehors, le grand soleil amorçait sa course sur les monts. Jehan retira son habit et, par une porte dérobée, s'en alla vers le Rocher des Doms. De là-haut, il embrassait sa Provence du Ventoux au Pays d'Arles. Il se saoulait d'air frais, de couleurs et de lumière. Le fleuve friselait à ses pieds et le soleil accrochait des reflets d'écaille. Il redécouvrait le spectacle oublié d'une ville qui s'éveille, le fracas des roues sur le pavé, le halètement de la forge et le cri des marchands. Les lourds chalands se rangeaient sur le quai de la Ligne et les mules fatiguées soufflaient sur le halage.

Ces bruits familiers de la vie chassaient les langueurs moites et les angoisses de la nuit.

Jehan buvait les couleurs, les odeurs et les bruits. Il renaissait fils de cette terre et du Luberon dont il connaissait le roc aigu fracassé par le gel, les senteurs de pierre à feu, sous le coup de midi, le parfum lourd du térébinthe. Ses racines plongeaient dans son humus. Comme la bête il avait ses traces, ses refuges et ses sources. Comme le berger des hauts pâturages, il lisait le gros temps sur le Ventoux, connaissait les simples et les vieux exorcismes. Il retrouvait sa terre au-delà des remparts, dans ces combes sauvages où les plantes, les animaux et les hommes ont de secrètes connivences. Sous l'habit trop étroit du prêcheur, le paysan moulé dans la glaise du Calavon éclatait comme un bourgeon. Il savait, maintenant, qu'il préfèrait le cal du bûcheron à la main moite du prélat et la colère du grand vent, délirant dans les combes, aux silences feutrés des palais cardinaux.

L'oiseau quittait son clocher et regagnait son nid des hautes plaines. Jehan Rey se transformait, l'esprit libre. Il fit son gîte dans un fourré et s'endormit l'âme en paix.

*
* *

Orlane était sortie... Elle avait confié à sa mère la garde du petit. La mère était une ombre affairée et discrète, vieillie bien avant l'âge qui, chaque jour, se recroquevillait davantage sous les colères du tonnelier... Si elle avait un coeur, une âme, nul ne s'en souciait et lorsque son regard se voilait de brume triste, elle se détournait aussitôt comme une enfant fautive. L'outil aux multiples usages, sans vocation particulière, restait toujours à portée de la main, pour le plaisir, le travail et la continuité de l'espèce.

Orlane était sortie... et la vieille enfin seule, s'approcha du berceau. Ses mains fébriles retrouvaient les gestes maternels. Elle prit l'enfant dans ses bras et chaparda de la tendresse. Le petit souriait. C'était un fil ténu d'amour que leurs regards tendaient et qui pouvait se rompre au moindre geste, au moindre bruit.

Orlane était sortie... pour une courte promenade. Elle voulait profiter des heures moins chaudes de la journée, revoir la rue, les échoppes, la vie.

Orlane était sortie... pimpante dans sa robe grise, une collerette de dentelle festonnait sur le devant d'un corselet lacé sur la poitrine. Une coiffe de lin blanc encadrait ses cheveux. Elle marchait, attentive à tous les petits bruits de la rue et se dirigeait vers le fleuve pour embrasser son île, les saules et ses souvenirs.

A la porte d'Aurose, trois hommes l'accostèrent. Ils étaient ivres, riaient fort, crachaient le quolibet et l'insulte à tout venant. Pour le malheur d'Orlane, l'un deux avait reconnu « la putain du curé ». Le plus saoul prit la foule à témoin. Avec des mots qui flagellent le coeur, il humilia la fille, la jeta en pâture à la populace goguenarde, qui poussait au viol, à la curée. La meute glapissante excitait son champion.

La femme tétanisée gisait debout, inerte, blanche comme une morte, bien au-delà de l'insulte.

Devant le spectre qui s'avançait vers elle, la foule inquiète s'écarta. La proie s'échappait, dérivait vers le Rhône. Les hommes déconcertés s'en retournèrent à la taverne et burent jusqu'à l'aube avant de rouler sous les bancs dans la sciure et les crachats.

La belle Orlane était au bout de sa route. Elle entra dans la chapelle Saint-Nicolas et pria avec la ferveur désespérée des âmes en peine.

Le Rhône en colère roulait ses eaux tumultueuses.

A la pointe d'Arlagayre, un pêcheur matinal découvrit la jeune femme échouée sur le sable. Une coiffe de lin blanc encadrait ses cheveux défaits, une collerette de dentelle festonnait sur la houle.

Orlane, petite poupée de chiffon mouillée, rejetée par la vie comme un jouet brisé, l'île se souvient de toi, chevrette brune, qui s'offrait à l'amour dans ses halliers discrets.

La rumeur pousse au désespoir, détruit et pleure sur le cercueil. Elle n'a pas de visage, elle n'a pas de mémoire. Elle se nourrit, au jour le jour, de nos pauvres misères, court dans le caniveau, charrie l'ordure et pourrit l'air. Elle ne sait pas d'où elle vient, elle ne sait pas où elle va, tue aveuglément, abandonne la proie morte et rebondit, toujours en chasse.

La dette d'un mort s'éteint avec lui. La fille du tonnelier fut réhabilitée, blanchie dans son linceul. Leur bonne conscience en sautoir, les bigotes lui refirent une virginité.

Lorsque les mariniers lui portèrent le corps de sa fille, Cambolive se pencha sur le visage de l'enfant et l'embrassa. Le tonnelier souriait, le tonnelier était fou. Cambolive était parti avec sa fille quelque part sur le Jourdain.

Blessée au ventre, la mère hurlait sa douleur et griffait le sol.

La nuit vint et le silence de la mort tomba sur la maison.

Un soir, entre chien et loup, une ombre se glissa dans la sacristie. La vieille posa l'enfant sur un coffre et furtivement s'en retourna. Il n'avait pas sa place dans leur sépulcre.

Elle accomplissait, d'instinct, l'acte essentiel qui protège la vie contre le prédateur et, ainsi perpétue l'espèce en danger. Elle se séparait du petit pour le sauver et gardait, pour elle seule, quelques souvenirs précieux: des élans d'amour, des sourires soustraits au temps misérable.

Foudroyé par la mort d'Orlane, Jehan avait gémi, déliré, bu pour oublier, éructé sa peine et injurié le ciel. A la pointe du jour, il avait regagné son église et sa paillasse, comme le cheval revient à l'écurie. Son fils l'attendait. Jehan ne fut pas surpris. Aux confins du supportable, plus rien n'étonne l'esprit prêt à sombrer.

Dégrisé, il observait l'enfant, hésitait entre la haine et l'amour, hanté par le souvenir d'une femme aimée qui le laissait démuni. Il réalisait aussi, que cette vie qui s'agitait sous ses yeux lui était dévolue en héritage. Orlane lui confiait leur fils.

Il eut alors le geste qui sauve, saisit l'enfant dans ses bras ne sachant plus qui de la mère ou du fils il serrait contre son coeur. De grosses larmes roulaient sur son visage. C'était l'ondée qui rafraîchit la terre lorsque les nuages en ont fini de peser sur le ciel. Elle libérait des flots d'amour pour cet être qui était de son propre sang et le souvenir de l'aimée. Il avait un fils, le dernier rameau de la lignée. Par une étrange alchimie de la douleur et de l'amour, Jehan engendrait, ce soir, un enfant viscéralement sien. Le fils reconnu de Jehan, petit-fils d'Emilio des Jassines, s'installait dans sa famille.

C'était auprès des leurs, là-haut dans la montagne qu'ils devaient retourner, après avoir soldé leurs comptes.

Jehan sortit de l'église en portant son enfant. Les paroissiens curieux s'étaient rassemblés sur le parvis. L'hostilité des derniers jours avait fait place à la consternation car ce petit monde, vif dans la colère, était prompt à la pitié.

Bien planté sur ses jambes, tenant l'enfant, bien droit devant lui comme le Saint-Sacrement, le prêtre assumait sa paternité. Son visage grave et serein témoignait que le temps des hontes et des remords était révolu:

- Vous n'avez pas eu de pitié pour le pécheur et les tristes brebis de mon troupeau ont piétiné le mouton noir. J'ai aimé Orlane. J'ai découvert ce que vous n'avez jamais connu: l'amour exaltant qui éclaire la vie. Il fut la lumière de mes tristes nuits de pèlerin. Je n'ai point de regrets à vous offrir, je paie ma dette et je m'en vais... Que mes maîtres me pardonnent, ma place n'était pas à la tête du troupeau, mais perdue dans la vague transhumante qui chemine paisiblement vers les hauteurs. Mon père est de ceux-là, qui prient dans le silence de nos montagnes et vivent des joies simples que Dieu leur donne. Nous partons le rejoindre. A cette femme que vous m'avez volée, belle et saine comme les Alpes, j'aurais dû dire les mots qui attachent à la vie et faire le geste qui arrête la mort.

Le souvenir de son amie ravivait sa douleur et d'une voix brisée, il murmura pour elle seule une prière, sa prière:

- J'aurais dû mon amour te promettre les fleurs de nos montagnes, les moissons de nos étés et le bois de l'hiver. J'aurais su te donner le pain quotidien sanctifié de sueur et de peine, et mon amour immense. Tu me laisses notre enfant, je saurai découvrir ton regard dans ses yeux et te retrouver dans l'ovale de son visage, ses cheveux sombres ou un geste reconnu. Ce fruit de nos amours sera graine et semence à son heure et notre arbre fera de jeunes rameaux. Notre jardin s'égaiera des fleurs de mon lignage et tu seras là... toujours vivante...

De ce rocher fendu, jaillissaient des flots d'amertume. La foule interdite écoutait la prière païenne. Elle eût aimé garder ce prêtre que la nouvelle rumeur disait meilleur que les autres. Les femmes retenaient leurs larmes. Un vague mouvement de sympathie se dessinait, indécis comme le vent qui tourne. Il était trop tard...

Son écot payé de douleurs, Jehan Rey retournait chez les siens.

Au soleil levant, ils franchirent le portail de l'Oulle. La jeune mule trottait allègrement tandis que le petit, bercé par le roulis, dormait dans son panier. Ils s'en allaient vers la montagne par les berges de la Durance, à l'écart des grands chemins hantés de mercenaires en rupture de contrat.

Jehan avait tracé sa route par la Chartreuse de Bompas, la vallée du Calavon, les Baumettes et le rocher de Ménerbes. Le voyage serait long et pénible jusqu'aux Jassines. Ils arriveraient à la nuit sur le plateau mais Colette, prévenue par Guérin le Bonnetier d'Avignon, les attendrait... Colette exultait.

La Durance divaguait dans son lit, entre les bancs de sable et de cailloux. Jehan marchait sous le couvert des arbres, de ce pas lent du laboureur qui ménage l'effort. Il redécouvrait cette Provence oubliée derrière les hauts murs de la cité. Les haies de jeunes cyprès protégeaient les cultures et, dans le lointain, le plateau lissait son poil fauve aux premiers feux du soleil. Le pays se gonflait de richesses. Les mas accroupis émergeaient d'un océan de vergers, de vignes et d'oliviers. La paix régnait sur la Provence.

Jehan s'imprégnait de l'odeur de terre mouillée et de feuilles pourrissantes. Les racines emmêlées plongeaient dans l'eau croupie du marais. La vie grouillait dans le sous-bois, dense, feutrée, toujours sur ses gardes. Le danger rôdait et les luttes se déroulaient, sournoises et implacables. Avec le dernier cri de l'oiseau surpris, un silence frileux tombait des branches. Le chant se figeait le temps d'une inquiétude pour s'élever à nouveau vers le ciel.

Cette vie aux aguets, Jehan la percevait à chaque feuille froissée sur le chemin, à chaque battement d'aile dans le buisson. La nature n'aime pas l'insolite, tout y est repères et habitudes. Les dangers y sont connus et les défenses assurées. Ainsi la vie se crée et se défait sur une trame éternelle. L'étranger perturbe l'harmonie et réveille les instincts immémoriaux de méfiance envers l'homme, le grand prédateur.

L'équipage avait quitté la Durance et la fraîcheur des peupliers pour suivre les méandres asséchés du Calavon. Sur l'horizon, l'ermitage de la colline Saint-Jacques vibrait sous le ciel d'airain. Le soleil indiquait la pause de midi. La fatigue pesait sur la mule. Un grand saule ombrageait une plage d'herbe rase propice à la halte. Jehan décida de prendre du repos. La bête libérée de son fardeau, s'en alla vers la rivière boire tout son saoul. L'enfant réveillé s'impatientait, s'agitait dans son panier. Le père retira de son bagage un pichet de lait et le fit boire. Ses grosses mains tentaient le difficile rapprochement d'un col trop large et d'une bouche trop petite. Il tenait dans ses bras un être palpitant, exigeant qui manifestait un grand appétit de vivre. Il lui découvrait un visage, une voix, une présence réelle:

- Mais qui es-tu, beau fruit d'amour et de péché ? Une joie à venir ? Un reproche vivant ?

S'il est écrit: « Mortifiez vos membres terrestres, fornications, impuretés, mauvais désirs, passion coupable car voilà ce qui attire la colère divine sur ceux qui résistent », il suffit de te voir, de regarder autour de nous pour comprendre que chaque page de la création est un hymne à l'amour. L'arbre et le fruit, le couple de papillons dont les ailes se frôlent dans un rai de soleil sont amour et passion... Nous leur ressemblons.

Jehan s'aperçut qu'il ne connaissait pas le nom du petit homme qu'il tenait dans ses bras. Il hésita un instant et se dit que la Bible lui apporterait la réponse.

Il ouvrit le Livre au Chapitre d'Isaïe et lut:

« C'est pourquoi le Seigneur vous donnera un signe.

Voici la jeune femme est grosse. Elle va enfanter un fils et elle lui donnera le nom d'Emmanuel.

Il mangera du lait caillé et du miel jusqu'à ce qu'il sache rejeter le mal et choisir le bien.

Elle sera abandonnée la terre dont les deux rois te jettent dans l'épouvante... »

Jehan releva la tête et s'adressa à son fils:

- Je te nomme Emmanuel, que ce nom te protège.

Il se dirigea vers la rivière, prit de l'eau dans sa main et la versa sur le front de l'enfant:

- Je te baptise au nom de Notre Seigneur. Tu seras pour tous, Emmanuel le fils de Jehan Rey.

Ayant accompli son dernier geste de prêtre, il replaça l'enfant dans son couffin, rebâta la mule et reprit sa route.

Ils abordèrent le plateau sur le tard, le rocher de Ménerbes se découpait sur l'ombre bleue du jour tombant. Au bas du chemin qui montait vers le couvent, la bastide du baile Etienne Appy dorait ses vieilles pierres aux derniers feux du soleil. Le laboureur profitait de la fraîcheur qui s'élevait du modeste ruisseau tout proche. Il observait cet étrange équipage qui franchissait le gué de Réalfrais.

Etienne était l'ami d'Emilio, il savait.

Lorsque le groupe passa devant lui, il le salua de la main, un simple signe, un geste amical, naturel, comme si le petit des Rey s'en revenait de la foire d'Avignon. Au travers de son baile, tout le village l'accueillait. Il était attendu de Soubeyran jusqu'aux Jassines et cela lui fit chaud au coeur.

Jehan inclina la tête en direction du vieil homme qui lui rendit le salut. Son large sourire scellait les retrouvailles. Pour tous, Jehan rentrait dans sa famille et il n'avait jamais été papiste.

Une dernière côte, un dernier effort et soudain les champs, à perte de vue, s'ouvrirent devant lui.

Il les devinait dans l'obscurité naissante, mais ces formes estompées réveillaient des souvenirs d'enfance, des rires et des jeux. Il était chez lui. Le petit chemin des Jassines se trouvait à cent pas, à main droite après le carrefour de Bonnieux. Il repéra la borne qui en marquait l'entrée. Cette pierre ancestrale ne s'était point usée avec le temps, son arête franche tranchait l'ombre de la nuit. Ballottée par la brise du soir, une lumière timide tremblait dans le lointain. Colette attendait. Elle avait guetté vingt fois sous le porche, fébrile tout le jour, inquiète sur le soir et angoissée à la nuit. La lampe s'agitait comme un fanal dans la tempête, lançait ses signaux vers ce fils qui tardait trop. Elle s'était levée du banc de pierre au premier bruit porté par le vent. Tout au bout de la nuit, le pas fourbu de la mule heurtait le caillou.

- Emilio... Les voilà...

Le cri jaillissait du plus profond de son être.

La silhouette se précisait et la mère en courant se jeta dans les bras de son fils. Il n'y eut pas de mots inutiles. Il serra contre lui cette ombre palpitante et lui murmura à l'oreille:

- Je suis fatigué et le petit n'en peut plus.

Sur le seuil, Emilio attendait, bougon comme à son habitude. Il n'avait pas accepté, sans maugréer, la conduite de son fils mais Colette, avec une infinie patience, d'un mot, d'une allusion, avait fait accepter le fruit de la faute:

- Tu iras à l'Isle et tu prendras du drap pour le petit ... Tiens, tu mettras le berceau là, près de la lumière.

Jour après jour, depuis le passage de Guérin, le petit avait fait sa place aux Jassines. Et bien avant son arrivée, il était au centre des conversations entre les vieux époux qui avaient, de nouveau, quelque chose à se dire.

Jehan s'approcha de son père.

- Bonjour...

Emilio serra la main et l'épaule de son fils. Il n'était pas spontané de nature et n'osait plus l'embrasser comme avant. Il lui faudrait du temps pour renouer les fils du passé et créer un langage d'adulte, des souvenirs et des complicités d'hommes.

- Viens, on va décharger la mule, pendant que ta mère s'occupe de l'enfant.

Que dire de plus ? Emilio cachait son trouble sous les mots du quotidien et du travail à faire.

Colette s'empara de l'enfant et l'emporta dans la maison. Une odeur de soupe flottait dans la grande pièce, la chandelle chassait l'ombre et recréait ce cercle de chaleur, cette plage de tendresse des veillées d'autrefois. La joie, les rires venaient, à nouveau, nicher dans les combles. Demain, les cris, les disputes feront écho dans les champs d'alentour, chasseront la peur des tristes fins et des champs à l'encan.

Colette, frémissante de tendresse, serrait l'être fragile contre sa maigre poitrine. Elle aurait voulu le fondre en elle pour mieux communier avec ses lendemains... ses joies promises.

Elle s'approcha de la cheminée. Sur la poutre, le vieux chandelier de fer brillait d'un éclat nouveau. C'était l'oeil de Dieu sur un bonheur tout neuf.

- Un héritier nous est donné. « Ils » m'en avaient pris un et toi, Seigneur tu m'en as rendu deux. A toi la gloire pour les siècles des siècles.

Sur le grand lit de la chambre, elle démaillota son petit-fils. Un cuveau rempli de l'eau du puits, apporté par Emilio, était posé sur un coffre. Elle voulait le faire bien propret, brillant comme un écu. Dans le coin le mieux éclairé de la chambre, un berceau attendait. Emilio l'avait travaillé de ses mains, dans la moitié d'un fût des Cévennes. Tandis qu'il taillait dans le bois son esprit courait dans les essarts* à la poursuite d'un enfant capricieux comme l'agasse.

Les hommes revenaient, l'enfant nourri, lavé, choyé, découvrait une grand'mère qui n'en finissait plus de risettes, de petites mines, de mots insensés, de gestes bizarres, qui forment le dialogue de l'aïeule et du nourrisson.

Emilio et Jehan s'attablèrent.

Pour la mère, trois écuelles sur la table marquaient la fin des tristes tête-à-tête. Avec le temps qui use les mots, le silence s'était installé entre mari et femme. Il n'y avait rien à guetter, rien à espérer aux Jassines depuis de longues années.

Les hommes mangeaient leur soupe en silence et Colette scrutait son fils. Elle sondait les rides qu'elle n'avait pas vu naître, ces plis aux bords des lèvres qui brident le sourire et font la bouche amère. Elle découvrait un être si loin de sa mémoire qu'elle devait faire un effort pour saisir les reflets voilés d'un visage d'enfant. Elle s'approcha discrètement de Jehan, posa sa joue sur ses cheveux. La mère avait besoin de ce contact de chair pour le faire revivre en elle comme autrefois.

Sa main modelait l'épaule de son fils, une main d'aveugle qui cherche ses repères. Elle replaçait l'enfant dans son univers, lui donnait un volume, une place dans la vie:

- Tu es là mon fils et, quel que soit le prix payé, je les tiens pour quittes... Dieu nous rendra justice, le temps venu. Jehan pressa la main de sa mère; l'échange était muet, le contact se nouait au-delà des mots, les retrouvailles se faisaient d'instinct.

Le père voyait jaillir une étincelle, un nouveau foyer, une nouvelle branche à son arbre, de vraies raisons de survivre. Il avait jadis désespéré et Colette l'avait tant de fois réconforté:

- Je sais, dans ma tête et dans mon ventre, que le petit nous reviendra, il a le soleil et le vent de nos montagnes dans le coeur.

Jehan se leva et s'approcha de la cheminée. Des ombres fugaces couraient sur les cendres blanchies, le feu mourait. Il abordait sa maison comme le pèlerin de terre sainte retrouve son village, quelque peu changé mais qui n'a point perdu sa tournure d'autrefois. Il reconnaissait chaque fêlure de la pierre, chaque fente de la poutre.

Il y a des signes que la mémoire ne saurait oublier. Les sueurs fortes du labour, le vieux cuir, l'odeur du bois brûlé, les fumets de la soupe, les herbes de la jonchée*, composent le parfum subtil de la famille, sa signature à nulle autre semblable.

Jehan s'était ramolli dans les fumées d'encens et le calme feutré des basiliques.

Avec l'oubli qui, peu à peu, lisse les arêtes trop vives de la douleur, Jehan avait retrouvé la paix de l'âme et, lorsque le visage d'Orlane se dessinait sous ses paupières mi-closes, il avait perdu les traits crispés de la passion brûlante et gardé le sourire de la tendresse. Son amour assoupi se souvenait des couleurs du printemps et oubliait les torrides étreintes de l'été. Le soir, il se réfugiait sous le chêne de la Croisée* et passait de longues heures à méditer. Certes, le travail de la ferme ne lui convenait guère mais il vivait l'heure présente comme une expiation et attendait la révélation d'un nouvel appel. Il ne savait pas encore à quelle fin Dieu le destinait mais il avait la certitude que les Jassines n'étaient qu'une étape sur son chemin. Jehan se gardait pour un sacerdoce à venir.

Il avait su gagner la confiance des vaudois de son village et se réinstaller au coeur de sa communauté. Les Jassines étaient redevenues un centre de prières et les barbes de passage confiaient au défroqué les versets de la Bible à commenter.

Emmanuel avait grandi dans l'ombre de sa grand'mère et sous le regard attendri d'Emilio. Ils s'en allaient tous deux, à travers champs, à la découverte des nids et des terriers. Le grand-père confiait à son petit-fils les secrets de la terre, des semailles et des moissons. La curiosité du petit comblait d'aise le laboureur qui retrouvait les élans de son enfance. Emmanuel, plus que son père, était un fils de la terre et le véritable héritier des Jassines.

*

Emmanuel eut 8 ans au jour de Pâques de l'an de grâce 1524.
Des bruits de guerre battaient la campagne.
Charles Quint et le traître Bourbon menaçaient la Provence.
François Ier amassait des troupes sur le Rhône.

III

LA TRAHISON DU CONNETABLE

1524...

L'armée royale campait à trois lieues d'Avignon. En attendant les fructueux pillages du Milanais, les compagnies de mercenaires, suisses, allemands, rassemblés à grands frais, calmaient leur fringale de butin sur les terres provençales. Ils traînaient dans leur sillage les hordes faméliques d'enfants et de femmes toujours disponibles au bon plaisir du reître, pour le fond d'une écuelle et un os à ronger. La soldatesque s'était abattue sur le Comtat comme un nuage de sauterelles, ne laissant rien sur pied.

Le roi François tenait conseil dans le château de Caderousse, où il avait réuni ses conseillers et ses vieux compagnons d'armes et de ripailles: Bonnivet, Montmorency, La Trémoille auxquels s'étaient joints le gouverneur de Provence et l'évêque de Carpentras. Les hommes de guerre se penchaient sur leurs plans tandis que le roi méditait sur ses malheurs.

L'Anglais envahissait la Normandie, Charles Quint la Champagne, le traître Bourbon se taillait un royaume en Provence et massait ses troupes sous les murs de Marseille. L'insécurité régnait dans les campagnes, s'insinuait dans les villes et la panique embrasait les faubourgs. La misère jetait sur les routes mendiants et crocheteurs. L'hérésie se développait et l'Eglise réclamait ses bûchers. La gracieuse reine Claude venait de mourir en ce début d'été. Le roi volage pleurait sincèrement une compagne exemplaire et discrète. L'inconstante fortune se détournait de lui et son prodigieux optimisme l'abandonnait.

Le monarque, appuyé contre le meneau de la haute fenêtre, regardait l'indispensable outil de ses ambitions: une formidable armée sur pied de guerre qui ruinait son trésor. Sans se retourner, il interrogea ses capitaines:

- Nous sommes à trente lieues de Marseille, les soldats, les chevaux, les couleuvrines* sont à nos ordres. Que faisons-nous, Messieurs ? Quel est votre conseil, Montmorency ?

- Sire, il faut intervenir très vite pour délivrer Marseille qui ne doit pas tomber entre les mains de l'empereur. Nous ne pouvons pas laisser s'ouvrir le port aux galères espagnoles. Chabot, Glandevès et la noblesse de Provence ne pourront contenir Bourbon plus longtemps. Ils seront bientôt à court de vivres et de munitions. Nous devons engager une partie de l'armée pour lever le siège de Marseille et délivrer ce pays. Il serait sage de s'en tenir là et d'attendre le printemps pour reprendre l'offensive. Tel est mon conseil, Sire.

Bonnivet intervint avec vivacité:

- De la frontière du Var aux portes de Marseille, Bourbon n'a rencontré que peu de résistance. Ceci nous renseigne sur la volonté des Provençaux de défendre leur pays et le royaume. Je ne suis pas persuadé que nous sommes tenus, dans cette province, pour des libérateurs. Il faut bouter les lansquenets hors de France, faire payer les traîtres et poursuivre la chasse au-delà des Alpes.

- Votre avis, Monsieur le gouverneur, trancha le roi.

- Je pense que, sur la frontière du Var, la noblesse de ce pays, soutenue par les canons des galères de Lafayette, eut un comportement plus qu'honorable. Mais il est vrai que la Provence n'est pas bien ajustée au royaume. Le comté de Provence a toujours bénéficié d'un statut particulier et de franchises confirmées par le feu roi Louis le onzième. Il est dit dans les anciennes capitulations que la Provence n'est pas associée au royaume de France comme un accessoire à son principal mais comme un principal à un autre principal. Le Parlement de Provence et les grands bourgeois ont toujours rêvé d'un retour aux vieux usages. Ils croient dans les promesses de Bourbon, qui, pour mieux les séduire, leur garantit franchises et libertés. Je suis persuadé qu'ils attendent que le sort des armes leur désigne un souverain.

Livide de colère, le roi interrompit le gouverneur:

- Il ne peut y avoir deux rois en ce pays. L'unité du royaume est mon souci constant. J'abattrai les grands féodaux comme Bourbon dont la puissance et l'arrogance s'opposent à ma volonté. Il se veut au-dessus des lois et l'égal du roi. Je détruirai les coteries provinciales et réduirai les parlements de robins. Du fond de la Bretagne aux confins du pays varois, il n'y a qu'un seul chef, une seule volonté, celle du roi... J'ajoute que la Provence m'est échue en légitime héritage et que mes droits sur les terres de Bourbon sont incontestables, n'en déplaise à ceux qui se croient menacés dans leurs apanages.

Confus, le comte de Tende se sentait responsable de la colère royale. François Ier prit familièrement le gouverneur par le bras pour effacer la fâcheuse impression produite sur un bon serviteur de la couronne:

- Soyez assuré, monsieur le gouverneur, que le bon droit sera tenu en Provence, les loyaux sujets seront justement récompensés. Pour les autres la justice du roi sera implacable. Ce que dit Bonnivet n'est pas tout à fait vrai, car il m'a été rapporté que de nombreuses cités avaient soutenu de leurs deniers et de leurs vivres notre bonne ville de Marseille. Elles ont droit à notre gratitude.

Le roi fit face à Claude de Tende:

- Je sais que notre Provence ne se sent pas liée à notre royaume. Je connais son histoire et la nôtre. Je ne tiens pas pour unité l'addition de deux pays aussi différents. Ma soeur Marguerite vous dirait que la langue des troubadours n'a pas le coeur à chanter les hauts faits d'armes de nos croisés en Albigeois. Le sang des cathares coule encore dans les veines de nos laboureurs. Mais, au-delà des soubresauts de l'histoire et des différences, le roi assume la lourde tâche de les tenir unis sous son sceptre. La paix dans notre royaume repose sur trois pieds, un seul roi, une seule foi, une seule loi. Soyez assuré Monsieur le Comte, que la Provence sera délivrée plus vite qu'elle ne fut conquise par le connétable félon.

Le roi se rapprocha de ses capitaines:

- Allons Messieurs, que faisons-nous ? Notre ami Chabot ronge son frein sur ses remparts et vous discutez toujours.

La Trémoille exprima le point de vue dominant:

- Pour délivrer Marseille, il n'est pas nécessaire d'engager toute l'armée. Une avant-garde de dix mille hommes devrait suffire pour lever le siège. Ainsi, aurions-nous l'avantage d'une plus grande mobilité pendant que le gros des troupes ferait mouvement sur la Durance. La délivrance de Marseille assurée, l'avant-garde pourrait rejoindre l'armée à Salon. Nous pensons, Montmorency et moi-même, que notre action devrait se limiter à bouter Bourbon et les impériaux hors de France. Le pays a besoin de paix pour retrouver la prospérité.

Bonnivet fulmina:

- Comment ! Nous disposons d'une armée colossale, sur pied de guerre, dont chaque jour d'inaction coûte une fortune au royaume et nous la laisserions camper tout l'hiver sur nos frontières avec les risques que des soldats désoeuvrés font courir à nos provinces. Non, je conseille de poursuivre notre avantage jusqu'aux portes de Milan et de faire payer aux Italiens les vivres et le fourrage de nos armées.

Montmorency, qui le premier avait souligné l'urgence d'un répit, se sentit humilié. Il regarda Bonnivet. Les deux amis, les favoris du roi se mesuraient. Le duc répliqua sur un ton glacial:

- Tu n'as pas su tirer les enseignements de ta débâcle de l'hiver dernier. Je te demande où est le chevalier Bayard et ce que sont devenus tes trente mille hommes, ta fantastique artillerie et la fine fleur de notre chevalerie ? Ils sont restés embourbés, malades, inutiles sous les murs de Milan avant de battre en retraite pour sauver leurs débris. Le preux chevalier est mort à la Sésia avec les honneurs de la guerre. Grand fut ton courage, j'en donne acte volontiers, mais la question est autre. La vraie question, la seule qui doit nous préoccuper à la veille d'entrer en campagne, est de savoir si le pays peut assumer un nouvel effort de guerre. L'armée peut-elle supporter sans dommages, les rigueurs de l'hiver ? Je crois Sire, que le froid et la maladie sont des adversaires plus redoutables que les lansquenets espagnols.

Le rappel d'une retraite qui l'avait profondément attristé, jeta Bonnivet sur Montmorency mais le roi, quoique friand de ce genre de dispute, haussa le ton:

- Tout beau Messeigneurs, il n'est plus le temps de se quereller.

Le fol Triboulet qui, de son escabelle, suivait l'algarade ne put retenir sa langue:

- Boutefeux, hardi capitaine, tu nous feras, bien sûr, entrer en Milanais mais je gage dix écus que tu ne sauras point nous en faire sortir.

Le roi fit taire son bouffon et reprit:

- Revenons à notre affaire. La délivrance de Marseille est notre premier devoir... Monsieur de la Trémoille, je retiens votre conseil et prends la tête d'une avant-garde de dix mille hommes. Vous m'accompagnez ainsi que Montmorency et Bonnivet, s'ils ne se sont pas occis entre temps. L'heure venue je déciderai de notre attitude. Demain le gros de l'armée lèvera le camp et se dirigera vers Salon. L'avant-garde, ventre à terre, courra sur Marseille.

Le roi s'adressa à l'évêque de Carpentras Jacques Sadolet:

- Il est vrai qu'il nous faut de l'or frais, l'Eglise est riche, elle paiera !

Le ton était sans réplique. Se tournant vers ses capitaines, il leur donna congé:

- Rejoignez sur l'heure vos quartiers et donnez vos ordres.

Les soldats se retirèrent, le gouverneur et l'évêque restèrent seuls en présence du roi. Triboulet, qui se trouvait à l'autre bout de la grande table, grinça:

- Ah ! Ces fieffés coquins d'Eglise, ce qu'ils te donneront d'une main, ils ne tarderont pas à le reprendre de l'autre, sur le râble du Juif ou de quelque hérétique trouvé à point. A vous Messire l'évêque l'excommunication, la confiscation, le bûcher, la peau et la graisse de ces malheureux, pour le salut de la chétienté et le bien du royaume comme vous l'entendez. Mais votre chasse aux mal sentants* apporte, au moulin de Luther, plus d'eau que ses prédications. Croyez-en la marotte.

- Tais-toi bouffon ou je te fais frotter les côtes.

Le roi ne savait plus quel parti prendre à l'égard des réformateurs doctes et pacifiques de son entourage, qu'il tenait en grande estime et amitié. Sa soeur Marguerite les protégeait, tandis que la Sorbonne les condamnait.

Bien que se préoccupant des progrès de l'hérésie de Luther, François 1er ressentait vivement l'impérieuse nécessité d'un concile qui remettrait de l'ordre dans la maison de Dieu:

- Enfin, Messire l'évêque, ne serait-il point sage de mettre un terme à vos querelles de docteurs et de vous pencher sur le désarroi de nos chrétiens ? Que Dieu soit loué, en latin, en français et que l'imprimerie permette à tout bon chrétien de puiser à la source la parole de Notre Seigneur, me semble de bon aloi.

L'insolent Triboulet apostropha le roi:

- Depuis le Concordat de Bologne, notre sire distribue les chapeaux aux cardinaux, les mitres aux évêques, les abbayes à ses amis et fait princes d'Eglise des ignorants en matière de théologie. Il s'étonne que le salut de nos pauvres âmes soit quelque peu négligé par ces prélats d'antichambre.

Un chandelier de bronze, qui se trouvait à la portée du roi, traversa la salle en direction du fou qui n'eut que le temps de se glisser sous la table.

- Je te ferai couper la langue et les oreilles, vilain nabot !

Puis il s'adressa de nouveau à l'évêque:

- Triboulet est un sot qui prétend gouverner. Il ne serait pas bon pour le royaume que l'Eglise de France, puissance temporelle, puisse faire prévaloir les intérêts du pape sur ceux de la Couronne. Ce n'est point affaire de religion mais de diplomatie. Vous conviendrez, avec moi, que les préoccupations du Saint-Père ne sont pas toutes apostoliques, tant s'en faut. Pour se faire élire pape, Alexandre VI acheta le conclave. Les archevêques, grands électeurs de l'Empire, vendirent leurs suffrages à Charles Quint. Il est donc sage de contrôler une puissance dévouée à un pape qui pourrait s'opposer à nos projets. Mais, n'en déplaise à Triboulet, mes cardinaux sont aussi doctes que ceux de Rome et certains d'entre eux, de grande renommée, sont de vrais pasteurs. Vous connaissez les évêques de Meaux et d'Oloron.

Jacques Sadolet partageait en homme d'état le point de vue du roi et en chrétien celui du fou:

- Sire, le roi réunit sous son sceptre les pouvoirs temporels et spirituels. Il est roi par la grâce de Dieu et remplit de ce fait une fonction sacerdotale. Si l'Eglise est contestée dans le royaume, la puissance royale l'est aussi. La révolte des paysans de Souabe contre l'autorité nous rappelle que les idées de Luther, non seulement dévorent l'Eglise, mais aussi le pouvoir des princes. De grands bouleversements sont à craindre si l'hérésie se propage en Europe. Certes, nous avons mal géré l'héritage du Seigneur et notre Eglise s'est éloignée des simples et des malheureux. La parole de Dieu s'est alourdie de tant de commentaires que plus personne ne l'entend.

Levant les bras vers le ciel, l'évêque soupira:

- Où est-elle, Seigneur, cette lumière crue des Evangiles et qu'ont-ils fait de la fraîcheur d'âme des apôtres ? Si l'Eglise romaine reste aveugle et sourde, la violence l'emportera sur la sagesse et le peuple de Dieu sera écartelé. Cette terre de Provence est déjà ensemencée. Les vaudois du Luberon et de Cabrières sont cependant fidèles à leur roi, paisibles, honnêtes et travailleurs. Ils règlent leur vie sur les Evangiles et prient dans leur langue avec simplicité. Pourquoi les pourchasser ? Ne serait-il pas plus sage de leur donner les prêtres qu'ils attendent, tirés de leur sol et connaissant leurs coutumes ?

Les tenailles du bourreau ne peuvent venir à bout d'une foi assurée. Les empereurs romains et les fauves du Colisée n'ont pas fait taire les premiers chrétiens et nos saints martyrs. Sire, je n'aime pas la violence et confesse ne point haïr celui qui ne pense pas comme moi en matière de religion.

- Que voilà un langage de sage et qui me plaît ! Vous tenez des propos que la duchesse d'Alençon ne pourrait renier.

- Je corresponds avec Madame votre soeur. Ses amis Lefebvre et Briçonnet sont modérés. Ils ne souhaitent pas la division de notre Eglise. Sont-ils porteurs d'une espérance pour demain ?

Le roi précisa sa pensée:

- Je partage leur souci et comprends leur désir. Je les protège malgré les vociférations de la Sorbonne mais, s'ils engendraient, par leurs écrits et leurs propos la sédition et le tumulte, je les réduirais par la force et sans pitié. J'entends François de Tournon, évêque d'Embrun, qui ne cesse de répéter que ces foyers de réforme sont dangereux. Sous le capuce de quelques prêcheurs candides, se colportent des idées pernicieuses qui sapent le fondement de l'état et l'autorité du roi. Les cardeurs de Meaux, les imprimeurs de Lyon, les colporteurs, les bateliers, cachent dans leurs bibles des libelles dirigés contre l'Eglise et le Roi. Les gens de basoche, les bourgeois des villes, enrichis par le commerce et la banque, rêvent de pouvoir et seigneuries. Les plus habiles manipulent les fanatiques et les naïfs. Vous admettrez que les propos de François de Tournon ne sont pas dénués de bon sens. Tenez pour acquis que l'esprit de tolérance n'est pas faiblesse et que les révoltes de Souabe ne se produiront pas en France.

- Dieu nous en préserve Sire, répondit Sadolet.

François 1er était las: les deuils et les revers accumulés avaient eu raison de sa santé. Il congédia ses conseillers et son bouffon pour rester seul.

En cette fin de septembre, la fraîcheur du soir et l'humidité imprégnaient l'air, les tentures et les murs de la salle. Malgré le feu d'enfer qui grondait dans la cheminée, le roi frissonnait. Il s'approcha de la fenêtre. Une brume légère couvrait le camp jusqu'à la rivière. Les soldats se serraient autour des grands brasiers dont les lueurs jouaient sur les morions*, les pics et les cuirasses. De loin en loin, l'appel de la garde se répercutait de sentinelle en sentinelle. Les chevaux piaffaient dans les parcs et le rire des femmes fusait des chariots. Tout semblait paisible à la veille de la bataille.

François 1er savait que le camp frémissait sous ce calme apparent. Les ordres s'exécutaient, l'avant-garde se mettait sur pied de guerre. Sa bannière flottait sur la tour d'angle. Emblème et cri de guerre, la salamandre d'or, que le feu n'entamait pas, claquait dans le vent du soir. Le roi, en cet instant, rêvait de tambours sonnant la charge et d'entrées triomphales dans « ses bonnes villes du Milanais ». Il reprenait confiance et le goût de l'épopée, l'appétit de gloire et ses chimères italiennes le poussaient en avant. Il sentait monter en lui les impatiences du veneur. Au-delà des monts, il donnait rendez-vous à l'empereur pour un autre duel. Que lui importaient les suppliques de sa mère qui menait grand train pour le rejoindre, les mises en garde de ses conseillers !

- A nous deux, mon cousin. Cornes du Diable. Cette fois, tu lècheras la poussière de mes bottes.

Et le rire du prince résonna dans les corridors du château. Il appela ses gardes:

- Poussez-moi ce feu et rappelez mes amis !

Le fou entra le premier en dansant sur ses jambes torses.

*

A quelques lieues de Caderousse, sous les murs de Marseille, le duc de Bourbon piétinait sous les remparts. Les Espagnols perdaient patience car les espoirs de mise à sac et de butin facile s'envolaient dans la fumée des couleuvrines impuissantes.

L'armée royale s'avançait au grand galop pour les prendre à revers et les acculer à la mer. Le temps leur était mesuré pour investir la ville et ouvrir le port aux galères espagnoles.

Bourbon tentait de négocier une reddition en promettant la vie sauve aux assiégés. Il était prêt à vendre son âme et à brader son honneur pour s'emparer de la ville.

Dans les faubourgs fangeux les lansquenets trépignaient de rage et de frustration car la solde se prenait sur le butin des cités mises à sac. Les promesses de viols, de meurtres et de rapines entraînaient les impériaux dans le sillage sanglant du connétable félon. Charles de Bourbon, prince du sang, héritier du plus grand fief de France, fuyard, conspirateur, traître à son roi, menait bataille aux côtés des ennemis du royaume pour reprendre par la force les possessions que les Valois lui volaient.

Ce matin-là, le duc assistait à la messe, au milieu de ses soldats, lorsque soudain, un boulet tiré des remparts, pulvérisa l'autel, le prêtre et les servants. Ce fut, pour les Espagnols, le signe que Dieu les abandonnait. La panique se répandit dans les rangs de l'armée.

Le marquis de Pescara, homme lige de Charles Quint interpella le duc avec vivacité:

- Ce sont les Marseillais qui, la corde au cou, vous apportent les clés de la ville. Lâchez prise Monseigneur, il est trop tard, les soldats du roi de France seront sur nous demain à l'aube et nous encercleront. Notre place n'est plus ici mais en Italie dépourvue d'hommes de guerre et menacée à son tour. Votre entêtement est grandement coupable.

D'une voix blanche le duc suppliait encore:

- Il faut tenter un nouvel assaut, c'est notre dernière chance et nous devons le faire aujourd'hui et, si Dieu nous est vraiment contraire, nous partirons.

Bourbon baissait la tête, alors que tout semblait facile entre Var et Durance, le vieux royaume d'Arles lui échappait aux portes de la Camargue. Derrière ces murs, le peuple irréductible et les quelques soldats pisans rescapés de la dernière campagne d'Italie, luttaient avec l'énergie du désespoir et le roi menait le ban pour le défaire, le chassait comme gibier et son dernier espoir, la clé de son destin se trouvait derrière ces remparts où les galères espagnoles attendaient, chargées de vivres et d'artillerie.

Pescara interrogea:

- Maintenez-vous l'ordre d'assaut ?

Le duc regarda le condottiere dans les yeux et ce regard bouleversant de rage et de douleur lui donna la réponse. Le capitaine retourna dans ses quartiers et convoqua ses officiers. Ensemble, ils firent le compte de leurs forces, évaluèrent les points vulnérables de la forteresse et donnèrent l'assaut sur le coup de midi.

Les lansquenets déferlèrent sur la muraille en vagues successives, sapant les premières défenses mais, au-delà des murs éventrés, les fossés bourrés de poudre et de mitraille hachaient les soldats espagnols. Du haut des remparts encore debout, les arquebuses des soldats pisans crachaient la mort sans répit. Pescara subissait un désastre. Ses troupes se faisaient massacrer sous ses yeux. Ivre de colère, il criait dans la tourmente en direction du duc:

- Voyez, les Marseillais nous ont apprêté une table bien couverte et si vous voulez ce soir souper au paradis, c'est votre affaire... Mais de grâce, cessez ce carnage inutile.

La mort dans l'âme, Bourbon fit sonner la fin des combats. Ses ambitions s'envolaient dans la fumée des couleuvrines impuissantes, devant la détermination et l'énergie désespérée des Marseillais.

Les Espagnols retournaient en Italie, harcelés par les troupes royales et les paysans provençaux. Le fier conquérant d'une province qui lui semblait acquise, fuyait devant un roi à qui la chasse donnait gros appétit.

Bonnivet exultait car le roi avait pris son parti. La déroute des Espagnols donnait des ailes à l'armée. Sur son passage François 1er réglait ses comptes. Il faisait pendre le viguier d'Aix, récompensait les villes fidèles et accordait de nouvelles franchises aux Marseillais.

Victime de la cruauté d'un prince qui la livrait au pillage, la Provence, souveraine et farouche, se donnait sans réserve au « gentil roi de France » accueilli en libérateur.

De Lyon où la cour séjournait, la régente Louise, tentait en vain de retenir son fils. Le pays était exsangue, la famine sévissait. Mais ce roi, toujours en chasse, franchissait les Alpes pour conquérir le Milanais.

Son destin l'attendait sous les murs de Pavie, sur le Tessin noyé de brume et gonflé des eaux boueuses de l'automne. « César » avait rendez-vous avec la défaite et l'humiliation des prisons espagnoles.

Du fond du monastère qui lui servait de geôle, il écrivait à sa mère:

« Madame, pour vous faire savoir comment se porte le reste de mon infortune, de toutes choses ne m'est demeuré que l'honneur et la vie qui est sauve... »

IV

EUSTACHE MARRON

Il pleuvait sur les Jassines. Une pluie fine, têtue, qui transformait les chemins et les labours en bourbiers. La brume diluait les formes et il fallait bien connaître ses repères pour ne pas se perdre dans cette immense solitude.

Deux hommes avançaient péniblement sur le chemin de la Bastide d'Emilio. Serrés dans de larges manteaux de serge, le chapeau rabattu sur le visage, ils luttaient contre le vent de traverse. La boue, collante à leurs semelles, alourdissait le pas. La ferme n'était plus éloignée car ils devinaient sa masse sombre dans le brouillard: havre de paix où ils savaient trouver la table, le couvert et l'amitié des frères.

George de Cabrières était accompagné d'un jeune homme robuste et courageux qui le gardait des mauvaises rencontres. Eustache Marron était fort comme un taureau et buté comme un bélier. Il avait participé, bien malgré lui, au siège de Marseille et en avait gardé un savoir-faire redoutable. Sur les chemins incertains de la région sa compagnie était précieuse.

Le barbe George ne manquait jamais la halte chez Colette, la fille de son ami Baridon, un homme de bien et de savoir.

Une lueur dansante, entre deux vagues de brume, leur montrait le chemin du mas et la fin de leurs tourments. Ils poussèrent le vantail de la cour en déchaînant l'aboiement des chiens. La porte s'ouvrit sur la forte carrure de Jehan:

- Entrez vite, toute la chaleur s'en va !

L'huis se renferma sur eux, silencieux et discret. Les voyageurs secouèrent leurs manteaux et tapèrent leurs chapeaux contre le mur. Ils échangèrent avec leurs hôtes le baiser de paix:

- Ici, il fait chaud et le coeur y a sa part, murmura le barbe.

Il observait cette famille, si près de son coeur et dont il avait autrefois partagé les souffrances.

Lorsque le petit Jehan était parti pour le collège, il était venu prêcher aux Jassines pour faire cesser les rumeurs qui empoisonnaient l'air de la communauté. Il eut besoin de toute son autorité pour mettre un terme à la méfiance des villageois. Grâce à lui, Colette redevint l'honnête vaudoise dont on sollicitait les avis.

George avait pour Jehan une affection toute particulière. Ils partageaient cette profonde sérénité mûrie dans la douleur et assise sur quelques certitudes. Ils savaient, tous deux, que la vérité des hommes est éphémère; celle de l'Eglise évolue au fil des conciles et nul n'est assuré, ce soir, d'avoir raison pour demain. L'excommunié, chassé du temple, n'est que le perdant d'un débat que Dieu ignore.

Pour ces raisons Jehan s'en tenait à la parole du maître, écrite dans la Bible et dont il découvrait, à chaque lecture, les enseignements apparents et les trésors cachés: trésors qu'il conservait dans le secret. Il cherchait la face de l'Eternel, le corps inerte et l'âme en paix, dans le silence des terres en friches.

Chacun creuse son sillon comme il l'entend, disait-il, utilise l'outil à sa guise et seule témoigne la récolte, au bout de la saison. Le sage boit à la source et la saveur de l'eau est une affaire de palais.

« Sagesse de Dieu, mystérieuse, tenue cachée, celle que, dès avant les siècles, Dieu a d'avance destinée pour notre gloire, celle qu'aucun des chefs de ce monde n'a connue. »

Les yeux du barbe se posèrent sur Emmanuel, devenu un jeune garçon vigoureux. Assis aux côtés d'Emilio, il taillait dans un roseau.

La conversation roulait sur le temps et son cortège de dégâts.

Une bonne odeur de soupe se répandait dans la maison. Emilio avait posé sur la table la tourte de pain et un pichet de vin.

Ils ont eu froid, Dieu leur pardonnera ce petit excès de riches, se disait Colette en plaçant dans les écuelles des voyageurs une large tranche de lard fumé.

- Nous passerons la nuit chez vous, dans la chambre secrète et, au jour levant, nous franchirons le Luberon. A Mérindol nous devons parler à nos frères et prendre des décisions car nous sommes inquiets. Dans la vallée, les moines excitent les papistes et nous insultent dans leurs églises. Il est fini le temps des bonnes manières car le roi n'est plus là pour nous protéger. La reine-mère n'a d'oreilles que pour l'archevêque d'Embrun, tout puissant au Conseil de Régence et qui nous est contraire. Il nous faut prendre des dispositions, nous protéger, aménager nos refuges de la montagne et surtout ne pas se laisser aller à la provocation. La révolte des paysans allemands ne sert pas notre cause.

« Soyons vigilants comme le serpent et doux comme la colombe » disait l'apôtre. Nous ne sommes pas du parti de Luther et l'Eglise ne peut rien nous reprocher. Soyons discrets, restons prudents.

Eustache Marron ne comprenait pas ce langage:

- Discrets, vigilants, doux comme des colombes, courbons l'échine sous le bâton et comptons nos martyrs. Il ne se passe pas d'année sans que la chair de nos frères ne se consume sur les bûchers d'Aix, d'Avignon et d'Apt.

Eustache sanglotait de colère, son oeil flambait.

Il avait ce front bas des bêtes de force prêtes à foncer.

Jehan regardait le vieux barbe et son jeune compagnon; deux mondes se côtoyaient et le rugissement du fauve allait bientôt couvrir la voix du sage. Le mouvement des passions s'accélérait, les entraînait dans la spirale infernale et Dieu seul savait vers quelle issue !

L'oppression s'abat sur le royaume, la Sorbonne condamne plus qu'elle ne réfute. Les Evangélistes se renient ou se perdent. Les Parlements instrumentent et la régente sévit. La captivité du roi donne du champ à l'intolérance et les faibles chances d'une réforme s'en vont à vau-l'eau. Les facultés, la voracité des cadets de familles, en quête de prélatures, ont eu raison des timides efforts des réformateurs.

Luther effraie le pouvoir, l'Allemagne brûle, le pape fulmine et impose aux princes le devoir d'extirper l'hérésie.

Poussés par le tocsin et le vent de haine qui souffle sur le pays, les vaudois sont prêts à se jeter, corps perdu, dans la réforme. La famine sévit, la populace des faubourgs s'agite et réclame son lot de sacrifices. Les Juifs des carrières de Carpentras et de Cavaillon, les vaudois du pays d'Apt, riches et reconnus dans les temps d'opulence, sont battus, dépouillés dans les temps de disette. Ils sont l'exorcisme du diable, le fumet du sacrifice qui apaise le courroux des Dieux, ramène la pluie sur les champs et le pain dans les huches. Le gibier d'holocauste le sait d'instinct, tant fut longue et douloureuse la traque au cours des siècles. Il se terre, ne sort que la nuit, rase les murs, se fond dans la grisaille et frissonne au moindre bruit. Les corps déchiquetés tirés par les chevaux sur les pavés pointus et jetés à l'ordure apaisent, pour un temps, la fureur des foules. Il n'y a plus de pain mais il reste le sang du bouc émissaire. La peur et la cupidité autant que l'hérésie alimentent le bûcher. La foule aveugle brûle le talent, la réussite, assurée de l'impunité et de l'indulgence de l'Eglise.

Eustache parlait toujours:

- « Je vous le dis, nous sommes tenus pour des mauvais sujets, des hérétiques, des sorciers, plus mal lotis que le Maure ou le Juif. Lorsque les soldats du roi traversent la Provence, ils chassent le vaudois pour tromper leur ennui. Ce sont vos filles, nos soeurs qu'ils violent, vos garçons qu'ils vendent aux galères. Les lansquenets de l'empereur ou les soldats de France se gavent des mêmes proies: le fruit, la terre et la chair du vaudois. Si nous voulons survivre il faudra combattre. Je ne veux pas mourir grillé comme un cochon sur la place du Postel !

Eustache portait en lui toute la révolte d'une jeunesse qui n'en pouvait plus de subir. Il avait de la peine à courber le dos sous le fouet et portait comme un étendard son désir de justice et sa soif de vengeance. Il était prêt pour l'ultime sacrifice. Le siège de Marseille l'avait instruit.

Les vieux ne comprenaient pas le langage de la violence et, du plus profond de leur mémoire, ils ne se souvenaient pas de révolte contre l'autorité du prince, en ce pays. Il était oublié le temps, déjà lointain, des massacres du Dauphiné.

Colette pleurait, doucement en hochant la tête. Quelque chose allait changer ici. La sérénité du plateau en serait troublée. Elle voyait des nuits de flammes, des heures de douleurs et se raidissait pour échapper à ce cauchemar qui lui brûlait les yeux. Une vision insoutenable, la jeta, pantelante, contre son fils.

Jehan se leva et s'approcha du feu, tournant le dos à ses amis. La flamme, la lumière cuivrée, nuancée et paisible de l'humble feu de bois l'inspirait comme un soleil couchant sur le Luberon.

Le feu dans l'âtre et la brune* sur la montagne sont des clés mystérieuses, qui ouvrent les vannes secrètes du coeur.

Il parla d'une voix sourde, comme pour lui-même:

- Avant que ne soit assignée par Dieu l'heure du sacrifice, n'oublions pas que nous sommes comptables devant lui du destin de nos frères. Leur salut, leur vie, pèseront plus lourd dans la balance du jugement que l'orgueil, le désir de vengeance et l'esprit de révolte. Je pense que toutes les voies de recours doivent être explorées.

Il nous faut convaincre, prouver, par la rigueur de nos moeurs, que ce n'est point par nous que le scandale arrive, nous humilier, peut-être, si cela doit sauver le plus grand nombre. Je ne suis pas un soldat d'expérience, mais nos villages, nos bastides dispersés dans la plaine et la montagne, ne nous permettent pas de mettre sur pied de guerre une troupe entraînée. On ne lutte pas contre les gens d'armes avec les arbalètes de nos jeux d'adresse. Nous ne serons que des fétus de paille balayés par la bourrasque que nous aurons provoquée. Je dis non à l'aventure, non au tumulte et non à la loi du talion. Eustache devrait se montrer prudent dans ses propos. Certes nous devons préparer nos refuges pour protéger nos vies, nos biens, aider les plus exposés, fuir, se cacher et pour cela tracer nos chemins dans le Luberon. Le premier devoir de nos barbes sera de se trouver là, auprès de ceux qui souffrent. Ils délaisseront, pour un temps, leurs bibles et leurs bâtons. Je partagerai, n'en doutez pas, votre destin. Je serai aux côtés de nos prêcheurs mais que Dieu nous préserve des querelles et nous garde dans la foi simple de nos pères.

Il se retourna et pointa son doigt vers le chandelier vaudois dressé devant le barbe.

- Vivez dans la lumière, suivez la tradition des Pauvres de Lyon* dont nous sommes les héritiers. Ils ont mis leurs pas dans ceux du Christ et ne l'ont plus quitté. Il n'y a pas de gloses à faire sur la parole de Dieu. Prenez-garde à ceux qui tuent le verbe, dévorent sa chair et polissent son squelette. La parole de Dieu est vivante, on ne la déchire pas comme un cadavre.

Les vieux retrouvaient le langage de leurs aïeux qui, loin du bruit et de la fureur des facultés, découvraient Dieu dans la blancheur des neiges éternelles.

Eustache ne répliqua pas. Certes, à la béatitude des anciens il préférait la vigueur de Luther mais il vouait à ces hommes de sacerdoce et de devoir un profond respect, une piété filiale, sans réserve, qui lui ôtait le goût de la dispute.

Les propos de Jehan avaient rassuré George; Colette en profita pour ramener la paix dans les esprits:

- Je vais chercher du vin, du fromage et du pain, mais je vous prie, parlez d'autre chose.

Les hommes évoquèrent les évènements de la vie quotidienne, ces riens qui ne rongent pas l'esprit: l'histoire du village qui se dessine à petites touches ou à grands traits. Les sujets de conversation ne manquaient pas. L'invasion de la Provence, le siège de Marseille, la défaite de Pavie et la capture du roi nourrissaient les conversations habituelles des veillées.

Emilio interrogea Eustache:

- Tu y étais bien, toi, au siège de Marseille ?

- Oui, j'y étais.

- Alors, raconte-nous, demanda Emilio.

Eustache ne se fit pas prier:

- Je me suis trouvé dans la ville, enfermé comme un poisson dans la nasse. C'était l'enfer, je n'avais jamais rien vu de pareil. Nous étions partis d'Apt avec un chargement de blé pour les Marseillais. En pressant l'allure par la combe de l'Ayguebrun nous pensions être de retour dans les deux jours. Nous savions que le duc de Bourbon était à Aix avec les Espagnols et que le chemin le plus sûr passait par le bac de Mérindol. En tirant droit sur Salon nous devions arriver dans Marseille avant la nuit... Et c'est bien ce que nous fîmes. Les gardes nous laissèrent entrer et refermèrent les portes sur nous. Nous étions devenus des assiégés et les défenseurs d'une ville qui nous était étrangère. J'étais là, seul, sans famille ni biens à défendre, à combattre aux côtés de gens qui ne m'étaient rien, pour un roi qui m'envoyait ses huissiers et ses gens d'armes.

La ville avait rasé ses faubourgs, vidé ses cimetières, ramené ses morts en procession et s'était repliée derrière ses remparts. Les pauvres gens, sans feu ni lieu, dormaient dans les églises, mangeaient les rats du port ou l'ordure des caniveaux. Les enfants mouraient sous les porches et, au petit matin, les hommes de peine entassaient les morts sur les charrettes pour les jeter à la mer.

Nous fûmes assiégés à la mi-août. A chaque soleil levant, nous comptions un jour de plus à vivre car nul ne songeait à se rendre. Les annales de la ville témoignaient de l'effroyable cruauté des Espagnols en cas de reddition.

Les tentes de l'ennemi couvraient la plaine et les canons pointés sur les portes ne nous effrayaient pas car, acculés à la mer, nous n'avions d'autre choix que de résister avec l'espoir de tenir assez longtemps pour que l'armée royale vienne nous délivrer. Les hommes, les femmes et les enfants participaient à la défense de la ville, encadrés par les vieux soldats pisans rescapés de la retraite d'Italie.

Le capitaine Renzo de Cerre était partout, encourageait les peureux et modérait les plus téméraires. Son pourpoint de cuir fauve le signalait sur tous les points chauds des remparts. Il surveillait les mouvements de l'ennemi, répartissait les vivres et les munitions et tenait la main ferme sur ses soldats. Econome de nos vies, il savait que le temps comptait plus que l'intrépidité. Il n'avait que faire de héros insouciants mais s'appuyait sur des gens besogneux, au courage tranquille qui ne rompaient pas sous l'assaut.

Le siège de Marseille ce n'était pas l'ivresse des combats, ni la gloire des champs de bataille mais la tâche ingrate, toujours recommencée, de relever les murs ruinés par les boulets. Il fallait voir la bourgeoise et le manant, le noble et la roturière, déchirer leurs mains en entassant les pierres, le visage maculé de poudre noire.

Elles chantaient sur leurs tranchées, les « Dames de Marseille. » Elles chantaient pour le héros, leur capitaine italien. Elles avaient composé une chanson qui, si ma mémoire est bonne, disait ceci:

« Quand Bourbon vit Marseille,
Il dit à ses gens:
Vray Dieu ! quel capitaine
Trouverons-nous dedans ?
Il ne m'en chaut d'un blanc*
D'homme qui soit en France,
Mais que ne soit dedans
Le capitaine Renzo.

C'était un refrain qui leur disait que Marseille était défendue par le seul homme capable de décourager l'Espagnol. Cet air-là courait sur les fortifications. Le vent le portait jusqu'aux avant-postes des impériaux, en manière de raillerie.

Ah ! les Dames de Marseille, elles étaient toujours gaies, courageuses, pansaient les blessés, consolaient les mourants. Parfois, l'une d'elles disparaissait. On n'entendait plus son rire sur le rempart; l'un de nous la retrouvait plus tard, la poitrine déchirée par une bordée d'arquebuse, toute menue, comme un oiseau mort sur le muret.

Croyez-moi, dans ces moments-là, gens du Nord et Provençaux, seigneur de cour et laboureur, unis dans une même haine de l'Espagnol, partageaient le même destin, vivaient des mêmes espoirs. L'espoir, qui d'entre vous connaît vraiment l'espoir ?

L'espoir de sortir vivant de l'enfer, l'espoir de voir flotter les bannières du roi au fond de l'horizon. Du haut de son échauguette, le veilleur espère le moindre reflet, le plus petit nuage de poussière, à s'en crever les yeux. Tous les jours le capitaine Chabot de Brion qui commandait les soldats de sa majesté déployait sa carte et nous montrait les lignes, les traits, les flèches qui traçaient, pour nous, la marche de notre sire. Il le voyait venir, entendait les tambours et les cuivres et nous faisait partager son rêve. C'est cela l'espoir, le dernier espoir lorsqu'il ne reste rien ou presque rien dans la corne de poudre.

- Tu vois, disait-il, aujourd'hui il est à Lyon, demain les Suisses le rejoindront à Vienne et je te promets qu'il sera dans le Comtat avant lundi.

Il traçait une croix sur sa carte, un signe d'espoir.

Lorsque la nuit tombait, il était toujours là, sur le mur à scruter l'horizon.

Le marquis de Brion était un homme simple qui se confiait volontiers. Il nous parlait d'un roi qu'il connaissait bien, de belle prestance, courageux, généreux, soucieux du bonheur de ses sujets et de la gloire de son règne.

Les soirs de veille, lorsqu'il était en veine de confidences, il nous décrivait un prince de légende qui se faisait construire les plus beaux palais du monde par les plus grands artistes du siècle. Il était Salomon dans tout l'éclat de sa gloire, entouré d'une cour somptueuse. Le marquis chantait son roi comme un troubadour amoureux. Son roi était aussi le mien, je le sentais plus proche, plus vivant.

Eustache interrompit son récit, le temps de vider le gobelet que lui tendait Colette.

L'auditoire était attentif: sous leurs yeux s'écrivait une page de l'Histoire de France.

Marron enchaîna:

- Quelque chose changeait dans ma façon de voir la Provence. Elle était bien petite sur le parchemin du marquis. Il y avait d'autres provinces aussi grandes, aussi belles sous le sceptre du même roi et je me sentais compagnon d'armes, presque frère de ce soldat du Nord, qui me passait sa gourde de vin ou la corne de poudre. C'était un mercenaire bien sûr, mais qui nous en donnait pour notre argent en défendant un sol qui n'était pas le sien. Il ne comprenait pas ma langue mais se battait pour une terre, que les notables, toute honte bue, avaient livrée à l'empereur pour sauver leurs carcasses et leurs écus. Sous les boulets qui éventraient nos remparts, tout près de ces Dames de Marseille, belles et farouches, je ressentais comme de la tendresse pour ces gens venus de si loin.

Nous servions le même roi.

Dans la matinée du 28 septembre, dans le soleil brouillé de l'automne, les premiers cavaliers de l'avant-garde volaient vers nous. Ce n'était pas encore la poussière que soulèvent les armées en marche, mais nous étions certains de notre délivrance prochaine. Les derniers chariots espagnols quittèrent la place sous les quolibets d'un peuple soulagé et les portes s'ouvrirent sur les bivouacs abandonnés.

Je ne vous conterai pas la joie des Marseillais, les beuveries et l'orgie répandue dans la ville. Le soldat ne change pas ses habitudes. Tuer, piller, violer, mourir pour de l'argent avant de crever en plein soleil sur le bord d'un fossé. Malfaisant, honni de son père, il ne laisse, derrière lui, ni biens ni regrets. Au coeur de cette tourmente, j'ai senti frémir comme lui, la haine sous ma peau, partagé ce désir de meurtre et ces instincts de fauve... Que nous reste-t-il, lorsque la mort nous guette et que Dieu est sourd ?

La fosse est là, puante, chaque jour rechargée comme un alambic et qui vous attend. Le temps qui vous est compté s'use dans la violence et la frénésie. La brute ou le désespéré ne parlent pas d'amour et de projets d'avenir, de charité et de justice divine qui sont les mots de nos veillées tranquilles, mais de sang, de vin et de saillies...

Rageur, il planta son couteau dans la tourte de pain pour éloigner ces obsessions qui le hantaient, conjurer les forces maléfiques qui l'agitaient.

Le geste sacrilège horrifia ces hommes de paix et de pain partagé. Il baissa la tête honteux. Qui pouvait comprendre que l'horreur se partage aussi bien que le pain ?

Emmanuel avait abandonné son roseau, il regardait Eustache le taciturne. Dans la pénombre ce visage semblait taillé dans la pierre brute. L'enfant était fasciné par ce regard, le pli amer de la bouche et le son douloureux de la voix.

Eustache, bâti à chaux et à sable, n'était pas un mercenaire endurci mais un jeune paysan, éprouvé par la guerre, qui avait découvert la violence tapie dans ses entrailles. La bête avait bougé au creux de ses reins et il avait peur. Tous les feux de l'enfer dévoraient la carcasse de ce soldat de hasard.

Les confidences de Marron pesaient sur les consciences et la soirée ne pouvait s'achever sur une aussi triste impression. Colette se dirigea vers le coffre ancestral et rapporta le Saint-Livre: la Bible jaunie, écornée par tant de mains au cours des veillées recueillies.

Jehan avait appris à lire dans ses feuillets, Emmanuel trébuchait, à son tour, sur les vieux caractères. Entre les pages du grimoire il y avait un parchemin aussi précieux que la Bible. Colette le tendit à son fils:

- Dis-nous, s'il-te-plaît, « la Noble Leçon » de nos pères.

Jehan reçut le texte sacré et le posa bien à plat devant lui. Il eût pu le dire de mémoire pour l'avoir tant de fois récité à sa mère.

Colette, assise près du feu, se tenait recueillie, les mains posées sur ses genoux, attentive.

« O frères... écoutez la noble leçon. Souvent vous devrez veiller et rester en prière car nous voyons que ce monde est près de sa fin. Nous devrions nous soucier de faire de bonnes oeuvres puisque nous voyons approcher cette fin du monde. Il y a bien mille et cent ans accomplis que l'heure en fut écrite et nous voici aux derniers temps. Peu, nous devrions convoiter car nous sommes ce qu'il en reste. Chaque jour, nous voyons les signes venir à accomplissement: le mal s'accroît et le bien diminue. Ce sont les dangers que l'Evangile annonce. L'Evangile rapporte et saint Paul nous dit aussi que nul homme vivant ne peut savoir sa fin. C'est pourquoi nous devons rester dans la crainte ne sachant pas si la mort nous prendra aujourd'hui ou demain. Mais quand Jésus viendra, au jour du jugement, chacun recevra en entier son salaire: ceux qui auront fait le mal ainsi que ceux qui auront fait le bien. Et l'Ecriture dit aussi, et que nous devons croire que tous les hommes de la terre suivront deux voies différentes: les bons iront en gloire et les méchants dans les tourments.

Dieu séparera le sien peuple, selon qu'il est écrit:

Séparez-vous de moi, allez au feu éternel qui jamais ne s'éteint, de ce que Dieu nous garde pour son plaisir et nous fait comprendre ce qu'il dira aux siens avant longtemps:

Venez avec moi, les bénis de mon Père, posséder le royaume préparé pour vous depuis le commencement du monde et dans lequel vous trouverez richesses, plaisirs, honneurs.

Plaise à ce Seigneur tout puissant qui forma le monde, que nous soyons les élus pour être dans sa cour. »

La lecture était terminée mais Jehan voulait faire plus: ôter le fiel qui pourrissait le coeur d'Eustache en ravivant d'autres souvenirs.

-... Chaque fois que nous désespérons, que le mal nous ronge et que nos certitudes vacillent évoquons le berceau de notre foi, allons nous retremper dans les eaux vives de la Durance sur la terre de nos ancêtres.

Là-haut, le soleil jaillit du levant, inonde les prés neigeux de sa lumière, et plonge d'un coup derrière les monts, il ignore les nuances de l'aube et les nonchalances du crépuscule. Là-haut, tout est franc, abrupt comme l'arête du rocher. Le bleu du ciel, le blanc des glaciers, la tourmente ou la chaleur torride ne trichent pas avec l'homme. Là-haut tout est simple et sans hypocrisie. Les étés y sont si courts que la fleur, pressée d'éclore, éclate sous la neige et se présente toute parée aux caresses de la brise. Les cascades explosent sous la glace fragile. C'est là-haut que l'âme vaudoise se régénère et se vivifie, puise sa force, sa résistance et la patience qui maîtrise le temps. Le montagnard qui, de son pas mesuré, descend la balle de foin de ses alpages, connaît le poids des gestes inutiles et du temps perdu. Il doit vivre de l'essentiel: de pain rustique, de joies simples tissées au jour le jour et de prières. Dieu est toujours présent à ses côtés.

Là-haut, il est le confident dans la détresse ou celui qu'on interpelle les grands jours de colère, l'ami que l'on invite et bénit le jour de la moisson. Là-haut à Freissinières ou sur les pentes du Viso...

L'émotion paisible, la douce larme des souvenirs cicatrisaient la plaie ouverte par le couteau de Marron.

Emue, Colette s'était levée pour poser sa main sur celle de son fils. C'était un geste furtif de communion. Elle était si fière de lui car elle avait toujours su dans son ventre et dans sa tête que le petit lui reviendrait car il avait le soleil et le vent de leurs montagnes dans le coeur et qu'il serait barbe dans son village et guide de son peuple dans la tourmente.

Il parlait bien « Jehan le Prêcheur. »

Le petit Emmanuel était ébahi. Il n'avait jamais entendu son père, d'ordinaire si discret, parler avec autant de chaleur.

Il était tard et le vieux George de Cabrières se leva:

- Nous allons dormir dans le retrait* et demain très tôt, nous franchirons le Luberon.

Emilio, n'avait rien dit encore, il ne parlait pas comme son fils. Il suivait son instinct de bête que le danger inquiète. Il le flairait sans pouvoir le distinguer.

- Avec ce sale temps, vous aurez meilleur compte de passer à revers du couvent des Carmes et monter par la Cavède, le pré de Roustan et le vallon de l'Api. Soyez prudents, Soubeyran a vu des loups à la baume Rousse, l'hiver sera dur.

En regardant Eustache, il marmonna entre ses chicots:

- Les temps à venir seront rudes si les loups sortent du bois.

Tête basse, Marron suivit son compagnon.

V

JEAN DE ROMA

1532...

Huit ans passèrent...

A tracer leur sillon, observer le ciel et peser leur bien, les Rey regardaient couler paisiblement le temps à l'écart des troubles de la plaine.

Emilio et Colette vieillissaient doucement. Ils avaient passé la main à leurs enfants et leurs vies se déroulaient sans heurt.

Colette entretenait la maison, nourrissait la basse-cour, et rêvait d'une bru qui viendrait sous leur toit. Jehan menait les labours sans grande conviction mais Emmanuel aimait la campagne comme son grand-père. Il connaissait tous les bouts de sa terre, les gîtes, les nichées et les essaims sauvages.

Emilio réparait les outils et cultivait, pour son plaisir, le carré de vigne du plan d'Apt en compagnie de son ami Thomas. Il partait pour de longues journées à son travail et à ses amitiés. Il tirait ses dernières joies du fruit mené à maturité, de la grappe lourde et juteuse.

Souvent il s'en allait, à petits pas, par les chemins, en s'aidant de sa canne et jouissait des moissons blondes ou grommelait contre ces jeunes qui n'en faisaient qu'à leur tête. Il allait voir Etienne Appy son ami et, tous deux, devant leurs étains, étrillaient la jeunesse:

- Basta... Ils font du melon à Cavaillon et élèvent des vers à soie à Carpentras pour les Florentins d'Avignon. Ils trahissent la terre qui ne peut porter que le blé et la vigne. Etienne était moins sévère:

- Encore que sur les paluds de la Durance, ils ont de l'eau... Ce n'est pas comme ici... Alors le melon pourrait y venir...

Le monde évoluait et les vieux se montraient réticents.

*

* *

Ce jour-là, Emmanuel gardait ses moutons et ses chevrettes dans les gastes*. Sur les vastes terres en friches, les cabanes* de pierres rondes et pointues semblaient sorties de terre comme des taupinières. Elles étaient là depuis que le père d'Emilio avait extrait, une à une, les lauzes de son champ pour créer ses novales*, monter les restanques* et bâtir ses refuges pour l'hiver. Ces cabanes étaient construites pierre sur pierre, sans une once de liant et la dalle faitière, fermant le toit, maintenait la cohésion de l'ensemble. Elles offraient un abri aux bergers tourmentés par le mistral. Emmanuel en avait choisi une et l'avait aménagée. Son gîte dominait la Valmasque au-dessus de la tour carrée du couvent des Carmes de Saint-Hilaire. Le regard portait jusqu'aux pentes du Luberon, de l'autre côté de la vallée.

Dans la plaine les lourdes bastides, bien campées sur leurs assises semblaient perdues dans une mer de labours, de friches et de jeunes vergers.

Tandis que son troupeau vaguait dans les hermes entre les cades et les chênes rouvres, Emmanuel attendait la fille de Soubeyran.

C'était une belle jeunesse de 16 ans, fière comme une infante, libre comme le vent sur le plateau: Emmanuel l'aimait.

Emmanuel l'aima dès leur première rencontre car elle incarnait ce qu'il n'avait jamais vu aux Jassines: la jeunesse, la beauté, le charme.

Les visages qui s'étaient penchés sur son berceau étaient déjà flétris à sa naissance. Il n'y avait que des vieux autour de lui.

Tout enfant, il avait envié les jeunes garçons de son âge qui s'accrochaient à la robe d'une gracieuse maman. Il avait honte de sa grand-mère, refusait de lui donner la main lorsqu'ils montaient au village. Personne ne parlait jamais de sa mère à la bastide. Il eût aimé que son père, quelquefois, lui racontât son regard, ses cheveux, sa voix, ses gestes. Le soir, il fermait les yeux sur un visage sans rides dont il avait composé les sourires, les yeux et le teint de jeunesse. Alyne, c'était son carré de fleurs printanières qu'il cultivait en secret au long des soirées moroses de la bastide. Ils jouaient de leurs rires insolents, lancés dans la vallée, qui s'en allaient buter contre les rochers de la montagne. Les courses dans les jas* les jetaient, essoufflés sur l'herbe, heureux.. Assis sous le vieux chêne de la Croisée, le garçon posait sa tête sur les genoux de la belle. Une auréole brune se penchait sur son visage, une main légère caressait son front moite; il n'en fallait pas plus pour qu'il esquissât la silhouette ténue d'un bonheur à naître.

Souvenirs d'enfance évanescents: traces, odeurs, images, que l'on redécouvre au soir de sa vie, sur les chemins de la mémoire que l'on fait à rebours.

Emmanuel avait décidé de marier Alyne et rien ni personne ne pourrait l'empêcher.

La jeune fille partageait cet amour mais se montrait prudente:

- Tu le sais, toi, ce que seront nos lendemains ?

Laissons à la Providence le soin de nos destinées, lorsque sera venu le temps des épousailles, nos pères s'accorderont.

Emmanuel avait pensé à tout: l'aile du bâtiment adossé aux Jassines avec de larges baies ouvrant sur le Luberon, la place du lit, du coffre dans une maison bien à lui, la jonchée répandue sur le carreau, exhalant l'odeur douceâtre du foin mêlée aux senteurs capiteuses de la lavande sauvage. Entre sa femme et ses enfants, loin des fureurs de la ville, il coulerait des jours laborieux et paisibles. Emmanuel avait rêvé son destin et n'en voulait point d'autre.

Alyne passait pour le plus beau des fleurons de la communauté vaudoise de La Coste. Travailleuse, honnête, prude sans austérité, elle était fort recherchée par les galants du village en âge de se marier, mais le sourcilleux Soubeyran menait sa famille comme on trace un sillon: tout droit et sans surprise. Il n'ignorait rien, cependant, des sentiments partagés d'Emmanuel et de sa fille et voyait venir « le petit des Rey » d'un assez bon oeil. Ce pouvait être une bonne affaire si le fruit venait à maturité.

Tout en surveillant les bêtes qui s'égaillaient dans la garrigue, la jeune fille tressait des claies d'ajoncs tandis qu'Emmanuel évoquait ses projets. Alyne écoutait, posait des questions, suggérait une idée, et construisait avec son ami, un avenir à partager.

Soudain inquiète, elle dressa la tête. Ses narines dilatées tentaient de saisir l'odeur indéfinissable qui montait de la plaine.

Elle se leva vivement:

- C'est le feu dit-elle, j'en suis sûre, il faut partir, il va détruire la garrigue et nous brûler avec les moutons.

Ils scrutèrent chaque point du plateau et ne virent ni flammes ni fumées, la garrigue ne brûlait pas !

Emmanuel dirigea son regard sur la vallée:

- C'est la ferme des Moutin qui crame*, regarde. Ils s'approchèrent du chemin qui longeait les pacages et, de leur belvédère, découvrirent le désastre. A regarder de plus près, ce n'était pas le feu naturel, né du caprice du temps, mais celui des hommes et de la haine qui périodiquement se rallumait dans la Valmasque. En contrebas de l'abbaye, les bâtiments brûlaient, des hommes vaquaient dans la cour, indifférents aux flammes qui dévoraient les granges, les écuries, les récoltes et le bétail.

La fille avait compris qu'un drame se déroulait dans la bastide des Moutin.

- Va prévenir ton père pendant que je cours à Soubeyran demander de l'aide. Dépêchons-nous car ils sont en danger.

Les enfants coururent à perdre haleine prévenir leurs aînés. Une heure plus tard la campane* du village sonnait le tocsin et rassemblait les laboureurs à la porte sud.

Dans la cour des Moutin, l'inquisiteur Jean de Roma instrumentait. C'était un moine expert en hérésie, réputé juriste, rusé sophiste, et poète à l'occasion.

Il menait ses interrogatoires de main de maître, enfermait le laboureur dans le filet serré de ses questions et le poussait irrésistiblement vers le bûcher. Le moine aimait la controverse et maniait la Bible en théologien avisé. Lorsqu'il avait la chance de détenir un barbe chevronné, il éprouvait la joie du savant disputant de théologie avec un interlocuteur digne de lui. Une telle rencontre lui fournissait l'occasion de développer ses arguments, de citer des versets de la Bible à l'appui de ses affirmations. Mais sous le masque du docteur se cachait le jacobin sans vergogne, cupide et pervers, qui violait la loi, la morale et les filles.

Jean de Roma terrorisait les laboureurs du Calavon et du Pays d'Aigues. Cet homme incarnait l'Inquisition sans fard, le bras puissant de Dieu, le fer rouge sur les plaies vives de l'Eglise. La moindre rumeur, le plus modeste signe le tenait en haleine et le lançait sur les traces encore fraîches de sa future victime.

Pierre Moutin n'était pas un inconnu. Des témoins rapportaient qu'il avait un soir de beuverie, rossé d'importance le curé Guilhem de Roussillon, qui pratiquait l'usure et ruinait les paysans de sa paroisse.

Cette affaire avait fait grand bruit dans le pays et le seigneur de Goult, proche parent du curé, avait vivement critiqué la mollesse de l'évêque dans cette affaire:

- Les manants se croient tout permis depuis que l'Inquisition ne fait plus son devoir.

L'ancien inquisiteur avait dû céder sa charge à plus entreprenant que lui et c'est ainsi que Jean de Roma fut investi du ministère d'inquisition en pays d'Apt. Le moine était en chasse. Il détenait une information dont il voulait vérifier l'exactitude.

Il se disait dans les tavernes d'Apt, que des étrangers traversaient le pays et se rendaient à Mérindol par les chemins de la Valmasque.

La bastide de Moutin était située sur le passage des voyageurs et servait de relais à ces ombres insaisissables qui glissaient dans les marais et empruntaient les sentiers discrets de la montagne. Le laboureur pouvait tout voir et tout connaître des projets de ces étrangers. La présence de l'inquisiteur n'était donc pas fortuite.

Le moine et ses soldats avaient investi la bastide et s'apprêtaient à extirper par la torture les aveux du couple de paysans. Il avait fait attacher la femme à l'un des piliers de l'auvent et lui parlait de repentir et de retour dans les bras largement ouverts de l'Eglise.

- Il est dit dans l'Evangile: « Si ton frère vient à pécher, va le trouver et reprends-le, seul à seul. S'il t'écoute tu auras gagné un frère, s'il ne t'écoute pas, prends avec toi un ou deux autres, pour que toute affaire soit décidée sur la parole de deux ou trois témoins. S'il refuse de les écouter dis-le à la communauté et s'il refuse toujours, qu'il soit comme le païen... »

Tu comprends l'Ecriture et tu sais que, ministre de Dieu, je suis responsable de ton âme. Mon devoir est de te ramener sur les sentiers de la vraie foi que tu n'aurais jamais dû quitter...

La femme affolée gémissait:

- Mais je suis bonne chrétienne et je vais à l'église de Bonnieux tous les dimanches et pour les fêtes carillonnées... Le curé m'est témoin...

- Je sais que le jour tu te fais remarquer à l'église et que la nuit tu rejoins tes semblables dans leurs réunions secrètes où se pratiquent des sorcelleries et des sacrilèges... C'est cela ta foi dans le Christ ? Tu caches une bien mauvaise conduite. Le moine était déçu car il n'avait levé qu'un modeste gibier.

La femme désespérée s'accrochait à sa réponse:

- Je suis bonne chrétienne et je vis selon les Ecritures.

- Respectes-tu les commandements de l'Eglise ?

- Assurément Monseigneur.

Pauvre discours, pauvre mensonge, l'inquisiteur impatient gifla la paysanne:

- Si tu es bonne chrétienne, tu vas me dire ce qui se prépare dans les bastides de la vallée et de quelle sorte sont les gens qui traversent le pays.

- Je ne sais pas, nous faisons notre travail et ignorons le reste, c'est le bon moyen de ne pas être inquiétés.

Jean de Roma souriait, sourire ambigu qui rendait l'espoir à la vaudoise. Elle sentait que le papiste se laissait berner, qu'il lâchait prise et qu'il s'en irait bientôt avec sa troupe.

Son homme, assis sur le muret, les mains liées derrière le dos, n'avait pas la candeur de croire que le moine viderait les lieux sans avoir obtenu ce qu'il cherchait.

- Tu n'es pas raisonnable, sermonnait le capucin.

Souviens-toi qu'il est écrit dans l'Evangile: « S'il ne t'écoute pas, traite-le comme le païen. »

Il s'en alla vers son escorte, tira de ses bagages une vieille paire de bottes et s'en revint vers les Moutin.

- Comment dois-je traiter les païens ?

Les méthodes du moine étaient connues des vaudois et la pauvre Hugonnette tremblait de toutes ses fibres. Quelle serait la première proie du sinistre vautour ? Aurait-elle assez de courage pour supporter la torture et se taire ?

L'inquisiteur demanda:

- Où est ta réserve de graisse ?

La femme avait pâli, Pierre tremblait, tous les deux connaissaient le supplice dont le jacobin avait coutume d'user envers les hérétiques.

Hugonnette implora:

- Par le sang du Christ, épargnez-nous...

La réponse cingla:

- N'invoquez pas le nom du Seigneur, suppôts de Luther promis au feu éternel. Que vous alliez en enfer, un peu plus tôt ou un peu plus tard, plus ou moins cramés, seul le diable n'y trouvera plus son compte... Cette graisse où la serres-tu ?

La paysanne désespérée avoua:

- Dans le cellier, sous la grande table...

Elle perdit conscience, son corps lié glissa le long du pilier de pierre qui lui laboura le dos. D'un revers de la main, l'intraitable bourreau lui rendit ses esprits.

- Où sont les fagots ? Cesse de gémir et parle, vieux masque, garde tes larmes pour le repentir.

- Sous l'escalier de la grange...

L'inquisiteur fit un signe à son aide qui s'en alla quérir la graisse et le bois. Lorsqu'il fut de retour, Jean de Roma lui indiqua Pierre Moutin:

- Lui d'abord, pour la femme nous verrons plus tard. Si son homme sent un peu le feu, elle parlera sans effort.

L'aide connaissait son travail. Il remplit de graisse les bottes de cuir et força le laboureur à les chausser tandis que l'inquisiteur préparait son brasier. Il avait la patience du rôtisseur qui attend que les flammes s'apaisent. Les sarments secs se consumaient, se réduisaient en braises: le bûcher attendait sa victime.

- A nous deux bonhomme ! C'est avec toi que je vais reprendre la dispute.

Les deux soldats qui accompagnaient le moine dans ses déplacements, se saisirent du laboureur entravé et l'approchèrent du feu.

- Viens, nous allons danser le branle.

Le moine fou poussa le pauvre Pierre sur la braise ardente.

- Danse sorcier, c'est le sabbat.

Jean de Roma jubilait, l'hérétique sautait d'un pied sur l'autre, de grosses perles de sueur roulaient sur son visage déchiré de douleur.

L'odeur de la chair de l'homme qui brûlait se mêlait aux pestilences des écuries en flammes.

Pierre n'arrivait plus à se tenir debout et risquait, à tout moment, de s'affaler dans le brasier, ce qui n'aurait pas fait l'affaire du moine; il était encore trop tôt. Il fit asseoir le supplicié sur un escabeau, les jambes pendantes sur la braise encore vive. Les hurlements du fermier couvraient les cris d'agonie de son bétail. Sa bastide brûlait sous ses yeux. Il perdait son toit, ses bêtes et ses récoltes. Ce qui échapperait à la fournaise, lui serait volé par le moine et ses coupe-jarrets.

- Tu vois dans quel état votre entêtement vous a réduits. Ne vous obstinez pas. Pour un simple renseignement, je vous rends la liberté.

- Je ne peux rien vous dire, suffoquait Hugonnette, nous sommes ignorants et pauvres gens.

- Ce que je veux savoir, tu le sais et me le diras.

Vous n'ignorez rien de ce qui se fait dans cette vallée. Votre bastide est trop bien située, pour ne pas servir de relais à vos comparses. Qui sont ces étrangers qui circulent dans la Valmasque ? Où vont-ils ? Que préparent-ils ? Tant que tu resteras muette, je ferai cuire ton mari. Regarde ce qu'il en reste, dans un peu de temps il sera gast* pour la vie et tu ne tarderas pas à lui ressembler. Vous avez tout perdu et demain vous vous traînerez comme des chiens devant les portes de nos couvents pour mendier un peu de soupe. Cette Eglise, que vous reniez, vous aidera à survivre.

Tombé de son escabeau, Moutin gisait sur le sol. En rampant, il tentait de s'éloigner de son enfer. Il ne gémissait plus car il avait franchi depuis longtemps le seuil du supportable. Ses jambes boursoufflées éclataient comme des bulles. Les vapeurs de sa propre graisse fusaient des plaies purulentes.

Ne pouvant plus supporter les souffrances de son époux, Hugonnette parla:

- Cessez de nous tourmenter, Messire, je vais vous dire ce que je sais et qui est bien peu de chose, en vérité. Les barbes des communautés de la vallée et du Luberon doivent tenir conseil à Mérindol pour préparer la grande réunion d'automne du Piémont. Il y aura les prédicants les plus connus de Cabrières, de La Coste, de Lourmarin, d'Apt, de Murs et quelques-uns, venus de Genève et des Alpes. Je n'en sais pas plus, Monseigneur.

Hugonnette pleurait. L'inquisiteur était satisfait. Il tenait une information capitale. Dans le passé il y avait eu de semblables réunions mais aucune n'avait ressemblé autant d'hérétiques. Les aveux de la femme confirmaient les soupçons de l'archevêque d'Aix qui, sur réquisition du roi, avait ordonné une enquête sur les moeurs des vaudois de Provence.

Le moine ne doutait pas que l'information qu'il détenait lui vaudrait quelques avantages et obligerait ses nombreux détracteurs à reconnaître l'efficacité de ses méthodes.

Jean de Roma n'avait plus rien à faire dans ces ruines. Il était urgent de prévenir l'évêque d'Apt, Jean Nicolaï, avant qu'un informateur plus diligent ne vint lui ôter le bénéfice de sa découverte. La venue des prédicants de Genève tel ce Jean Farel bien connu dans le pays, donnait un tour politique au problème de l'hérésie en Provence. Il était clair que les vaudois tentaient de faire cause commune avec les luthériens et cette menace devait être prise au sérieux. Les aveux de la femme Moutin devaient parvenir, sans délai, devant la cour du Parlement d'Aix.

- J'en aurai fini avec vous, lorsque tu m'auras dit où sont cachés tes écus... Des tenanciers de votre importance doivent bien avoir quelques économies dans leur maison.

Il ajouta d'un ton badin:

- Il faut bien rendre au curé de Roussillon, ce que vous lui avez fait perdre.

Le Jacobin les ruinait, les réduisait à la mendicité, donnant son plein effet à ses menaces. La pauvre femme sans le moindre sursaut de révolte, lui indiqua la cachette:

- Derrière les bûches, sous la grosse pierre.

Le moine se précipita, ne laissant à nul autre, le soin d'engranger la rapine. Il revint très vite, en faisant sauter dans ses mains, un sac d'écus bien garni: l'épargne d'une vie.

- Je vois que vous n'étiez pas dans la misère et je me demande pourquoi vous vous faites appeler « les Pauvres de Lyon. » C'est pitié de voir des hérétiques de votre espèce disposer d'autant de richesses alors que tant de bons chrétiens manquent du nécessaire. Le curé Guilhem sera heureux de faire la charité en votre nom.

L'homme de main sachant dans quelle poche tombait l'or des vaudois, ne put retenir un sourire désabusé qui n'échappa pas à la vigilance du moine.

- Enlève-lui les bottes, fainéant et retourne à ton chariot.

Et regardant Hugonnette dans les yeux, il lui dit malicieusement:

- Ces bottes t'auraient grandement servi pour te rendre en enfer.

Les soldats entassèrent sur leur char meubles et provisions dont ils escomptaient tirer bon prix sur le marché de la ville. Le convoi, lourdement chargé, regagna la grand'route par le pont romain qui enjambait le Calavon. La petite troupe passa près des combes sauvages où les soirs de pleine lune, disait-on, les masques* se livraient à d'étranges cérémonies. Ragots de vieilles femmes ou vraies pratiques de sorciers, la peur dans les maisons catholiques entretenait la haine de l'hérétique. D'essence diabolique, vaudois et sorciers partageaient le même destin.

Sur le plateau, les jeunes gens avaient rapporté à leurs parents, la vision de la ferme Moutin ravagée par les flammes. Les hommes du village avaient rejoint ceux des Jassines et de Soubeyran, à la croisée de l'abbaye. La troupe, armée de fourches et de bâtons, dévalait le chemin du couvent qui dominait les terres de Moutin. Ils étaient plus de quarante gaillards décidés à en découdre avec les sbires de l'évêque. La colère l'emportait sur la résignation séculaire. Emmanuel n'était pas le dernier à souhaiter la bataille. Alyne était restée près de sa mère pour préparer le secours aux blessés. Dieu seul savait quel crime se commettait dans la Valmasque.

Lorsque les laboureurs pénétrèrent dans la cour, tout était fini. Le moine était parti en emportant le butin et ne laissant, derrière lui, que des ruines, un corps meurtri et une femme en pleurs. Pierre gisait près de son bûcher, les jambes à demi-calcinées. Il n'était pas mort et souffrait horriblement. La pitoyable épouse tenait la tête de son compagnon entre ses mains et lui murmurait les mots de l'apaisement, des mots auxquels elle ne croyait pas: médecine du coeur pour un homme en agonie.

- Reste calme « m'ami », tu seras debout pour nos premières olives et vaillant comme hier...

Elle mentait et ne doutait pas que le lendemain serait plus sombre que la veille.

Affolée par les bruits, les vociférations d'une troupe en marche, la pauvre femme leva la tête et, soulagée, reconnut Soubeyran et ses hommes.

Une étrange torpeur succédait au tumulte des heures passées. La colère des paysans, soufflée comme une chandelle, restait sans voix devant l'horreur.

Jehan s'approcha de ses frères meurtris:

- Laisse, Hugonnette, nous sommes là maintenant.

Le danger est passé et nous vous emmenons, tous les deux, sur le plateau.

En sanglotant, Hugonnette raconta les étapes de leur calvaire.

Soubeyran s'était approché:

- Je les prends chez moi. Préparez une claie de branchages pour monter le blessé.

Les chairs sanguinolentes s'en allaient en lambeaux.

Emmanuel restait là, interdit. Pour la première fois il rencontrait la chair torturée et la froide cruauté. L'Inquisition sans pudeur posait nue devant lui. Ce n'était pas la guerre avec ses audaces, le courage et les hauts faits tels que les racontait Eustache. Ce n'était pas Montségur, son épopée et son martyre. Non. Il découvrait la mort sournoise, exsangue, pestilentielle, tapie dans les cachots et les culs de basse-fosse. Il ne voulait pas de cette mort. Il préférait crever, criblé comme un sanglier, dans le grand soleil.

L'adolescence d'Emmanuel s'achevait dans cette bastide en flammes, sur ce terreau de violence. Il pénétrait dans le monde de ses aînés où chaque grain se paie de sueur et la liberté de larmes et de souffrances. Il posa un regard tendre sur son père, sur cet homme de paix et de pardon, assommé par ce poids de haine qui déferlait sur sa communauté.

- Père, nous ne pouvons pas continuer comme cela. Ils vont nous égorger comme des moutons.

Emmanuel retrouvait les mots et les accents d'Eustache. La haine le transformait. Les bottes de cuir du dominicain tournaient dans sa tête, hallucinantes.

Jehan le prêcheur ne savait que répondre, le temps des barbes dociles était révolu et sonnait l'heure des capitaines. La loi du talion s'inscrivait en lettres de feu sur le Luberon, aussi vraie que les tables de Moïse sur le Sinaï. Sous le soleil assagi de septembre, le vieux massif, indifférent à la fureur des hommes, se voilait de brume.

Les vaudois se ressaisirent. Ils chargèrent le corps mutilé de leur ami sur le brancard de fortune et reprirent le chemin des bastides. Le retour fut long.

Chaque pierre du chemin arrachait un cri de souffrance au supplicié. Les deux époux gravissaient leur calvaire en se tenant la main.

La troupe cheminait dans cette campagne à peine effleurée par l'automne: procession de douleur sur fond de paix rustique.

A la Croisée, Soubeyran prit les devants et entraîna ses compagnons vers sa demeure. Il offrait l'hospitalité aux malheureux, sans un mot, simplement, comme dans les Ecritures.

Les femmes attendaient devant le portail et dès que les premières silhouettes se profilèrent sur le chemin, elles se précipitèrent dans la maison pour préparer l'accueil de leurs frères.

- Les voilà, Alyne mets l'eau à chauffer, prépare les linges, fais de la charpie. Ils ont des blessés. La mère veillait à tout, distribuait les tâches que les femmes accomplissaient avec célérité. Elle tenait la main ferme sur sa maison.

Le supplicié fut rentré à l'intérieur et déposé avec mille précautions sur le grand lit. Attentives, Alyne et sa mère lavaient les plaies avec douceur, soignaient les membres brûlés d'un onguent composé d'huile d'olive et d'herbe de la Saint-Jean.

Colette réconfortait Hugonnette:

- Tu n'es pas seule, les hommes vont parler et décider du meilleur pour nous tous. Il peut arriver à chacun d'entre nous semblable malheur. Il faut s'unir pour s'entr'aider et se protéger.

Les chefs de familles du plateau s'étaient rassemblés autour d'une table dressée, pour eux, dans la cour. Ils évaluèrent les dégâts causés aux biens de Pierre Moutin. Les récoltes engrangées et le cheptel étaient perdus. Les terres étaient en état, les plantations vigoureuses et la récolte d'olives prometteuse. L'avenir immédiat était donc assuré mais, à plus long terme, Moutin, estropié pour la vie et sans héritier, ne pourrait plus fournir le travail et tenir son contrat.Il fallait donc décider d'un accord satisfaisant pour tous, qui garantirait la continuité du bail. Une tenure* aussi belle ne manquerait pas de prétendants à la reprise qui n'auraient que faire du destin de Pierre et d'Hugonnette. Si les Moutin ne pouvaient plus mener leurs terres il y aurait, pour eux dans les bastides vaudoises, mille petits travaux souvent négligés, qui leur assureraient le couvert et la menue monnaie. Les vaudois ne faisaient pas la charité, ils payaient pour un travail qui préservait la dignité de leurs frères.

Ils parlèrent longtemps du partage des terres, de l'ouvrage et du revenu en réservant la juste part de l'invalide. Il n'y eut pas d'écrits, pas de serments, pas de notaire mais la simple parole de gens de bien. La parole valait contrat. Le baile, présent à la réunion, avait la charge d'informer le baron de Simiane de l'arrangement et de l'aviser du paiement à terme de toutes les redevances.

L'affaire serait traitée rapidement par ses soins.

Il lui incombait aussi de rapporter à Hugonnette la décision des hommes. Il le fit avec beaucoup de tendresse et de retenue:

- Les frères les plus importants de la communauté ont décidé de mener vos terres à fruit partagé. Il vous reviendra le tiers du produit de toutes les récoltes sur lequel sera prélevée votre part de redevances... Lorsque Pierre sera capable de marcher nous vous proposerons de travailler pour nous dans les bastides à l'entretien des outils et autres petites besognes. Vous serez payés et partagerez le pot familial.

Etienne Appy décela dans les yeux d'Hugonnette une foule de sentiments allant de la gratitude à l'inflexible volonté de se venger. Elle était sûre, maintenant, que le capucin ne verrait pas leurs carcasses pleurer misère devant les portes des couvents.

Elle se leva et se jeta au cou du baile, parce que les mots lui manquaient pour les remercier tous.

Pierre sur sa couche, adressa un pâle sourire au baile, lui fit signe d'approcher. Etienne tendit l'oreille au-dessus des lèvres du blessé:

- Je suis un béquillard inutile, un cheval mort attelé à une jument blessée. Regarde le triste attelage que nous formons. Mieux vaudrait la mort, le moine n'a fait que la moitié de sa besogne.

Les doigts agiles de la petite Alyne couraient sur ses plaies, changeaient les linges, épongeaient le front moite. Chaque soubresaut de ce corps qu'il ne contrôlait plus le pliait de douleur.

Aux plaintes se mêlaient les cris de colère:

- Ils ont eu tort de ne pas me tuer, je les aurai les uns après les autres... Crois-moi.

Hugonnette approuvait son homme. Etienne avait su trouver les mots du réconfort, sa détresse devenait supportable, elle pouvait s'en accommoder mais elle puisait sa force dans la haine; ce bâton qui l'aiderait à tenir dans le gros temps. La vaudoise s'était donné un nom à maudire, Jean de Roma. Elle se redressa, dépoussiéra sa coiffe, rajusta sa robe et son corselet. Elle esquissa les gestes simples de la dignité retrouvée: langage que tous avaient traduit par le désir de vivre et de lutter. Elle se pencha sur son homme et lui dit, avec des mots patiemment égrenés pour qu'il les grave dans sa mémoire, que tout recommençait pour eux mais d'une autre manière. La haine avait germé sur leurs terres et détruit le meilleur.

Hugonnette se voulait témoin à charge. Elle porterait son homme sur ses reins s'il fallait galvaniser ces haines fragiles qui frémissaient dans le pays. Elle entrait dans le camp de Marron, le capitaine qui, peu à peu, rassemblait les fureurs et fourbissait ses armes.

Les volés, les battus, les estropiés avaient fait leur plein d'humiliations.

VI

LE PELERINAGE D'EMMANUEL

L'homme s'était attardé dans quelque auberge de Ménerbes et rentrait chez lui par la Valmasque.

C'était une nuit de juin, comblée d'étoiles, chargée des effluves de la nuit. C'était un temps de plénitude, de fruits mûrs, de fêtes païennes et de pieuses incantations. La campagne se saoulait, chantait, priait pour le soleil, la pluie, les moissons et la prospérité des troupeaux. Les saints de l'almanach avaient remplacé les dieux rustiques et la dévotion mariale épousait le culte antique. L'Eglise y trouvait quand-même son comptant et les jeunes promis dansaient autour des feux de la Saint-Jean.

Le paysan n'aimait pas cet endroit réputé maléfique. Il battait la semelle et, de son bâton ferré, frappait les pierres du chemin pour meubler sa solitude de bruits rassurants.

Le vallon s'ouvrait sur le flanc du Luberon. On ne voyait de la route que le reflet blanc de la lune sur les rochers. Le lieu était sinistre et les vieux du village racontaient que certains soirs les masques se réunissaient dans la combe et se livraient à d'étranges pratiques. Ces nuits-là, la montagne bougeait, les pins s'animaient et de diaboliques incantations sourdaient du bois.

Tout en pressant le pas, le journalier se disait que les gens du roi tardaient trop à extirper cette vermine hérétique qui gangrenait le pays d'Apt, accaparait toutes les terres de la vallée. Cette engeance du diable attirait le mauvais oeil et les calamités sur les bons chrétiens... Le malin dansait dans la garrigue et les damnés de l'enfer gémissaient dans les genévriers.

Le brave homme se plaça sous la protection de la bonne vierge de Bonnieux et lui promit un cierge de deux deniers si « la Dame » se montrait clémente. Il courait vers son logis, son crucifix et sa femme. Chez lui, la bonne lumière du calèu* éclairait un monde bien vivant, dense, palpable. Dans le dernier tournant de la route, la masse sombre de son village adossé à la nuit le rassura. Il avait franchi le pas* difficile et laissait derrière lui les âmes en peine à leurs tourments. Tout bien pesé il avait eu grand tort de promettre un cierge de ce prix.

Et l'homme avait raison. En cette nuit de la Saint-Jean, la montagne s'animait. Les vaudois de Mérindol et de Lourmarin montaient du flanc sud du Luberon par les chemins des combes. De loin en loin, les porteurs de torches signalaient la présence de leur groupe aux frères de la plaine qui les attendaient au pied du versant nord. Les sentiers, discrètement bornés, se glissaient entre les rochers. Parfois, un signe inattendu indiquait au fugitif la voie de la retraite et du salut vers les baumes secrètes. Cette procession de lucioles traçait, dans la nuit, une ligne de lumière inquiétante et les paysans de la plaine, que la chaleur tenait sur le pas de leur porte, rentraient dans leurs bastides en se signant.

Ils étaient tous venus, les plus doctes et les plus importants: Guérin le bonnetier, Colin Pellenc, Eustache Marron, Rolland de Ménerbes, Jehan Rey et son fils, Soubeyran, Etienne Appy, Pierre Moutin dit le Gast, Maynard et ses frères, Hélion de Tourves et la foule de ceux que l'Histoire ignora.

Foule inquiète, en proie au doute devant la grande question que les barbes leur posaient depuis bientôt deux ans: les vaudois de Provence devaient-ils se joindre au vaste mouvement des réformateurs qui déferlait sur l'Europe ?

Depuis 1530, les réformés de Genève exhortaient les communautés à les rejoindre, à rompre avec l'Eglise de Rome. Ils dénonçaient l'hypocrisie et la tiédeur de leurs frères du Luberon au risque de les perdre.

Des hommes comme Guillaume Farel ou Antoine Saulnier, battaient la campagne sans cesse ni repos, de Gap à Mérindol.

Avant de prendre une décision irrévocable, les vaudois de Provence voulaient comparer leurs croyances à celles de Luthériens.

Dans les premiers jours de septembre de cette année 1532, une confrontation devait se tenir dans le Val d'Angrogne au cours de laquelle se prendrait, au nom de toutes les communautés, l'ultime décision. Ce choix était si lourd de conséquences que les vaudois entendaient négocier leur destin en toute connaissance de cause. Pour mieux s'informer, ils avaient envoyé les barbes Morel et Masson à Strasbourg et à Bâle, auprès des docteurs réformés Oecolompade et Bucer. Morel était rentré à Mérindol, mais son compagnon, arrêté à Dijon, avait été torturé et brûlé.

Ce soir, Masson était présent dans la mémoire de ses frères et son martyre pesait sur les débats.

Les groupes de Mérindol et de Lourmarin arrivèrent les derniers. Les habitants de ces gros bourgs, organisés et combatifs tenaient pour Luther alors que dans la plaine, entre Vaucluse et Luberon, les autres restaient fidèles aux coutumes ancestrales et souhaitaient vivre en paix, sans être persécutés. L'ombre funeste de Jean de Roma planait sur l'assemblée. Les boiteux, les gasts portaient témoignage des sévices du capucin.

Lorsque toutes les communautés des villages furent rassemblées dans le vallon, Guérin le Bonnetier, debout sur un rocher, demanda le silence et convia ses frères à s'unir dans une fervente invocation.

De sa voix calme, un peu sourde, il récita le « Pater ». Les uns après les autres, les groupes s'enchaînèrent à l'oraison pour ne faire qu'un seul chant qui portait jusqu'au ciel les inquiétudes et les espoirs d'un peuple à genoux. A la lueur des torches, les visages se creusaient d'émotion et la nuit, recueillie sur le seuil de cette cathédrale de lumière, se taisait.

La prière s'achevait:

- A Dieu la gloire pour les siècles des siècles.

Sur ces derniers mots de l'officiant, les hommes se levèrent. Silencieux, ils attendaient que le barbe entrât dans le vif de la discussion. Guérin s'avança vers le centre de la clairière, les autres firent cercle autour de lui:

- Asseyez-vous mes frères... Ecoutez mes paroles, pesez-les bien car il vous faudra choisir. Cette assemblée sera la dernière avant le grand rassemblement de Chanforan... Nous ne pourrons jamais revenir sur ce que nous déciderons ce soir. Lorsque le choix sera fait et la décision prise, nous désignerons les délégués qui porteront notre réponse à nos frères du Piémont. Que Dieu nous inspire, car ils ne doivent pas douter, un seul instant, de notre détermination à tenir les engagements qu'ils prendront en notre nom. Ce qui se dira ce soir, sera fidèlement transmis au synode. Notre frère Morel est parmi nous, il a rencontré les docteurs les plus éminents de la réforme. Il nous rapporte les réponses attendues, qui nous éclaireront grandement.

Guérin fit approcher Morel et lui donna l'accolade. Le barbe s'avança dans la lumière des torches:

- Deux années durant, j'ai voyagé de Mérindol à Strasbourg et de Strasbourg à Bâle. J'ai rencontré de grands théologiens et je leur ai lu le message que vous m'aviez confié. Il est bon, pour l'édification de tous, que j'expose le contenu de cette lettre, que nos frères, hors de Mérindol ne connaissent pas.

Morel tira de son sac deux lettres, il déplia la première et tendit l'autre à Guérin:

- Ce sont des points de doctrine qui ne sont pas sans conséquence sur notre salut.

Morel entreprit sa lecture. Un frère s'était approché tenant une torche pour l'éclairer:

« Ce n'est pas sans surprise, que nous avons appris l'opinion de Luther touchant le libre arbitre. Tous les êtres et les plantes ont une vertu qui leur est propre. Nous pensions qu'il en était ainsi des hommes à qui Dieu a donné plus ou moins de force pour accomplir le bien, comme la parabole des talents semble le faire entendre. Quant à la prédestination, nous sommes fort troublés, ayant toujours cru que Dieu a créé les hommes pour la vie éternelle et que les réprouvés se sont faits tels, par leur propre faute. Mais si toutes choses arrivent nécessairement de telle sorte que celui qui est prédestiné à la vie éternelle ne peut devenir réprouvé, ni ceux destinés à la condamnation parvenir au salut, à quoi servent les exhortations et les prédications.. »

Morel marqua un temps d'arrêt... La lecture était terminée.

- Voilà ce que nous écrivions et qui méritait quelques éclaircissements de la part de nos docteurs. La réponse est claire: La Bible est le fondement de la vraie foi. Ils rejettent le culte de la vierge et des saints, le purgatoire, la messe et l'autorité du pape. Quant aux oeuvres et à la prédestination, ils déclarent:

« Dieu fait tout en tous, il nous fait la grâce de sa justice et c'est un don gratuit en dehors de notre vouloir. Par notre foi nous nous en remettons à sa sagesse. Bien avant le commencement du monde, il avait assigné à chacun son destin, appelé les uns et rejeté les autres. Les oeuvres bonnes ou mauvaises ne sont que les signes visibles de ce choix. L'arbre se reconnaît à ses fruits dit l'Evangile. » L'Ecriture nous dit aussi:

« Venez les bénis de mon père, recevez en héritage le royaume qui a été préparé pour vous depuis la fondation du monde » et saint Paul ajoute: « Dieu fait tout concourir au bien de ceux qui l'aiment, ceux qui sont appelés conformément à son dessein.

Ceux que d'avance il a connus, il les a aussi prédestinés à être conformes à l'image de son fils, pour qu'ils soient les premiers nés parmi de nombreux frères. Ceux qu'il a prédestinés, il les a aussi appelés et ceux qu'il a appelés il les a aussi justifiés. Ceux qu'il a justifiés, il les a aussi glorifiés. »

Il est dit encore: « Je ferai miséricorde à qui je fais miséricorde et j'aurai compassion de qui j'ai compassion. »

Ainsi donc, il ne s'agit ni de vouloir ni de courir mais que Dieu fasse miséricorde.

Farel m'enseigna:

« On ne doit pas faire les bonnes oeuvres pour avoir le paradis et la vie éternelle, car ce n'est point donné par les oeuvres, mais par la grâce, la foi et le don de Dieu. Si nous faisons de bonnes oeuvres, à l'imitation de Jésus-Christ, que ce ne soit point pour engraisser les moines mais pour aider nos frères dans la misère... »

Morel tirait de la Bible toutes les citations qui confortaient les thèses de la réforme. Il voulait convaincre et savait que pour les vaudois les références à Mathieu, Marc ou Paul comptaient plus que l'avis des docteurs car ils se méfiaient de ceux qui maniaient le verbe et arrangeaient les mots à leur manière.

L'adhésion suscitait des réserves. Elle signait la fin de leur indépendance et de leurs traditions séculaires. Elle enfermait la foi de leurs pères dans un corps de doctrine.

Jehan Rey voyait mourir la liberté. Les communautés rentraient dans les temples. Il n'y aurait bientôt plus, dans ces vallons, cette chaude complicité du secret qui rapprochait les coeurs, ces élans vers le ciel et cette sensation physique de la présence de Dieu dans le frémissement des feuilles ou le champ des étoiles. Cette foi qui vous étreint et vous élève vers les plus hauts sommets, perdrait de son éloquence entre les murs blanchis d'une austère retraite.

La foi leur était naturelle comme l'air et l'eau. Prier Dieu c'était aussi lui parler, le remercier, ou l'interpeller à la façon des vieux patriarches bibliques. La lettre ne devait point tuer l'esprit.

Un jour, les luthériens auront leurs écoles, leurs facultés et leurs docteurs, gardiens sourcilleux d'une autre « vraie foi », leurs martyrs, leurs inquisiteurs et leurs bûchers. Que deviendront-ils ceux de l'église de nulle part: Vaudois noyés dans la vague déferlante des réformés ?

Depuis des années Farel et Saulnier, inlassablement excitaient les communautés, encourageaient les enragés. Il fallait bien, qu'un jour, ce travail de dentellière trouvât sa récompense. Ce jour était venu et Jehan ne l'aimait pas.

Morel se fit remettre la deuxième lettre des réformés, rédigée avant sa mort par Oecolompade de Strasbourg et adressée aux Frères de la montagne.

C'était, pensait le barbe, l'argument décisif qui devait faire basculer les indécis dans la réforme.

Morel commença sa lecture:

« Nous avons appris quelles étaient votre foi et religion et comme vous vous en expliquez. Nous rendons grâce à ce père très bénin, qui vous a appelés en si grande lumière parmi les ténèbres obscures répandues par le monde et nonobstant la puissance de l'antéchrist. Partant, nous reconnaissons le Christ en vous et nous vous reconnaissons comme frères... »

Le barbe leva les yeux, il n'avait pas besoin de lire. Il récita ce passage douloureux d'une voix sourde:

« Nous entendons que la peur d'être persécutés vous fait dissimuler votre foi et que vous la cachez. Or ceux qui craindront de confesser le Christ devant le monde ne seront pas reçus de Dieu son père. Si vous n'honorez pas Dieu comme il appartient et si votre vie n'est que feintise* et simulation, il vous vomira comme tièdes... »

Un frémissement parcourut l'assemblée. Eustache et Rolland de Ménerbes éclataient de colère. D'un bond Eustache Marron fut au centre du cercle de lumière:

- Lorsque vous serez là-haut dans les terres de Saluces, vous direz à ces sages docteurs venus d'ailleurs, que notre foi est plus ancienne que la leur et si, par hasard, barbe Morel vous vous souvenez du passé, vous leur raconterez la révolte de 1483, dont les plus vieux d'entre nous se souviennent. C'est avec des fourches et des bâtons que nos pères ont tenu devant les troupes du duc de Savoie. Nous avons nos faits d'armes, nos héros tel que Peyret Revel qui tua, d'une seule pierre, le Noir de Mondovi. C'était le combat de David contre Goliath. Nous pleurons nos martyrs, enfumés comme des rats, dans la Baume Chapelue, les enfants morts gelés dans la nuit de Noël sur les sommets de la Ghisone. Notre histoire comporte déjà quelques chapitres... La leur reste à écrire... Je n'accepte pas d'être traité de lâche par des hommes qui ont su placer une frontière entre leurs persécuteurs et eux. Vues de Bâle ou de Genève les choses paraissent simples. Oecolompade est mort dans son lit. Masson fut brûlé vif. Je vois là, une différence. Pierre Moutin qui est ici, est estropié pour la vie parce que le capucin le trouvait trop tiède dans la foi catholique.

Malgré ces mots qui me blessent, je rentrerai dans la réforme. Mais le problème des oeuvres et de la prédestination ne m'obsède pas. Je pourrais objecter que, si ma lâcheté me fait vomir de Dieu c'est bien qu'il se préoccupe de ce que je fais. La doctrine a besoin d'être éclaircie sur ce point. Je juge sur ce que j'entends, je ne suis pas savant, mais je ne crois pas que les Pères qui nous ont précédés dans la foi se soient tellement souciés de ces disputes de docteurs.

Il interrompit sa diatribe, pour se tourner vers l'assemblée:

- Nous nous rallierons parce que nous sommes seuls, dans ce pays, face à une Eglise, soutenue par le roi, qui cherche à nous détruire comme on brûle la maison du pestiféré afin d'éviter la contagion... Ils ont peur des Allemands et des Suisses et de ce flot de luthériens qui déferle sur nos frontières.

Nos feintises et simulations, comme disait le Docteur, ne nous protègent plus. Nous devons trouver d'autres moyens. Notre salut dépend de l'union de tous, Allemands, Suisses et Provençaux chassés sur leurs propres terres. Le roi a besoin dans ses armées des mercenaires suisses et allemands. Il est l'allié des réformés contre l'empereur...

Nous pouvons espérer que les diplomates des cantons et des ligues auront auprès du roi assez d'audience pour nous gagner la paix et la sécurité. Voilà ce que je voulais dire et je n'ai rien à retrancher.

Eustache redevenu plus calme regagna sa place, entre Jehan et Emmanuel.

Emmanuel lui murmura à l'oreille:
- Tu as très bien parlé. Il ne faut pas qu'ils nous traitent comme ça...

Les paroles d'Eustache avaient mis du baume sur la fierté blessée des vieux de Freissinières qui comptaient leurs martyrs, par familles entières. Marron avait acquis, ce soir, leur amitié et leur confiance. L'image de rustre belliqueux, qui lui collait à la peau depuis le siège de Marseille, se nuançait. Il avait parlé en homme responsable qui pouvait un jour, grâce à son expérience, se révéler un précieux chef de guerre.

Les vaudois se prononcèrent largement en faveur de la Réforme. Les indécis s'étaient rangés aux arguments d'Eustache. Dos au mur, ils rejoignaient les réprouvés, leurs coreligionnaires. Que valaient les gloses des docteurs, sur les intentions d'un Dieu, qui du fond de son éternité, appelait les uns et bannissait les autres, lorsqu'une exigence aussi viscérale que la survie s'imposait à tous. L'intervention d'Eustache mit fin aux débats.

Les nouveaux réformés désignèrent leurs délégués.

Furent ainsi nommés, les barbes Guérin et Morel, Jehan Rey, dit le prêcheur, connu pour ses compétences en matière de religion et Eustache Marron dont la forte personnalité entraînait les hésitants.

Tard dans la nuit, les frères se séparèrent, les petites lumières s'en retournèrent dans la montagne.

L'Eglise fugitive s'évanouissait avec l'aurore.

*
*   *

Août 1532...

Emmanuel insistait:
- Je veux partir avec vous, je veux voir du pays, je ne suis jamais sorti de cette vallée.

Son père tentait de le persuader de garder les Jassines plutôt que de courir les grands chemins:

- La route est longue et dangereuse, il faut compter plus de cinquante lieues de La Coste au Val d'Angrogne; nous dormirons, bien souvent, sous les étoiles et dans le froid. Il faut être endurant et tu me sembles encore un peu fragile.

Jehan ne voulait pas s'encombrer d'un fardeau inutile.

- Et puis il y a les terres à mener. Qui le fera pendant mon absence ? Le père ne peut pas le faire seul.

Colette bougonnait en triant ses faillols*:

- Emmène-le donc, tu vois bien qu'il en sera malade et voir le berceau de sa famille ne peut que lui faire du bien. Emilio et moi mènerons la ferme en votre absence. Les récoltes sont rentrées et nous tiendrons bien jusqu'à votre retour. S'il reste ici, il va nous faire une vie de pendard.

Colette glissa vers son petit-fils un clin d'oeil complice.

Le père, enfin, céda:

- C'est bon, si les autres sont d'accord, nous t'emmenons mais ne compte pas sur nous pour te tirer dans la montagne.

Emmanuel embrassa sa grand-mère et courut dans la remise préparer son bagage.

Dans l'après-midi les délégués se retrouvèrent dans la grande salle des Jassines pour étudier leur parcours. Morel qui connaissait bien la route avait établi la liste des relais et des frères disposés à leur offrir l'hospitalité d'une nuit.

Ils décidèrent de se séparer en deux groupes et de partir à des heures différentes pour ne pas attirer l'attention des gens d'armes et des curieux. Guérin et Morel s'en iraient à la nuit tombée tandis que Jehan, Eustache et Emmanuel attendraient l'aube pour se mettre en chemin. Emmanuel avait su fléchir les barbes et il était heureux de monter vers les Alpes mais une pointe de regret venait ternir sa joie. Il abandonnait Alyne pour de longs jours et cette séparation lui coûtait.

Il confiait à Colette le soin de plaider sa cause:

- Tu lui diras bien qu'il me fallait absolument partir mais que je serai bientôt de retour.

Colette promettait, rassurait le petit:

- Fais ton devoir de bon chrétien et je parlerai dans le bon sens.

Dès que le jour commença à rosir le ciel au-dessus de Bonnieux, les hommes se mirent en route. Colette les regardait partir le coeur un peu serré: c'était la première fois que le petit quittait le pays.

Il y avait plus de quinze ans, sous ce même portail, elle avait vu venir cet enfant, au petit trot d'une mule fatiguée. Il avait grandi, sous ses yeux, en force et en caractère. Complice de ses amours elle avait séché ses larmes. Emmanuel lui avait apporté dans son couffin toutes les joies et les chagrins d'une mère.

Aujourd'hui, elle lui ouvrait la porte vers les libres espaces et les dangers. L'adolescent s'ébrouait, impatient comme un poulain de Camargue attiré par le grand delta.

- Que Dieu les protège et fasse qu'ils me reviennent.

Ce départ perturbait Emilio, il aurait voulu garder ses fils près de lui tant il craignait de connaître, à nouveau, les tristes soirées d'antan.

Les préparatifs du départ rendaient les chiens nerveux, excitant la mauvaise humeur du vieux:

- Restez, vous autres, vous n'allez pas partir aussi !

Les bêtes déçues revenaient se coucher devant la porte, la truffe entre les pattes: elles n'étaient pas du voyage.

Ils étaient déjà sur la grand'route: petits points noirs sur fond de sable, que les vieux leur faisaient encore des signes de la main. Le mas silencieux semblait vide. Emilio prit son chapeau et son bâton:

- J'emmène les chiens et je vais jusqu'au chêne de la Croisée pour me chasser la tristesse.

Il s'en allait promener sur ses terres chaque fois que le chagrin lui serrait la gorge.

Emilio n'était pas un causant mais « le Grand Chêne » était son confident. Il lui avait confié tant de secrets que l'arbre centenaire était de sa famille.

Colette soupirait de son côté:

- Dieu que la maison est triste sans enfants. Il faudra que je monte à Soubeyran faire la commission du petit.

*

* *

Par prudence, les voyageurs avaient décidé de contourner la ville d'Apt par le chemin du Plan* et de s'arrêter au moulin de Colin

Pellenc, pour saluer le meunier, recueillir des nouvelles à porter dans la montagne, manger et boire. C'était le dernier relais en pays de connaissance car au-delà du Plan s'ouvraient les portes d'un territoire inconnu, semé d'embûches.

La bâtisse carrée du moulin se trouvait à l'écart des grands chemins, près d'un ruisseau mangé par les roseaux. De gros mûriers ombrageaient la cour pavée de galets roulés de la Durance où un vaste bassin de pierre recueillait l'eau fraîche de la source. A main gauche la colline de Perréal, verdoyante, odorante de ses pinèdes, bruissait du chant des cigales. Mille ruisseaux en descendaient pour faire tourner les meules du meunier.

Riches de promesses, les vignes portaient péniblement leurs lourdes grappes gorgées de suc et de soleil. Jehan admirait la plaine étalée devant lui, jusqu'au pied de la montagne et le village de Sant Savornin en équilibre sur son éperon.

Hérétique notoire et quelque peu provocateur, Pellenc faisait bien des jaloux et quelques notables du pays rêvaient d'accaparer ses biens. Il était riche et secourable aux miséreux. De grande piété, il avait fait de son moulin un relais pour les barbes en voyage. Les caches aménagées dans les murs épais de sa demeure étaient inviolables. Des issues secrètes, des souterrains permettaient de fuir, à la première alerte, par la bastide de Louis Serre adossée au moulin. Pellenc partageait avec Serre, son beau-frère, le travail, le risque et la provende.

Le moulin vibrait, grinçait de toutes ses chaînes et de ses poulies. La poussière de farine tamisait la lumière du soleil et la bonne odeur de froment se répandait dans l'air. Les aides du meunier déchargeaient les balles de grains à moudre, se frayaient un passage entre les poules et les dindons. Les charrettes brinquebalantes faisaient sonner leurs fers sur le pavé. Les femmes chantaient, les enfants jouaient sous les mûriers.

Les pèlerins pénétraient dans un univers de labeur et de joie, loin, très loin des angoisses de la Valmasque. Ils furent accueillis par un meunier, ravi de leur visite, qui les entraîna dans sa maison où ils burent et mangèrent à satiété.

Dans le milieu de l'après-midi, ils se séparèrent de leur hôte qui leur prodigua de précieux conseils pour éviter les mauvaises rencontres. Par des chemins de chevriers, ils se dirigèrent vers la grande route des Alpes.

Lorsqu'ils eurent quitté le bailliage et les chemins malaisés, ils marchèrent d'un bon pas, contournant les cités fortifiées qui verrouillaient la vallée de la Durance. La mule portait le plus gros du fardeau et le voyage se déroula sans encombres jusqu'aux portes du Dauphiné.

La nuit venue, ils s'arrêtaient dans une ferme signalée par Morel et partageaient avec leurs hôtes, le pain noir, le lait caillé et la prière.

Recrus de fatigue ils se jetaient sur le foin amassé dans les fustes* et s'endormaient aussitôt.

Au soleil levant, ils s'enroulaient dans leurs capes, se couvraient de leurs chapeaux de pluie et disparaissaient dans le matin frileux.

Les villages accrochés aux adrets dominaient la vallée où bouillonnaient les vertes eaux de la Durance. La rivière se brisait sur les côtes de l'Embrunais et, furieuse, changeait son cap dans un jaillissement de gerbes opalines. Le grand chemin des transhumants guidait nos voyageurs sur le parcours des troupeaux, connu depuis les temps immémoriaux. Ils gravissaient paisiblement les pentes sans surprises jusqu'aux portes du Queyras où les attendaient les passes dangereuses, les ressauts imprévisibles. Le Guil impétueux s'étranglait entre les deux versants qui lui cachaient le ciel, fendait la montagne pour se faire un passage. Les noirs sapins s'agrippaient à la roche et les arbres morts, balayés par l'orage, gisaient enchevêtrés, au fond du gouffre. Les voyageurs se glissaient entre les blocs de rochers arrachés à la montagne, franchissaient les passerelles branlantes. Ils avançaient, l'un suivant l'autre au-dessus des abîmes vertigineux, attentifs à la moindre saute de vent: un faux-pas, un écart de la mule et c'était la fin du voyage. Au-delà des gorges sinistres, le torrent assagi filait droit dans la vallée.

Là-haut, entre ciel et terre, les pèlerins exténués devinaient dans les nuages, au-dessus des mélèzes, la passe* de la Croix et le refuge posé sur l'herbe rase de l'Alpe. De longues traînées de brume franchissaient le col, poussées par le vent d'est. Emmanuel s'arrachait à la terre, escaladait le ciel, découvrait les horizons sans limites et la majesté des cimes. Sur la montagne, couleur de cendres, les névés et les cascades bondissantes rutilaient au soleil. Face à l'immensité qui s'offrait à leurs regards, les hommes ressentaient l'émotion du conquérant à l'orée de terres inviolées. Très loin, la sonnaille des troupeaux à flanc d'alpage, la cloche d'une église rappelaient la présence de la vie.

Parce qu'elle ne peut rien contre la fureur de la montagne et l'élan dévastateur de ses débâcles, cette vie tolérée, voulait se faire oublier dans la brume des bas-fonds.

Lorsque l'éclair fracasse le silence, arrache les mélèzes et que la coulée blanche descend dans la vallée, l'homme, assis sur le dernier barreau de cette échelle de géant, se fait humble. Mais s'ils sont de belle humeur, les grands sommets lui parlent des choses secrètes de l'infini.

Unis dans le partage de l'alpage et solidaires dans la détresse, fragiles et cependant indestructibles, les montagnards épousent les contours du temps, se courbent dans la tourmente et sourient à la « freidouline », humble fleur éclatée sur la neige.

D'antique mémoire, dix fois le torrent emporta leur village et dix fois ils relevèrent leurs ruines embourbées.

Les voyageurs arrivèrent au refuge, bien avant la nuit, et purent enfin se reposer. Ils s'allongèrent, dans l'herbe parfumée, au bord du ruisselet qui se glissait sous les pierres. Les campanules bleues, les digitales pourpres, se tenaient à l'abri des rochers enrobés de mousses et de lichens roux. L'herbe se fanait, l'ombre des sapins s'allongeait sous la lumière diffuse du soleil rouge, au-dessus du Mont-Bûcher.

Les bergers redescendaient dans la plaine et la vague transhumante, si preste à la montée vers les alpages, s'effilait sur le sentier. Le regard perdu au-dessus des mélèzes, les moutons tiraient le suc ultime d'une herbe devenue rare. Les chiens relâchaient leur étreinte et les mules, chargées des derniers nés de l'été, renâclaient sous le bât. Ainsi, comme à regret, hommes et bêtes quittaient les grands espaces pour les maigres pacages et les murs gris de leurs bergeries. Un été à l'agonie, c'est la brume légère qui se glisse dans les drailles, un vent plus frais qui descend des sommets, un coeur plus gros, une âme triste, quelques images et quelques odeurs à ruminer l'hiver durant.

Amaigri, fourbu, Emmanuel s'était frayé son chemin d'homme sur les éboulis sournois, la roche pourrie qui roule sous le pied dans les étroits goulets de la combe. Il avait tremblé dans le roulis des passerelles fragiles qui enjambaient le torrent fou, enduré, sans se plaindre, la trop forte chaleur, la pluie, le froid des matins brumeux, mais la récompense était là, devant ses yeux: les vastes horizons, les monts immaculés, les cascades blanches qui tombent des murailles en longues traînes argentées et la frêle ancolie, penchée sur la vasque de pierre.

La montagne lui parlait de l'essentiel. Elle initiait dans l'épreuve, élargissait le coeur à la mesure du sacré.

Le fils de Jehan accomplissait son pèlerinage. Au fil des étapes, il découvrait son peuple. Son père lui montrait sur ces sentiers de douleur, les escarpes, les forteresses où tant des leurs avaient péri. Ces pierres gémissaient dans la mémoire des barbes. Le chemin de croix des vaudois était jalonné de chapelles, d'oratoires et de calvaires, témoins humiliants du martyre de leurs frères.

Parfois, un arbre inattendu dans un désert de pierres, une empreinte discrète sur le rocher, indiquaient un site à vénérer: un mémorial. La terre du Dauphiné, les combes du Queyras avaient saigné des plaies de leurs martyrs.

Dans chaque village, ses compagnons évoquaient un chapitre de leur histoire:

- Ici, ils nous en ont tué vingt.

« Ils » désignait l'évêque, les baronnets rapaces et « nous » reliait les deux bouts de leur histoire, les anneaux soudés, morts et vivants, de la longue chaîne d'amour. Les vaudois revendiquaient le sanglant héritage.

Tout au long de ce voyage, Jehan avait observé son fils. Cet enfant qui devait porter sa croix, seul, jusqu'au bout, sans se plaindre. Un homme était en train de naître, d'acquérir la vraie maturité. Les pieds déchirés, les mains gelées, il ravalait ses larmes et se bouchait les oreilles pour ne pas entendre les propos perfides du grand Eustache:

- Nous aurions dû te laisser dans les robes de ta grand-mère...

Non... les hommes, satisfaits, l'avaient regardé, jour après jour, se dégager des scories de l'enfance, monter en puissance et acquérir la force et la souplesse d'une lame de Tolède, la transparence et le tranchant d'une arête de glacier.

Le soleil déclinant amena la fraîcheur, les pèlerins rentrèrent dans la cabane où ils trouvèrent de la paille pour dormir, du bois sec et quatre pierres pour le feu. Le refuge était, en toute saison, pourvu du nécessaire.

Penchés sur la flamme chétive, les trois amis goûtaient l'instant précieux du pain et du repos partagé. La provende était mince: un morceau de lard rance sur une tranche de pain noir et quelques amandes. Le vent qui hurlait dans la passe de la Croix les tenait serrés autour du foyer. Dans la lueur des braises, les visages ravinés, les barbes drues, prenaient du relief. Les muscles se détendaient dans la chaleur de l'abri. C'était le lieu et le moment privilégiés des confidences.

Emmanuel cherchait le regard de Jehan. Il ne savait rien de cet homme secret qui n'avait jamais eu pour lui les tendresses et les colères d'un père. Savant comme un docteur, pudique et discret, il était différent des autres laboureurs de La Coste qui lui parlaient avec un grand respect, écoutaient ses avis sur les choses de la religion.

Mais qui était donc ce mystérieux personnage ?

Qui était sa mère, et pourquoi n'était-elle pas à ses côtés ?

Autant de questions qu'il posait à Colette et que l'aïeule éludait en renvoyant l'enfant à ses jeux:

- Ton père te répondra lorsque tu seras en âge.

Le soir, en s'endormant, l'orphelin s'inventait une maman à qui il confiait ses chagrins et ses peurs. Il avait attendu longtemps les premiers mots d'une confidence, une main tendue, un sourire et ce soir, plus que d'habitude, il souffrait de ces silences entretenus. Sa famille lui cachait un pan de sa vie et, pour savoir, il était prêt à forcer les secrets de son père. Il estimait avoir le droit de connaître un passé dont les effets pesaient sur sa propre vie.

Sans que rien ne le laissât prévoir, il éclata soudain, crachant ses questions comme du fiel:

- Mais qui es-tu Jehan le prêcheur ?

Et que suis-je pour toi ? Un âne, un objet, ou pire encore ?

Qui est ma mère ? Une putain de Carpentras... ?

Un rictus amer déformait le visage de l'enfant.

La brutalité de l'assaut surprit Jehan. Emmanuel entrait dans sa vie par effraction, bousculait les souvenirs apaisés, sans la moindre retenue. Pourquoi ?

Devant ce visage défait que deux larmes sillonnaient, il comprit que la métamorphose d'Emmanuel s'était achevée sur cet alpage. Sorti de sa gangue, l'homme se manifestait sans détours et réclamait son dû: une mère et un passé. L'heure de la confession était venue et c'était bien ainsi. Il savait gré à son fils d'avoir choisi le lieu et l'instant qui convenaient: un lieu propice aux épanchements, près d'un feu assourdi sur le pas de la nuit.

Loin des Jassines, Emmanuel s'était dégagé de l'orbe familiale. Jehan se trouvait en face d'une ferme exigence exprimée sans fard.

L'ancien prêtre se souvenait de la promesse engagée sur le parvis de son église: faire du « petit » son confident et son unique paroissien. Il eût aimé créer cette complicité paternelle mais la terre et ses servitudes, la fatigue du soir, avaient rompu le fil du dialogue. Colette, omniprésente, avait su capter l'enfant, le serrer dans son giron et repousser, peu à peu, le père dans l'ombre.

Avec une tendresse qu'on ne lui soupçonnait pas, Jehan prit son fils par l'épaule et le serra contre lui. C'était le premier geste de l'échange entre ces deux êtres, l'un contre l'autre, auprès d'un feu mourant.

Le chapeau rabattu sur les yeux, Eustache cachait son émotion. Cette cathédrale de glace, lumineuse et froide, craquait sous le dégel, annonçant les débâcles printanières.

Jehan parlait d'une voix de confidences, pudique et retenue:

- Je vois que l'heure est venue de te rendre des comptes, exhumer un passé, évoquer des souvenirs, des regrets amers que j'aurais voulu taire et garder pour moi seul. Mais il est vrai qu'ils t'appartiennent également. Ton désir de savoir est légitime. Tout cela est si loin qu'il me faut retourner au temps de mon enfance, pour que tu comprennes ce qu'il est advenu d'un homme que, pour son malheur, le destin toucha du doigt.

Lorsque j'étais enfant, nos liens avec les papistes de Rome n'étaient pas aussi tranchés qu'aujourd'hui. Comme tous les fils de laboureur, j'allais à la messe et cela ne troublait pas nos consciences. L'hiver, lorsque les travaux des champs nous laissaient du répit, je fréquentais l'école de la paroisse. J'aimais les livres et j'apprenais bien, ce qui causa ma perte. Un jour, je me vis contraint d'entrer au séminaire d'Avignon. Je ne te conterai pas la solitude et la misère d'un fils de la terre, malheureux, prisonnier comme l'oiseau en cage, qui n'avait pour s'échapper que ses livres et l'âpre désir d'acquérir ce savoir précieux qui peut ouvrir aux laboureurs les portes de la réussite. Je voulais être un homme reconnu et respecté. Après mon ordination, le Chapitre de la cathédrale me nomma curé desservant de l'église Saint-Symphorien d'Avignon. C'était une bonne paroisse et qui m'assurait des gages suffisants. Les vaudois de ce temps n'étaient pas aussi éloignés de Rome que nous le sommes aujourd'hui et je n'avais pas le sentiment de trahir la foi de mes pères en essayant d'être un bon prêtre.

Le visage de Jehan se crispa:

- J'avais vingt ans, Emmanuel, et les appétits d'un homme sain et vigoureux que le célibat ne pouvait satisfaire. Vingt ans, c'est l'âge où les fils de la terre jouissent de leur femme et font souche. Moi, je crevais de solitude sur mon grabat, torturé de désir.

Jehan avait baissé le ton. Les souvenirs qu'il réveillait lui étaient pénibles. Ses compagnons abasourdis par le tour que prenait la confidence ne soufflaient mot.

- Vois-tu, reprit le père, un prêtre ne peut échapper aux lois de la nature. Le désir bouge en lui comme en tout ce qui vit. Je crois qu'il n'est pas conforme à la volonté de Dieu de priver l'homme de tendresse et d'amour. Toute son oeuvre porte témoignage de l'amour. Peux-tu comprendre cela ?

L'adolescent comprenait, et l'image ensorcelée d'une Alyne tant de fois dévêtue dans ses rêves se glissa dans sa mémoire.

Emmanuel était abasourdi. Il découvrait un être vivant, pétri de désirs et de faiblesses, un homme qui lui ressemblait et qui, devant lui, mettait son âme à nu.

Jehan continuait de sa voix monocorde:

- Je me disais que tout cela était faiblesse, indigne de mon habit, que je devais mener le combat contre le diable, ce combat quotidien de tous les vrais religieux. Le cilice et les mortifications ne suffisaient pas à détruire en moi les pensées luxurieuses. Les voies du destin sont tortueuses et je fus séduit par la pureté, le charme, le sourire d'une jeune vierge. Je ne sus pas résister à cet amour qui s'offrait. J'ai croqué avec délices dans ce fruit défendu. J'ai connu la fête et l'exaltation de l'amour. Ta mère s'appelait Orlane. Notre amitié se voulait chaste mais pouvait-on rester sourds à l'appel des sens qui battait dans toutes les fibres de notre corps ? Je te laisse imaginer ce que furent mes veillées, mes délires, mes défaites. La vie ne se divise pas. Je ne pouvais choisir le bon grain, le coeur, les douces pensées, le charme d'un sourire, et laisser l'ivraie, la passion qui trépigne et la chair qui réclame. Les bons pères nous disaient que ces désirs étaient coupables et conduisaient à la géhenne mais ils ne pouvaient empêcher que le soir, sur ma couche solitaire, me visitaient les pensées interdites qui me faisaient pécheur en esprit et me laissaient inassouvi. L'homme exigeait sa part de caresses et le prêtre regimbait. Plus la femme se faisait tendre et plus « l'homme-prêtre » était écartelé. Elle était là, ma souffrance, ma déchirure. J'aimais mon amie, de tout mon corps déjà damné.

Les flammes du foyer éclairaient un visage rayonnant. Jehan revivait les souvenirs étincelants de l'amour partagé et des étreintes forcenées. Il reprit le fil de son récit:

- Elle avait tous les attraits de ce fruit défendu: ta mère, mon amante, mon amie. Une amie, c'est la meilleure part de toi-même. Elle prend sur elle tes faiblesses et tes dérives, sait trouver les mots qui calment les douleurs, te relève et te réconforte lorsque le doute fait vaciller la foi qui ne sait pas répondre aux questions de la vie. Un prêtre est un homme mutilé par le droit canon.

Jehan retira de sa besace, la Bible qui ne le quittait pas et l'ouvrit à la page du « Cantique des Cantiques ».

- Ecoute Emmanuel, le chant de la Sulamite:

« Qu'il me baise des baisers de sa bouche,
Tes amours sont plus délicieuses que le vin,
L'arôme de tes parfums est exquis;
Ton nom est une huile qui s'épanche.
C'est pourquoi les jeunes filles t'aiment.
Pose-moi comme un sceau sur ton coeur,
Comme un sceau sur ton bras
Car l'amour est fort comme la mort,
La passion inflexible comme le shéol,
Ses traits sont des traits de feu,
Une flamme de Dieu.
Les grandes eaux ne pourront éteindre l'amour,
Ni les fleuves le submerger... »

-... La Bible parle de l'amour avec plus de force et de chaleur que les plus grands de nos poètes. Mais les docteurs de la foi sont venus et ils ont décrété que la femme était la créature du diable. Ils ont banni l'amour et sali son lit. Ils ont couché le Cantique sur leurs écritoires et dépecé le beau chant d'amour sans laisser une once de chair putréfiable sur son squelette. Ils ont momifié le corps de la bergère amoureuse. L'âme du poème s'en est allée. Les vierges de leurs paroisses peuvent chanter, le coeur en paix, l'hymne à l'amour sauvage et tendre qui ne saurait troubler leurs chastes pensées. Elles ont appris à chercher, au-delà des mots simples du poème, une signification profonde, un symbole caché. Au fil des siècles, ces doctes pères ont découvert le malin dans la pavane du coq, l'appel du cerf en rut, et les effluves de la biche en quête. Je crois, moi, que la nature est le seul livre que Dieu écrivit réellement de sa main. C'est un livre d'évidences, simple et clair pour le laboureur et le berger, un roman d'amour avec les premiers nids d'avril et le parfum de l'acacia.

« L'Oeuvre » glapit, hurle, brame et fornique à satiété.

Ils ont dit: « Ils vivront comme des anges » et le concile décida que les prêtres seraient exclus des joies de l'amour, de la fête des sens. Nous avons bravé la loi, nos corps se sont aimés sans retenue, sans pudeur. Elle m'a tout donné et j'ai tout pris. Hélas tout se paie. Ce qui est joie et prospérité pour le commun des mortels, fut pour nous honte et scandale: un enfant à naître. Une larme brillait sous la paupière de Jehan:

- Je les revois, ces mornes visages, fermés à toute pitié. Ils ont crucifié ta mère au nom de la vertu.

Les sanglots secouaient l'ombre cassée sur le brasier.

Ils l'ont tuée, humiliée, lapidée à coups de sarcasmes et d'insultes. Le grand Rhône recueillit ses dernières paroles et son dernier soupir. Je n'ai pas su, je n'ai pas compris.

Je t'ai trouvé, un soir, posé sur un coffre de la sacristie. Ensemble nous avons quitté la ville pour gagner nos montagnes et depuis je consume en silence le temps qui m'est imparti.

Une sombre colère agitait l'ancien prêtre:

- Dieu n'est plus dans ses églises, et je ne suis pas sûr qu'il soit encore dans la Bible. Il se cache dans la profondeur des nuits de Provence, dans le silence blanc du Viso. C'est là que je le retrouve. Je sais qu'il s'éloigne lorsque l'esprit le cherche et revient lorsque le coeur l'attend.

Toutes les vérités révélées se sont usées avec le temps. Nos cathédrales se sont bâties sur les ruines des temples païens et nos clercs se nourrissent de la chair des dieux morts. A chaque soubresaut de l'Histoire, l'Eglise se découvre d'autres vérités et n'en finit pas de réécrire son catéchisme. A chaque concile elle érige ses dogmes en révélation, juge, condamne et fulmine, s'arroge un pouvoir de justice qui n'appartient qu'à Dieu: ce grand Dieu des étoiles qu'ils ont enfermé dans leur tabernacle. L'Eglise conteste l'oeuvre du créateur, transgresse les lois de l'harmonie et pèche contre l'esprit.

Le salut ne dépendra jamais de la soumission à la règle mais du respect des lois universelles qui régissent la marche du temps, le retour des saisons, et le cours de la vie. Dieu les promulgua, bien avant que le premier homme ne fût créé de ses mains. Ce Dieu qui donne sans compter et n'exige pas sa part de graisse dans l'offrande, la prime récolte et le meilleur du grain, je ne le tiens pas pour responsable de ces mauvais serviteurs qui l'ont fait tyran sanguinaire, impitoyable et jaloux. Las des odeurs pestilentielles des bûchers, il a quitté sa maison sans bruit pour gagner les sommets où savent le retrouver les humbles de coeur et les pauvres en esprit. Il chuchote et ne hurle pas dans le désert, sa voix est si ténue qu'elle se perd dans le tumulte du monde. Seuls l'entendent encore ceux qui se taisent, écoutent et tendent leurs mains comme un calice pour recevoir les premiers fruits de la connaissance. Leur prière n'a pas de mots, elle est une émotion, un élan de l'âme vers l'infini. Ces hommes de Dieu ne connaissent ni le doute ni la foi. Ils sont en Dieu comme une goutte d'eau dans la rivière et n'attendent rien de ce monde. Ils savent que le lamento des fidèles ne changera rien à leur destin. Les sermons séculaires sur l'humilité et l'amour du prochain n'ont jamais fait baisser d'un ton l'arrogance des puissants. Ils ne sont ni évêques, ni cardinaux. Humbles et discrets, ils cultivent leur coin de ciel quelque part dans la montagne. Moi, je titube sur leur chemin et mon expiation est de pressentir la voie sans pouvoir la saisir, de poursuivre un mirage, à portée de la main et toujours inaccessible: c'est ma croix, Emmanuel.

Dans le flot de ses confidences, le père avait livré une clé pour le comprendre, un secret à garder.

Le fils et l'ami restaient sans voix. Ils n'avaient pas de mots à offrir en compassion. Emmanuel se jeta contre son père dans un bel élan d'amour.

Eustache s'enveloppa dans son manteau et se tourna vers le mur:

- Voilà un sage, murmura-t-il en s'endormant.

Emmanuel ne dormit pas de la nuit, les images et les mots tournaient dans sa tête: reflets de femme sur l'eau glacée, ombre noire dans le soleil gravissant son calvaire.

Ils se levèrent tôt le lendemain.

Du sommet du col, leurs regards plongeaient dans la vallée de la Pellice. Le soleil incendiait les flancs du Bric Bouchet. Par des chemins oubliés de Dieu, ils dévalèrent les pentes, glissèrent sur des éboulis, suèrent et soufflèrent en tirant la mule qui renâclait dans les passages étroits.

Ils arrivèrent enfin au bout de leur voyage: Le Pra de la Tour, un creux de vallon cerné de châtaigniers où devait se dérouler le synode. Près de la maison au toit de lauzes, un barbe vénérable accueillait les pèlerins. Eustache se renseigna:

- Sais-tu si Morel et Guérin sont arrivés ?

- Oui de ce matin, répondit le prédicant, ils sont là-bas avec Saulnier et Farel. D'ailleurs, on peut voir le cheval blanc de Farel attaché à un arbre.

Trois jours durant, les barbes discutèrent, pesèrent les avantages et les inconvénients de l'abandon de leur liberté. L'énergique Farel poussait fort dans le sens de l'adhésion, d'autres préféraient la pratique ancestrale. Il y eut bien des déchirements, des remises en cause de leur croyance mais, au bout du compte, les partisans de la réforme l'emportèrent sur les tenants de la tradition. Tous les points de la doctrine furent consignés dans une confession adoptée par les représentants les plus autorisés des communautés vaudoises du Piémont, de Provence et du Dauphiné.

Ainsi, tout ce que la foi simple de Valdo avait su garder de fraîcheur se diluait dans le catéchisme de Luther.

*
* *

Emmanuel était rentré dans son village, transformé et Colette ne retrouvait plus, dans ce jeune coq, le poussin qu'elle avait couvé si longtemps. L'adolescent s'était endurci sur les sentiers des Alpes. A son retour, il tint sa place d'homme dans le clan car il avait acquis au cours de son voyage plus de science que tous les garçons de son âge.

Son père, son maître, le façonnait, lui inculquait le goût des livres et du savoir. Chaque jour le jeune homme découvrait un peu plus de la pensée de Jehan. Pendant l'hiver, lorsque les travaux des champs ne les sollicitaient pas, ils se réfugiaient dans les textes anciens et les versets sublimes de la Bible. Ainsi, Emmanuel se découvrait, chaque jour, de nouveaux maîtres et puisait à la source de l'antique sagesse, messagère de la liberté, de tolérance et de patiente recherche.

Colette s'attristait de ses propos qui sentaient le fagot. Tout vacillait dans sa tête lorsque le grand Eustache, de passage aux Jassines, vouait aux enfers tous les capelans* du Comtat.

- Garde-toi de rapporter de telles paroles, il y en a plus qu'assez pour te faire brûler, lui soufflait-elle, horrifiée. Et le grand Marron lui répondait en riant:

- Avant que je ne brûle sur le Postel d'Apt, plus d'un, de cette race maudite, aura tâté de mon fer.

Eustache n'avait rien perdu de sa vigueur mais il était devenu plus grave. L'impétuosité et le courage insolent avaient fait place à la prudence et au calcul. Il avait compris que la froide efficacité du mercenaire comptait plus que l'audace et la témérité.

Les vieux s'inclinaient devant cette force équilibrée en laquelle se reconnaissait la jeunesse de leurs villages. Depuis Chanforan, les vaudois avaient acquis la certitude que tôt ou tard, ils auraient à se battre. Eustache était déterminé et, dans son moulin, il préparait sa troupe, affûtait ses armes, organisait ses relais, ses refuges dans les cabanes de la Sénancole où se cachaient les proscrits.

Dans ces maquis impénétrables, la troupe ne s'aventurait guère. Chaque buisson cachait un danger, un tueur invisible qui frappait comme l'éclair avant de disparaître dans les fourrés.

Les trois amis avaient longuement évoqué la tragique éventualité d'une riposte à l'agression des soldats. Jehan, qui ne pouvait ignorer les terribles menaces qui pesaient sur sa communauté, craignait les débordements d'une vengeance aveugle, toujours à craindre lorsque la colère l'emporte sur la raison. Il était décidé à modérer la fougue de ses jeunes frères. Parfois les propos de Marron sonnaient étrangement. Le nouveau converti montrait tant de zèle pour la réforme que Jehan s'inquiétait d'une telle ardeur.

- Que ton bras nous protège mais ne nous rende pas odieux aux laboureurs. Ne sois pas l'instrument de la provocation et de la violence inutile.

- Nous serons justes et fermes, répondait Marron, mais nous devons faire connaître la vraie foi à ces adorateurs d'images et de bois peints, qui donnent plus d'or à leur vilain papeau* qu'à leurs frères dans la misère. Il est temps de faire entendre la voix des vrais docteurs de la foi.

Emmanuel aimait bien son ami Eustache mais cet engouement pour la cause des réformés le chagrinait aussi:

- Tu parles comme un papiste, tu te fais prédicant sans rien connaître, tu juges, tu condamnes comme un inquisiteur. Qu'ils adorent leurs idoles si cela leur plaît et qu'ils nous laissent à nos prières et à nos psaumes; n'en demandons pas plus et, si nous l'obtenons, ce sera beaucoup. Ce sont toujours les enragés de ton espèce qui attirent sur le petit peuple la violence et la mort.

L'attaque d'Emmanuel surprit Eustache et le laissa pantois:

- Tu as raison, je me laisse aller, je ne sais plus où j'en suis, moi ! Ils ont tellement bien parlé au Pra de la Tour qu'ils m'ont tout retourné. Farel sur son cheval blanc avait si grande allure, avec sa crinière rousse flottant au vent, que j'aurais incendié Rome s'il me l'avait demandé.

Emmanuel rompit le fil de la louange que tissait Eustache:

- J'en connais d'autres, forts savants et discrets, dont le savoir est plus grand que celui de Farel, mais voilà, ce ne sont pas eux qui crient le plus fort dans la ville. Ils passent leurs nuits sous la lampe fumeuse à se brûler les yeux sur de vieux manuscrits et n'étalent pas leur science devant une foule d'ignorants.

- Et bien toi, mon ami, tu as bonne jactance, s'exclama Eustache.

Jehan souriait de la colère du fils mais il ne voulait pas que son ami soit humilié:

- Emmanuel, tu es sage comme un lettré et tu parles comme un docteur. Cependant, il serait bon que cette science toute neuve prenne le temps de mûrir, afin qu'un jour, tes avis fassent autorité dans les facultés.

Sur cette boutade, Jehan mit un terme à la dispute, ce qui rassura la pauvre Colette sur le point de défaillir.

D'un hochement de tête, Emilio approuva son fils.

Mi-tendre, mi-narquois Jehan ajouta:

- Monsieur le philosophe, laissez vos livres dans le coffre et préparez votre bagage pour vous rendre aux vendanges de Cabrières. N'oubliez pas que votre oncle a besoin de bras et non de bonnes paroles.

S'adressant à Eustache, Jehan ajouta:

- Avec une once de savoir ce coquelet nous fait la leçon.

Eustache Marron partit d'un grand éclat de rire:

- C'est vrai qu'il porte beau, l'animal. La langue ne lui fait pas défaut. Garde-le ainsi, comme une médecine rare, une de nos plantes sauvages du Luberon.

De longs jours durant, Marron de Cabrières avait jaugé son homme. Il lui avait vu du coeur, du courage et de la fierté. Depuis il vouait à son jeune compagnon une tendresse qui ne se ménageait pas.

Leur participation au synode leur avait acquis une grande renommée dans la vallée. Nos trois amis se rendaient dans les bastides pour lire et commenter les décisions des barbes de Chanforan qui les engageaient aux côtés de Luther. Le zèle des nouveaux convertis n'avait pas de limites, les vaudois prenaient des risques et dans le moulin de Pellenc, s'entassaient les libelles blasphématoires, les lettres de Genève.

Mais l'inquisiteur veillait. Il tenait à sa merci une poignée de pauvres bougres, qui pour quelques deniers auraient vendu leurs mères. Ces hommes lui rapportaient les propos d'après-boire des journaliers du Plan d'Apt. Ainsi était-il informé des activités des vaudois. Il en connaissait les meneurs: Marron, Pellenc, Bérard de Murs et ceux de Mérindol. Patiemment, il attendait son heure pour les détruire en une seule fois.

VII

LES VENDANGES DE LA COLERE

Automne 1532...

La petite troupe de vendangeurs dévalait la rampe de La Coste. Les rires et les chants des jeunes gens chassaient la nuit devant eux. Les prés émergeaient de la brume. Les étourneaux ensommeillés sur les pampres alourdis de grappes prometteuses, se mettaient à l'abri sous le couvert des arbres. Le temps se tenait au beau et le soleil câlin de ce début d'octobre, caressait le coteau. Les perles fines de rosée, en équilibre sur leur brin d'herbe, s'évaporaient dans la première chaleur.

Le Calavon paresseux s'étirait dans les roseaux.

Les jeunes journaliers se saoulaient d'air frais et des parfums de farigoule. La joyeuse bande s'en allait à Cabrières où l'oncle d'Emmanuel les attendait avec impatience, car le temps pouvait tourner et saccager sa vendange.

Pour la première fois la belle Alyne s'éloignait du pigeonnier familial et ce voyage, de La Coste à Cabrières, avait un parfum d'aventure, hors du champ des matrones, qui la remplissait d'aise.

Cette escapade en compagnie d'Emmanuel la comblait. Sur la charrette qui les emmenait, entre deux rires et un refrain, elle observait son ami. Elle le trouvait beau, grave et triste. Son pèlerinage au coeur des Alpes l'avait changé. Il parlait peu mais lorsque son regard, d'une troublante douceur, se posait sur elle, Alyne se sentait mollir. C'était une caresse, un baiser léger, une onde fraîche sur ses joues roses et des promesses de bonheur.

Qu'était devenu ce jeune pâtre qui, sur le seuil des cabanes, lui faisait des contes en tressant de l'osier ?

Emmanuel parlait de leur vie avec plus de retenue, comme s'il sentait la fragilité de ses espérances. La belle Alyne ne faisait plus la coquette et priait Dieu de leur accorder le temps de vivre, d'écarter de leur route les malheurs qu'annonçaient les augures. L'un et l'autre étaient conscients que le temps leur était mesuré.

La mule d'Emmanuel musardait sur la route des Baumettes, mangeait le chardon bleu des fossés et se rapprochait trop vite, au gré des amoureux, de la bastide de Baridon.

Ils arrivèrent enfin et le vigneron ravi, les accueillit d'un joyeux:

- Tiens, voilà enfin les novis* des Jassines. A ce train, nous finirons la vendange pour la Noël. Approchez et venez boire le bon vin de Cabrières. Va embrasser ta tante, elle se languit de te voir. Comment vont Emilio et ma soeur ? Et ton père on ne le voit plus ici ? Cette petite Soubeyran, dont on nous parle tant, j'aimerais bien la connaître.

Et ce disant, le brave homme lorgnait la jolie compagne de son neveu.

Emmanuel faisait de son mieux pour répondre au déluge de questions de son oncle:

- Les vieux vont doucement, mon père et moi menons les terres. Il prie et il a peur... Ce qui se prépare ne lui convient guère. Tout cela va bouleverser nos habitudes. Il n'aime pas Luther, voilà le fin mot. Il dit qu'il nous a mis la hart* au col.

- Je crains aussi, murmura Baridon. Que Dieu nous préserve des persécutions. Je les sens venir à de petits signes. Les gens de par ici ne sont plus comme avant, ils se détournent pour ne pas rendre le salut et la méfiance est partout. J'ai appris par un colporteur que Pierre Griot s'était fait prendre à Lourmarin et que les soldats l'avaient enfermé dans la maison épiscopale. C'est le mauvais moine qui instruira son procès, autant dire qu'il est perdu.

L'oncle haussa les épaules avant de poursuivre:

- Que faire ? Sinon le gros dos et attendre la fin de l'orage.

Afin de chasser ces pénibles pensées, il entraîna les jouvenceaux vers la maison.

- Venez manger, la route et le soleil ont dû vous donner faim et soif.

Il les abandonna aux bons soins de la tante qui les combla, ravie de connaître la promise de son neveu. Aucun engagement n'avait été formellement pris devant notaire mais il se disait dans la parentèle que les enfants étaient bien destinés l'un à l'autre. Les familles vaudoises veillaient avec un soin jaloux à contracter de bons mariages dans le sein de leur communauté. Il en allait de l'avenir du patrimoine, de la communauté et de la foi.

Dans la cour de la bastide les hommes roulaient les cuves, préparaient les fouloirs. Les femmes lavaient les vaisseaux, les tines*, les guindelles* et réparaient les banastes* d'osier. Tout devait être prêt à l'aube du lendemain.

Ils avaient commencé la vendange par le carré de la fourche de Gordes, jouxtant le mas d'Imbert.

Cette vigne, bien exposée sur une terre caillouteuse qui gardait bien le chaud, donnait un vin qui faisait la fierté et la réputation de Baridon.

Dès la mi-octobre, il s'en allait, tout seul, dans sa vigne, pesait la grappe, tâtait le grain et décidait de la vendange. Il ramenait à la bastide un panier de ce raisin et toute la maisonnée était conviée à l'agape. Chacun évaluait la force et le bouquet du vin à naître.

C'était une coutume, un rite immuable qui, chaque année, ouvrait la saison des vendanges.

Baridon vendangeait tard dans la saison, cueillait un raisin mûr, gorgé de soleil et de sucre et son vin, fort en alcool, se conservait bien et pouvait se transporter. Ses fûts de bon châtaignier des Cévennes ne faisaient point tort à son vin et ne lui donnaient pas ces odeurs, « extravagantes et odieuses à d'aucuns », du bois de chêne.

L'usage du châtaignier n'était pas répandu dans le Comtat, un seul maître tonnelier le travaillait autrefois, mais il avait cessé, depuis bien des années son négoce en Avignon. Le père Cambolive n'avait point formé de compagnons.

Dès la publication du ban* vers la fin du mois d'Août, les vignerons du pays commençaient la vendange. Baridon attendait que le fruit vienne à maturité. Son vin était bon et fort coté sur les marchés d'Avignon et de Carpentras.

Les vendangeurs se déployaient dans la vigne en bon ordre et, selon l'usage, les jeunes s'étaient réservé les travées les plus pentues.

Ils portaient en eux l'allégresse et le chant qui donnaient aux vendanges cet air de fête qui rendait la tâche moins pénible. Ils en oubliaient les courbatures et les mains meurtries.

Les filles remontaient les rangées de ceps. D'un coup précis de leurs gouyards*, elles sectionnaient la grappe sans perdre le fruit. Les hommes vidaient dans les cornues les banastes remplies. De banastes en cornues et de cornues en char, le raisin gagnait les fouloirs rassemblés dans la cour de la ferme.

Les enfants, les jeunes femmes retroussées à mi-cuisses, dansaient sur les grappes, préparaient ainsi le raisin pour le pressoir qui exprimait la quintessence du fruit recueillie précieusement dans les tines. Le vigneron y jetait une poignée de fleurs séchées de vigne sauvage qui donnait à son vin son bouquet particulier. Le travail cessait lorsque le soleil déclinait sur le Rhône. Le mulet fourbu tirait sa dernière charge et les vendangeurs retournaient à la bastide, les bras morts mais le coeur joyeux.

Dans la cour, la table du repas était dressée. Chacun prenait place au gré de ses sympathies. Après une rude journée, les vendangeurs savouraient la bonne soupe de fèves, le pain bis, le jambon largement arrosé du vin de Baridon. Les histoires inusables du passé égayaient les anciens, tandis que les jouvenceaux coquetaient devant les filles.

Lorsque le repas s'achevait au grand plaisir de la jeunesse, les vieux, ivres de fatigue et de vin, se retiraient dans un coin de la cour pour y poursuivre en paix leurs interminables palabres.

Les garçons démontaient les tréteaux pour libérer la place.

Les tambourins, les fifres, sortaient de leurs étuis et la danse commençait. La ronde s'enroulait autour des cuves, se déroulait dans les espaces libres, entraînée par une Alyne pétulante et déchaînée. Emmanuel lui tenait la main pour ne pas la perdre dans quelque virevolte imprévisible: c'était la fête, la liberté, le délire.

Le temps se montrait clément en cette fin d'automne et l'été nonchalant s'attardait en Provence. Le soleil roux se reposait sur la Camargue avant de disparaître derrière les tours de Villeneuve. La petite étoile des bergers, timidement, s'installait pour la nuit sur un coussin de ciel rose. Le Luberon s'habillait de mauve au seuil de la nuit.

La fatigue ayant eu raison des ardeurs juvéniles, venait l'heure de la rêverie et des confidences.

Les couples se formaient dans l'accomplissement de la promesse muette, engagée par un sourire, un regard, entre deux rangées de ceps: instant fragile des voeux qui se voudraient éternels. Ils ne durent que le temps des vendanges ou préludent à de bonnes et solides épousailles. Amours naissantes qui travailleront comme le raisin, feront bon vin ou mauvaise piquette, affaire d'humeur ou de nouvelles rencontres.

Adossés aux murs de pierres qui cernaient la bastide, ils cherchaient leurs destins dans les étoiles. Des mains se joignaient sur la pierre rugueuse. Le rêve se nourrissait de silence et d'ombre. Les enfants étaient si loin que le bruit les oubliait dans les profondeurs de la nuit odorante et douillette.

Lorsqu'il jugea que l'heure était venue, Baridon se leva, mettant un terme aux disputes des vieux et au délire des jeunes gens.

- Allons dormir, demain il me faudra des filles et des garçons vaillants à l'ouvrage.

Sans se faire prier les vendangeurs s'en allèrent nicher sagement dans la paille des granges.

L'aube les saisit en effilochant les derniers lambeaux de leurs rêves.

Les vieux roulaient les barreaux, arrimaient les guindelles sur les charretons tandis que Baridon bousculait la jeunesse aux paupières lourdes.

Ainsi se préparait une rude journée sous le regard vigilant du maître.

Elles roulaient par vagues, les jolies vendangeuses de Cabrières. Leurs bonnets blancs crochetaient la lumière et leurs chants égayaient le matin. La fatigue étirait les membres, gourds des efforts de la veille. Elles touchaient au bout du dernier carré de la vigne des Fourches et n'en avaient que plus de coeur à l'ouvrage.

La mule trépignait sur le chemin, le naseau frais et l'haleine fumante.

Elle était belle la Provence sous les premières gelées. Le soleil timide léchait l'herbe fanée et l'automne jouait de ses couleurs: le sombre vert du Luberon et toutes les nuances de la plaine, de la vigne rousse à la paille dorée des moissons achevées.

De l'autre côté de la vallée, la masse inquiétante du château des barons d'Oppède s'enrobait de brume. Il est maléfique disaient les vieux, en détournant leurs regards de la sinistre silhouette figée sur son socle de pierre.

Dans la vigne la vendange s'achevait. Le soleil, piqué à l'aplomb de Cavaillon indiquait la pause de midi. Les hommes arrimaient les dernières cornues sur le chariot. Les filles avaient déjà rangé leurs couteaux. Elles attendaient, assises sur le talus du chemin, que les hommes aient terminé leur chargement, en évoquant leurs émois de la veille. Alyne écoutait le récit de ces amours naissantes et souriait des espoirs et des craintes de ses compagnes:

- Bien sûr que tu le reverras. Pour la moisson prochaine à Soubeyran, je vous ferai venir tous les deux. Si d'ici-là, il n'a pas pris la route pour te faire visite à Joucas.

D'un mot, elle levait les inquiétudes de son amie et lui donnait à rêver pour l'hiver.

Une troupe de soldats venant de Gordes menait grand tapage sur la route. Elles reconnurent à leur accoutrement les gens d'armes du pape. La bande vociférante se dirigeait vers Cavaillon. Les routiers avaient bu et les filles effarouchées se levèrent d'un même mouvement pour se rapprocher des vendangeurs.

L'affolement des jeunes femmes excita les mercenaires qui pressèrent le pas pour les rattraper.

Elles sentaient cette présence hostile sur leurs talons et, la peur au ventre, se mirent à courir. Il n'en fallut pas plus pour stimuler les instincts de chasseur de ces brutes avinées.

Sans un mot, les vaudois s'étaient regroupés derrière la mule qui emmenait son dernier chargement vers la Bastide. La belle humeur des vendanges laissait place à l'effroi.

Emmanuel s'était porté aux côtés d'Alyne. Il tenait dans son poing le tranchet effilé qui pouvait devenir une arme efficace.

Les soldats arrivèrent à la hauteur du groupe:

- Arrêtez-vous, ordonna le sergent.

L'outil sur l'épaule, le regard fixé sur la route, les journaliers continuaient leur chemin. Ils suivaient la mule comme les brebis suivent le bélier, obstinés au risque de se perdre, aveugles et sourds.

L'un des soldats bloqua la bête au frein. Les vendangeurs se massèrent contre le chariot.

L'officier s'approcha.

Alyne, les yeux baissés ne voyait que ses bottes grises de poussière et ses hauts de chausses bouffants, fendus jusqu'à la ceinture.

La jeune fille osa un regard en coin vers l'énergumène qui la menaçait d'un poignard. Un visage rond, encadré d'une courte barbe à la mode du temps, de rares cheveux roux collés au casque en demi-lune, le pourpoint râpé qui dégageait dans la chaleur de midi des odeurs de suint: telle était l'apparence du soldat. Alyne avait le coeur aux bords des lèvres et la moue de dégoût qui crispait son visage ne plut guère au sergent.

Rapidement, les soldats encerclèrent le convoi, ne laissant aucune possibilité de fuite. Les pertuisanes pointées vers le ciel enfermaient les vendangeurs dans un cercle de fer.

Le sergent tenait la situation bien en main. Il s'avança vers le groupe, fit le tour de la charrette, sans dire un seul mot. Il jouait de la peur, laissait peser le silence et l'incertitude, la menace imprécise sur les filles angoissées.

Le soldat percevait chaque frémissement de ces chairs en transes et y prenait un plaisir subtil. Il avait tant de fois brisé les ressorts de l'homme sous la torture, qu'il connaissait les raffinements de la persécution et toute la gamme des sentiments qui agitent la victime: le doute, l'espoir et la désolation, l'abandon, et de nouveau l'espoir qui renaît sur un mot que l'on entend comme une promesse. Le bourreau serre et desserre le garot, juste à point pour que la vie demeure, autant que de besoin. Ah les bons maîtres que ces moines de l'Inquisition, friands de ces voluptés rares qui ne sentent point la chair grillée.

Les soldats du pape étaient attentifs aux moindres propos de leur chef. Le jeu pouvait être amusant pour peu qu'il soit en verve.

Le sergent sortit enfin de son mutisme:

- Où allez-vous braves gens ?

Le ton était aimable, propre à rassurer.

- Pourquoi fuyez-vous devant les soldats de sa Sainteté ? Les bons sujets du pape ne se sauvent pas, comme des lapins, devant les soldats... Sans raison... Auriez-vous quelque chose à cacher ?
Il partit d'un grand rire, bientôt repris en choeur par ses gens d'armes.
Il était notoire que les villageois de Cabrières sentaient le fagot.

L'honnête Baridon tentait de se rassurer, le ton du sergent et le rire de ses hommes lui donnaient à croire que le danger s'éloignait:

- Bast, murmura-t-il à Emmanuel, nous serons quittes pour la peur et la vexation.

D'une voix presque naturelle, il répondit au sergent:

- Nous rentrons à la bastide car la vendange est terminée. Nous sommes sujets du pape et dépendants de son Eminence l'évêque de Carpentras, Jacques Sadolet. Nous payons la dîme à l'Eglise, la tasque* au seigneur et en novembre nous allons à Carpentras adorer le Saint-Clou. Nous sommes de bons et honnêtes chrétiens.

En citant le nom de l'évêque Sadolet, Baridon pensait calmer les soldats qui n'oseraient pas brutaliser des fermiers du fief de l'évêque, ni saccager une récolte dont il percevait une part du fruit.

Le sergent lui coupa la parole:

- Vous êtes du village de Cabrières n'est ce pas ?

- Oui, notre Bastide est à l'entrée du village.

Le sergent reprit:

- Bien que du Comtat Venaissin, terre du pape, vous professez la foi de Luther. Votre village est un nid d'hérétiques et vous y prêchez, en plein jour, contre l'Eglise de Dieu et notre saint-Père. Tu voudrais me faire croire que vous adorez le Saint-Clou de Carpentras. Tu me prends pour un sot... Je vous reconnais de loin avec vos mines de faux dévots. Regardez les filles, elles ont l'air de rentrer de confesse, mais je sais, moi, ce qui se cache derrière ces fronts obstinés.

Belles et farouches ces filles de vaudois étaient fort appétissantes et l'occasion bonne à saisir en toute impunité.

Il parlait sans élever la voix, convaincu d'énoncer une vérité indiscutable. Il s'approcha des guindelles arrimées sur le chariot et saisit une grappe entre ses doigts, la porta à la hauteur de ses yeux pour l'admirer dans la lumière.

- Voyons ce raisin !

Les grains de velours rouge miroitaient dans le soleil. Tous les regards convergeaient vers cette grappe dont il jouait nonchalamment. Elle tournait devant les yeux de Baridon, passait au-dessus des têtes courbées, frôlait un visage. C'était le jeu du maître souriant, insolent, provocateur.

Il détacha un grain et le porta lentement à ses lèvres, tandis que son regard scrutait les visages fermés de ces êtres de rien.

Les filles sont belles, se disait-il, le regard posé sur les seins menus qui haletaient sous le sarreau tendu.

Les soldats lorgnaient les femmes, jaugeaient ces corps graciles et contenaient mal leur impatience. Les coquetteries de leur chef ne les amusaient plus. Que leur importaient l'hérésie et la récolte ! Les filles étaient bonnes à prendre et les paysans bien à point pour la bastonnade. Pourquoi perdre son temps à de petites mesquineries qui finalement gâchent le plaisir ? Les mercenaires sont des gens simples, ils violent sur le devers d'un talus sans la moindre fantaisie et sabrent leurs victimes sans remords.

La grappe de raisin tournait toujours aux bouts des doigts du sergent, elle battait le temps, rythmait le souffle angoissé des jouvencelles.

- Ce raisin est mauvais et ne peut produire qu'une piquette indigne de la table d'un prélat. Tu veux donc empoisonner Monseigneur Sadolet. Ta vendange est une insulte à l'Eglise.

Il se composa un masque de dignité outragée, la barbe frémissante et les moustaches tombantes sur des lèvres pincées. Puis, sans que rien ne le laissa prévoir, son visage s'éclaira d'un bon sourire, il changea de ton:

- Allons ne soyons pas obstinés, reconnaissons que ton raisin donne de l'aigreur.

Il soufflait le froid, le chaud et suivait sur le visage de Baridon, le cheminement d'une pensée torturée. Deux larmes roulaient sur la peau tannée du tenancier. Un murmure hostile montait des rangs des vendangeurs. Les mains se crispaient sur les outils et les regards haineux se dissimulaient sous les larges chapeaux rabattus.

A l'abri de leurs armes, les soldats se gaussaient de cette rage impuissante, sentaient monter la tension et se tenaient prêts pour la bastonnade, la curée, et le plaisir des étreintes sauvages.

- Oui, c'est une mauvaise récolte, convint Baridon.

Le chef plastronnait:

- Et bien, nous tombons d'accord, puisque ce raisin n'est pas bon, tu ne peux le garder et tu dois le jeter. Nous allons t'aider.

Se tournant vers ses hommes, il en fit approcher quelques-uns:

- Allez vous-autres, dételez-moi cette mule et renversez cette pourriture dans le fossé.

Les soldats se placèrent d'un même côté de la charrette et vidèrent le chargement sur la route. Des tinelles fracassées, le raisin se répandait sur le sol et les mercenaires en joie piétinaient les restes informes de la récolte. Ils dansaient sur les grappes maculées de poussière et le sergent joyeux scandait la farandole barbare de ses troupiers:

- Foulez, foulez le raisin, pressez, pressez la vendange.

Les danseurs fatigués s'arrêtèrent. Il n'y eut pas le moindre geste de révolte. Humiliés, les vaudois baissaient la tête.

Le chef était déçu car il avait cru discerner l'ébauche d'une rébellion. Mais non, la peur l'emportait sur la colère, il n'avait rien pu tirer de ces pleutres et percevait nettement la frustration de ses soldats. Une bonne bagarre aurait ravivé l'humeur belliqueuse de la troupe. C'était bon pour le moral et l'esprit de corps.

Les histoires qui courent dans les cantonnements, le soir, entre deux cruchons de vin, sont faites de ces petits riens: souvenirs, rixes, rapines, viols, orgies inoubliables et dangers partagés.

Le sergent, voyant que son jeu tournait court, poussa plus loin la provocation:

- Tiens, tiens, les jolies ribaudes !

La panique s'empara des filles. L'insulte les désignait aux appétits de la soldatesque, à la chasse immémoriale, cet éternel recommencement. Le viol était toujours dans l'ordinaire du mercenaire.

Le regard pathétique de ces enfants traquées, dirigé vers leur père, leur frère ou leur promis, secoua la masse inerte des paysans. Un grondement sourd, diffus, venu des profondeurs, faisait trembler leurs voix. Ce n'était qu'un murmure mais il courait comme le mince filet d'eau qui se nourrit de mille autres ruisseaux et déferle en torrent ravageur.

Et la grappe sautait toujours dans la main du sergent:

- Regarde « Nez de Boeuf », celle-là, comme elle est jolie !

Il montrait du doigt une Alyne affolée à un « Nez de Boeuf » ahuri.

Il se trouve, dans toutes les compagnies, de ces êtres qu'une disgrâce de la nature désigne aux quolibets de leurs congénères. Ils sont la cible de tous les sarcasmes, un objet de dérision.

Par sa laideur, l'interpellé se distinguait de ses camarades. Le visage grêlé, un large nez rouge et tuméfié. C'était un mufle posé sur un cou de taureau. Il se balançait d'un pied sur l'autre, l'air confus, mais le regard aigu pointé sur la fille était lourd de sens.

Le sergent jouait de cette brute comme d'un animal familier, le retenait ou le lâchait à sa guise, excitait ou réfrénait ses instincts à la grande joie des soldats. Il était si repoussant que les putains d'Avignon, disait la rumeur, refusaient sa pratique.

- Approche « Nez de Boeuf », si tu la veux, elle est à toi.

Les soldats se bousculaient, ils voulaient voir «Nez de Boeuf » saillir la fille sur le bord du fossé. Ils se préparaient à un spectacle des plus prometteurs. Quelque chose d'inoubliable dans la saga du régiment.

- Mais avant de la coucher, reprit le chef, je vais te l'apprêter. D'un geste rapide, imprévisible il écrasa la grappe pourpre sur le visage d'Alyne et, de ses doigts en pinces, tordit la chair. La pulpe de fruit, mêlée de sang et de larmes, coulait sur la joue tuméfiée.

- N'est-elle pas appétissante la garce, arrangée de la sorte ?

« Nez de Boeuf » hochait la tête, subjugué par la proie que lui offrait son maître et pressé de l'entraîner dans le creux du fossé.

Le sergent aiguisait le désir du soldat:

- Approche, « Nez de Boeuf », vois comme elle est belle.

Tout en parlant, il fixait les yeux d'Alyne. Sa main montait vers le visage blessé. Soudain un hurlement de douleur brisa le geste ébauché. Le couteau d'Emmanuel était fiché dans l'avant-bras du mercenaire. Le sang jaillissait de la manche du pourpoint. De sa main valide, il retira la lame et tenta de retenir le sang qui s'échappait.

Le chef blessé, humilié, hurlait de rage et de douleur. Les soldats dégrisés, privés de leurs plaisirs ne se retenaient plus. Ils marchèrent, l'arme tendue, sur les vendangeurs.

- Nous allons vous tuer, trépignait le sergent.

Mais le geste d'Emmanuel avait libéré cette fureur contenue des paysans. Les bâtons durcis au feu, les serpes redoutables frappaient, taillaient dans le cuir des baudriers et la chair des soldats.

Un instant surpris, les gens d'armes retrouvèrent leurs esprits et cette redoutable efficacité des hommes de guerre. Ils tapaient sans discernement du manche ou de la pointe de leurs pertuisanes, s'ouvraient des chemins à coups de bottes.

Les vaudois désespérés, prenaient les coups et se défendaient mal, face à ces routiers rompus à tous les combats.

Baridon était blessé, son neveu le tira à l'abri de la charrette renversée.

L'oncle implorait:

- Sauve-toi, si tu le peux, que l'un d'entre nous puisse prévenir Eustache, sans lui nous sommes tous morts.

Emmanuel était écartelé, il ne pouvait se résoudre à laisser son amie aux mains de ses tortionnaires.

Devant ses hésitations Alyne trancha pour lui:

- Sauve-toi, sauve-nous, tu es notre seule chance et n'aie pas de craintes, je me garderai, vive ou morte.

Emmanuel la prit dans ses bras et la serra contre lui, il lui fallait du courage.

Caché par le chariot renversé, personne ne le vit partir. Il détala comme un lièvre, brouillant ses pistes entre les buissons.

Les mercenaires cessèrent de frapper dans cette masse inerte, honteuse de sa rébellion.

Le sergent décida d'emmener les révoltés à Cavaillon. Il était inquiet et ne décolérait pas. Sa blessure ne saignait plus et la douleur était supportable, mais cette affaire prenait un tour qu'il n'avait pas prévu. Il avait à craindre la colère de l'évêque de Carpentras pour avoir chassé sur ses terres et saccagé sa récolte.

D'ordinaire quelques coups donnés, une fille violée, relevaient d'habitudes que les hérétiques acceptaient comme un moindre mal. La révolte avait fait des blessés dans les deux camps et ne pouvait passer aux yeux de ses supérieurs pour une simple bastonnade. Le vétéran n'était pas sot, il avait compris que les hérétiques avaient franchi un seuil. La nouvelle allait se propager dans les villages et pousser à des actes de rébellion que personne ne pourrait contrôler. Sa maladresse avait engendré un esprit de révolte qui ne demanderait qu'à s'exprimer en d'autres occasions.

Tout compte fait, il était urgent de se placer sous la protection de l'évêque de Cavaillon et de faire peser sur les vaudois de graves accusations qui les condamneraient sans appel.

- En avant, nous rentrons dans nos quartiers.

Harcelé par les soldats, le piteux cortège s'étirait sur le chemin. Déchirés, vaincus, les paysans avançaient entravés comme les boeufs poussés par l'aiguillon. Ils entrèrent dans la ville à l'heure de la prière, les dévots pressés croisaient en se signant, cette bande hagarde, échevelée. Les filles trébuchaient, entraînaient leurs compagnons qui tombaient comme des quilles sous les quolibets de la foule amassée sur leur passage.

La troupe s'arrêta devant la grille de l'évêché. Le sergent s'engouffra dans le poste de garde pour se faire ouvrir les portes de la prison.

Les vantaux grincèrent sur leurs gonds. Les soldats poussèrent dans la cour les prisonniers recrus de fatigue, qui se laissaient glisser sur le sol. Entassées, enchevêtrées, les filles sanglotaient, cherchaient un réconfort dans la pression d'une main proche. Les hommes, farouches, observaient les gardes, remâchaient leur haine, supputaient leurs revanches, étrangement libérés de leurs peurs. Les malheureux, couchés sur le pavé, attendaient avec confiance, la venue du sauveur. Ils le disaient par des gestes, des hochements de tête et des regards entendus tandis que les soldats, appuyés sur leurs piques, somnolaient.

Quelques instants plus tard, ils étaient enfermés dans les geôles de l'évêque. Mais, pour la première fois dans ce pays, ils avaient levé le poing sur leurs tortionnaires et osé l'impensable. La victoire leur appartenait car ils étaient persuadés que le message courait dans la campagne, que le Luberon frémissait de l'ardente nouvelle et que de Gordes à Mérindol, leurs frères franchissaient les ravins pour s'assembler en armes et les tirer de leur prison.

Ils avaient tant de fois inventé leur révolte, qu'il fallait bien, qu'un jour, elle se réalisât. Ce jour, espéré autant que redouté, était enfin venu.

Ils entendaient la voix forte de Marron, appelant à la guerre. Lui, brandissait le feu tandis que d'autres tendaient la joue. Mais à chaque humiliation subie, le feu embrasait un peu plus les villages, et ceux qui parlaient comme leurs pères n'avaient plus de voix pour dire le pardon et ne trouvaient plus d'oreilles pour les écouter.

Emmanuel courait à perdre haleine, tombait, se relevait, avançait toujours, l'esprit vide. Au travers de ses larmes, la bastide de Baridon semblait flotter dans l'air comme un mirage. L'adolescent était au bord de l'évanouissement lorsqu'il pénétra dans la cour.

Depuis midi, les femmes étaient dévorées d'inquiétude. Elles allaient et venaient jusqu'au mur d'enceinte et regardaient dans la plaine, épiaient l'arrivée du dernier charroi. Baridon leur avait dit que la vendange était finie et ce retard ne s'expliquait pas.

Emmanuel s'engouffra sous le portail, les mots se mêlaient dans sa gorge nouée, il manquait d'air et tomba épuisé sur le sol.

Le silence soudain investit la bastide. Les gestes ébauchés restaient suspendus dans l'air et la consternation barrait les visages d'un pli amer.

- Apportez-moi un linge mouillé.

Habituées au danger, les femmes prenaient toujours la mesure exacte qui convenait dans l'instant. La tante se précipita vers le jeune homme effondré sur le pavé. Elle bassinait les tempes brûlantes de son neveu, épongeait la sueur du front ruisselant et calmait par de douces caresses l'emballement d'un coeur au bord de la rupture.

L'impatience la rongeait mais elle ne le montrait pas.

- As-tu-soif ?

Il tendit sa main vers le gobelet que lui présentait un enfant. Les mâchoires crispées refusaient le liquide qui fuyait aux commissures des lèvres bleues.

Au bout d'un temps qui leur sembla aussi long que l'éternité, les femmes purent saisir les mots hachés que le jeune homme bégayait:

- Les soldats... les soldats... nous ont attaqués sur la route de Gordes... près du mas d'Imbert... Je me suis sauvé.. mais ils ont emmené les autres... Il faut prévenir Eustache... l'oncle est blessé, il faut prévenir Eustache.... au moulin de la Véroncle. Il décidera... il donnera les ordres... il faut prévenir Eustache... tout de suite.

Emmanuel se leva, se prit la tête dans les mains, inspira profondément, s'échappa des bras de sa tante et fila comme un trait à travers champs.

- Emmanuel reviens, tu ne peux pas faire une course aussi longue... Reviens petit.

Elle suppliait mais « le petit » était déjà sur la route et n'écoutait que son coeur qui cognait. Par les sentiers de chevriers, il se traîna jusqu'au moulin de la Véroncle où Eustache résidait ordinairement. L'homme était chez lui, entouré de quelques compagnons. La presse du raisin était terminée et les travailleurs rangeaient les cuves, nettoyaient à grande eau la table, les claies et la vis du pressoir: Eustache traitait la vendange des vignerons de Gordes, de Cabrières et Saint-Pantaléon.

Lorsqu'il vit Marron, Emmanuel fut rassuré. Il était rare de le trouver au gîte car il délaissait volontiers son moulin pour battre la campagne et rameuter les religionnaires de Luther.

Le visage du garçon était plus éloquent que les mots. Eustache comprit que quelque chose de grave venait de se produire à Cabrières. Le fils de Jehan pleurait sans retenue. Il avait besoin de l'aide de son ami.

Marron était ému de la confiance de l'adolescent:

- Parle petit.

La voix tremblait d'inquiétude. Eustache ne pouvait supporter les larmes du jeune homme.

L'homme hérissé confia à ses compagnons:

- Que le diable protège celui qui l'a blessé.

Au son de la voix, les hommes comprirent que la menace n'était pas vaine.

Depuis leur voyage dans les Alpes, Emmanuel et Jehan constituaient sa seule et vraie famille. Pour eux, il eût affronté tous les dangers, enflammé la montagne de l'Aiguebrun jusqu'à la pointe de Robion. Il serra son ami contre sa poitrine et de sa grosse main tachée du raisin de la presse, caressa les cheveux mouillés de sueur.

Emmanuel tentait d'expliquer:

- Nous nous sommes battus contre les soldats du pape, dans la vigne de mon oncle Baridon. Je me suis sauvé pour aller chercher de l'aide mais je crois qu'à cette heure, ils n'en ont plus besoin.

Les mercenaires ont dû les emmener à Cavaillon.

Le fils de Jehan secouait son ami:

- Ils ont pris Alyne et toutes nos soeurs. Tu dois les délivrer et tuer tous ces papistes, brûler l'évêché. J'en ai assez de trembler devant eux et j'ai honte pour nous tous.

Meurtri dans ses affections et ses amours, Emmanuel en appelait à la force. Les êtres qu'il aimait s'en allaient à la mort et, pour les sauver, les arquebuses de son compagnon pèseraient plus sur les événements que les prières de son père.

- Calme-toi, fils, nous irons les chercher dans les prisons du pape et s'il le faut jusqu'en enfer. Je te le promets.

La parole d'Eustache valait certitude et le fils de Jehan se calma.

Marron entraîna son ami vers les hommes rassemblés dans la salle voûtée du pressoir.

- Emmanuel confirme ce que disait Imbert. Ils ont enlevé nos frères de Cabrières. Avec la prise de Pierre Griot à Lourmarin, cela nous fait deux mauvaises nouvelles dans la journée.

- Cette fois c'est la guerre, murmura l'un des hommes.

- J'en ai peur, répliqua Eustache, les papistes s'acharnent sur nous, l'heure est venue de nous défendre. Il est fini le temps des discussions et des disputes. Il faut agir, nous n'avons que trop attendu. Cette nuit nous préviendrons les villages et dès demain tous les hommes devront se rassembler dans la combe de la Vidauque.

Eustache parlait en chef. Son assurance calmait les doutes et chassait les angoisses. Pour la première fois, les vaudois s'en prenaient au symbole de la puissance: la prison.

- Toi, Goujon, tu rassembleras les volontaires d'Oppède, Jourdain fera de même à Ménerbes, Emmanuel retournera à La Coste prévenir son père et les Soubeyran. Bonne route, je vous donne rendez-vous demain à none, dans la combe, sous la roche percée.

Toute la nuit des ombres hantèrent les maquis. De bastides en hameaux, elles portaient la nouvelle et transmettaient les ordres de Marron. Des regroupements s'opéraient dans les lieux discrets de la montagne. Les vaudois tiraient de leurs cachettes, les rondelles et les arquebuses, la poudre et les balles amassées depuis des années.

Eustache et Emmanuel étaient partis de leur côté pour Cabrières. Marron tenait à s'informer de l'évolution de la situation et rameuter ses partisans. Les laboureurs excités attendaient, dans la cour du mas de Baridon, le retour d'Emmanuel. Lorsque les deux amis franchirent le portail, la tante se précipita sur son neveu:

- Dans quel état il est ce petit !

Elle le saisit et l'entraîna dans la maison. La femme de Baridon tentait d'oublier sa peine dans une activité fébrile. Elle ne savait qu'une chose: Raymonet n'était pas mort puique les villageois, retournés sur les lieux du drame, n'avaient pas retrouvé de corps.

Le front bas, l'air soucieux, Eustache coupa court aux questions de ses amis:

- Il faut vous préparer à rejoindre la combe de la Vidauque, avec vos armes et tout ce qui peut servir à se battre. Déplacez-vous par petits groupes, en évitant la plaine. Soyez prudents et dissimulez-vous sous le couvert. Il me faudrait, maintenant, un bon cheval pour rejoindre Mérindol avant la nuit.

Emmanuel ne s'attarda pas dans la maison. Il alla quérir sa mule qui errait dans les prés voisins:

- Allons ma belle, j'ai besoin de toi, murmurait-il, mais je te promets un bon picotin lorsque nous serons rentrés chez nous.

Il aimait tendrement l'animal, témoin de ses souffrances dans les sentiers abrupts de la montagne et les passerelles branlantes du Queyras. Hier encore, elle emmenait, de son pas nonchalant, les novis sur la route des Baumettes.

Emmanuel enfourcha la bête qui s'en alla au petit trot vers les Jassines. A une demi-lieue de la ferme il retrouva les guindelles éventrées. Des nuées de guêpes et de mouches butinaient la vendange renversée sur le chemin. Il eut un serrement de coeur et frissonna au souvenir de ce coup de serpe dévastateur.

Aurait-il pu retenir son geste ? sûrement non.

Il revoyait le regard de la brute posé sur Alyne. « Nez de Boeuf » n'attendait qu'un signe de son sergent pour se jeter sur la jeune fille. Il avait frappé sans réfléchir, mais son geste fut décisif. C'était le premier acte de la révolte, le signe attendu des humiliés, l'étincelle sur la poudrière, la victoire d'Eustache Marron sur les barbes béats. Cet homme était son ami.

Le fils de Jehan se souvenait de ce visage penché sur la maigre lumière d'une chandelle de suif: cet homme qui racontait le siège de Marseille. En ce temps-là, il parlait déjà de riposte et de dignité. Les uns le tenaient pour un héros, les autres pour une brute et tous le trouvaient dangereux.

Lorsqu'il parcourait les villages, Eustache savait trouver les accents forts qui galvanisent les énergies et redonnent courage aux désespérés. A la Saint-Jean, il avait dit dans la Valmasque que les vaudois devaient se fondre dans la réforme afin qu'une poignée de réprouvés devienne multitude. Le temps lui avait donné raison. Qu'importaient les discours sur la doctrine lorsque la peur, la mort, les chassaient de leurs maisons.

Emmanuel avait longuement hésité car le discours d'Eustache s'opposait à la sereine résignation de son père. Marron n'annonçait pas la paix du Christ, mais la révolte et la guerre. Le fils de Jehan avait choisi son camp, Eustache avait raison.

Fort de cette certitude, et conscient que le temps lui était mesuré, Emmanuel activait la mule. Dans les prisons de Cavaillon ses frères attendaient et n'avaient que l'espoir pour se tenir debout.

La route était longue de Cabrières à La Coste, l'homme et la bête étaient fatigués. Emmanuel somnolait, la mule trébuchait dans les ornières et frissonnait sous la brise aigrelette. Ils arrivèrent fourbus sous les murailles du village à l'heure où les journaliers rentrent des champs, saluent leurs compères, échangent quelques mots sur le temps qu'il fait.

La campane du beffroi sonne l'heure de la fermeture des portes qui protègent de la nuit et des ombres mouvantes des sorciers.

Emmanuel marchait à côté de sa monture exténuée, pressait le pas pour ne pas se laisser surprendre par la nuit. La borne aiguë assise à l'entrée du chemin marquait le terme de leurs peines. La mule ragaillardie, tirait sur sa longe, tandis que les chiens, accourus de la ferme, les entouraient et jappaient de joie.

Ils étaient tous là, sur le pas de la porte: les Soubeyran, Colette, Emilio et son père qui venait à sa rencontre.

Carbonnel de Cavaillon leur avait dit le principal. Le colporteur avait vu les prisonniers, attachés deux par deux, poussés par les soldats et hués par la foule, franchir les portes de la ville. Mêlé aux badauds, il avait suivi le cortège et reconnu Alyne. D'un signe, d'un mot lancé dans sa direction elle lui avait fait comprendre que, toute affaire cessante, il devait monter au mas de Soubeyran.

Les hommes entraînèrent Emmanuel dans la maison. Les femmes entourèrent le jeune homme. La mère d'Alyne lui prit les mains, posa sur lui un regard douloureux:

- Que va devenir ma petite entre les mains de ces païens ?

Elle embrassait Emmanuel comme un fils et reportait sur lui la tendresse qu'elle ne pouvait donner à son enfant.

Il avait couru tout le jour, tendu comme un arc, bataillé sans jamais se donner le temps de penser à sa propre douleur et, dans la douce chaleur de ces bras tendus, l'adolescent fondit en larmes et se brisa, le coeur éclaté. Il s'écroula sur le sol comme un pantin désarticulé.

Colette s'était penchée sur lui, le caressait, baignait son front de l'eau fraîche du puits:

- Va mon petit, calme toi, il y a temps pour tout.

Elle appela Emilio:

- Donne-moi un peu de l'eau de vie.

Lorsqu'Emmanuel eut recouvré ses esprits, il raconta la terrible journée de Cabrières. La lumière de la chandelle sculptait les visages sévères, les mines défaites et les fronts butés. Les hommes d'âge avaient pris la juste mesure du désastre. Ils étaient conscients que la tradition vaudoise se mourait. Poussés par les mercenaires du pape, meurtris dans leurs chairs et dans leurs affections, crucifiés dans leur foi et spoliés de leurs biens, les vaudois entraient dans la révolte sur les traces de Marron. Les événements avaient tranché dans le vif de leurs hésitations, bousculé leurs principes et froissé les pages de leurs Bibles.

Jehan se taisait accablé, il ne pouvait trouver les mots du pardon. L'homme du livre s'effaçait devant l'homme du glaive mais, connaissant son ami et ses instincts de grand carnassier, il devait tenter de contenir les colères aveugles qui transformaient de paisibles laboureurs en fauves sanguinaires.

Colette sortit de l'ombre où elle s'était réfugiée et s'approcha de son fils:

- Cet enfant a grand besoin de dormir et c'est à vous deux de prendre sa place, de courir et de rassembler nos amis.

Jehan et Soubeyran approuvèrent. Ils s'enveloppèrent dans leurs manteaux et s'en allèrent dans la nuit. Les chapeaux rabattus sur les yeux dissimulaient leurs traits. Deux ombres se glissaient dans le maquis, deux silhouettes vaguaient sur la lande, frappaient à l'huis d'une ferme endormie et délivraient leur message. De hameaux en bastides, des Baumettes jusqu'à Gargas, d'autres ombres hantaient la campagne, transmettaient les ordres de Marron et se fondaient dans le brouillard des marais.

Au petit matin, venus des villages environnants, des groupes de paisibles laboureurs traversaient la plaine du Calavon pour se rendre à la Vidauque.

*

* *

Eustache s'était attardé dans le village afin de s'assurer de la détermination des hommes de Cabrières. Les vaudois trépignaient de colère, se déclaraient prêts à en découdre. Les plus décidés avaient l'un de leurs proches parmi les prisonniers.

Rassuré Marron se fit remettre un cheval et partit au grand galop dans la direction du sud. Il voulait arriver à Mérindol avant la tombée de la nuit et la fermeture des barrières.

Les brumes du soir voilaient la Durance lorsqu'il arriva aux portes du village. Les guetteurs, qui le connaissaient, le laissèrent entrer et refermèrent sur lui les lourds vantaux ferrés. Exposés aux incursions des bandes armées, les villages du flanc sud du Luberon se gardaient nuit et jour.

Le capitaine des vaudois voulait rencontrer, sans délai, le baile André Maynard, chef de la communauté de Mérindol.

L'arrivée d'Eustache devant la maison du baile suscita un attroupement de curieux qui flairaient la poudre et la bagarre.

Les vaudois de Mérindol étaient acquis aux idées de Luther et s'enhardissaient à prêcher ouvertement sa doctrine. Ils avaient chassé le prêtre de son église et les hommes de justice n'entraient dans ce nid d'aigle qu'entourés de soldats. Les quelques familles demeurées fidèles à l'Eglise de Rome n'étaient plus en sûreté sur leurs terres.

Forts de leur nombre et de l'impunité dans laquelle les hésitations du roi semblaient les conforter, les Mérindoliens se montraient volontiers provocateurs. Ils avaient fait de leur village un bastion avancé de Luther en Provence. Ainsi, Marron savait où trouver les hommes aguerris et armés qui viendraient en aide aux laboureurs de Cabrières.

Le bruit des sabots du cheval dans la ruelle qui montait vers sa maison, avait attiré Maynard sur le pas de sa porte.

- Que viens-tu faire ici, à ces heures ?

Le cavalier sauta de sa monture et laissa aux enfants la joie de conduire le cheval à l'écurie. Mener un cheval de selle n'était pas un plaisir si commun.

Eustache, en quelques bonds, gravit les marches du perron et donna l'accolade à son ami.

- André, nos frères de Cabrières se sont battus contre les mercenaires du pape. Ils se sont fait rosser, mais ils ont osé, tu comprends, ils ont osé.Ils ont prouvé que nous pouvions secouer le joug. Raymonet Baridon est blessé et les papistes ont emmené les filles et les garçons qui vendangeaient dans ses vignes. Je suis venu chercher de l'aide pour les sortir de ce trou à rats.

Eustache excité débitait son discours sans entrer dans le détail mais le vieux Maynard voulait des précisions.

- Calme-toi, entre dans la maison, ne restons pas au froid et viens me conter l'histoire. Cette bataille ne s'est pas déclenchée toute seule ?

Eustache s'était calmé:

- Je ne vais pas te décrire l'affaire par le menu.

Emmanuel Rey des Jassines m'a raconté en peu de mots ce qui est arrivé sur la route de Cabrières. Les soldats ont voulu s'amuser avec les filles qui travaillaient dans les vignes de Baridon. Il faut que tu saches que la fille Soubeyran, qui était avec les vendangeurs, lui est promise. Le gaillard est bouillant, il n'a pas pu supporter que l'on porte la main sur Alyne et il a planté son couteau dans le bras du sergent. Je te laisse deviner le reste. Pour finir ils sont tous en prison à Cavaillon.

Le visage de Maynard s'était décomposé:

- Nous y voilà. Il n'y a pas eu, depuis le synode, de réunion à Mérindol sans que les grandes gueules du village ne parlent de la défense des nouvelles idées et se prennent pour des croisés en terres barbares. Une vraie contagion. Je les entends encore:

« Nous ne nous laisserons plus faire, nous irons voir le roi, l'évêque, le pape lui-même... » Ils vont pouvoir se la jouer leur musique. Vois-tu Eustache, je ne suis pas contre l'idée de vous aider, mais il faut bien se mettre dans la tête que Mérindol est de Provence, terre du roi alors que Cabrières et Cavaillon sont du Comtat, terre du pape. Je vois de mon balcon le pape se plaindre au roi de France de l'invasion des Provençaux en terre papale pour molester les sujets. C'est une affaire d'état et je te dis que cela nous promet de superbes lendemains.

Eustache lui rétorqua:

- Sur ce chapitre le pape n'est pas en reste. Le moine Jean de Roma emmène les sujets du roi dans les prisons du Comtat pour les torturer. Alors les frontières ici, tout le monde s'asseoit dessus. Je te dis que le roi est si loin de la Provence, que son bailli et le Parlement se font des lois, des ordonnances à leur mesure, sans égard pour nos droits: voilà la vérité. Nous autres les petits, nous sommes toujours perdants. C'est pourquoi, mon frère, j'irai chercher mes amis dans les prisons du pape. Je me rends justice.

En sa qualité de baile, représentant de sa communauté auprès de son seigneur l'évêque de Marseille, Maynard se doutait bien que l'affaire ferait grand bruit sous les voûtes de la cathédrale.

Après un temps de réflexion ponctué d'un gros soupir Maynard se décida. Il appela les enfants qui, dans l'écurie, bouchonnaient le cheval.

- Antoine, Jacques, Miette, allez dire aux gens du village de se rassembler dans l'église et que je veux leur parler.

En moins d'une heure, la communauté se trouva rassemblée dans l'église. Les conversations allaient bon train, chacun racontait le peu qu'il savait de l'aventure de Cabrières, on tenait pour certaine la mort de Baridon et il se chuchotait que les filles avaient été violées par les sbires de l'évêque.

Lorsque Maynard et Marron entrèrent dans l'église la fureur atteignait les sommets du délire meurtrier.

Les deux hommes attendirent que la foule s'apaisât. La curiosité aidant, le silence s'installa dans la salle et les paysans retrouvèrent leur sérénité.

Maynard leva les bras, sollicitant l'attention de l'assistance.

- Je vous ai rassemblés ce soir, parce que des incidents graves se sont produits à Cabrières et que nos amis sont enfermés dans les prisons du pape.

Maynard, très tendu pesait ses mots.

- Nous devons mesurer les risques que nous prenons et savoir que notre décision sera irrévocable. Nous ne pourrons plus en arrêter les effets. Si nous forçons la prison de Cavaillon, nous commettons un acte de rébellion qui nous met hors la loi. Pensez que nous allons nous battre et que nous devrons rester unis jusqu'au bout.

Il marqua un temps, les vaudois méditaient ses paroles et mesuraient les conséquences de leur choix.

D'une voix enrouée par l'émotion, le baile invita Eustache à prendre la parole.

Lorsqu'il voulait convaincre, Marron savait trouver les mots qui émeuvent et emportent l'adhésion. Le ton, la fougue qui l'animait, donnaient à son récit le relief de l'épopée et la douceur de la complainte.

Eustache chantait les malheurs d'Alyne et le courage de son amant. Les paroles du capitaine tombaient comme des larmes sur des coeurs attendris. La fille Soubeyran devenait le symbole des humbles bafoués et des amours assassinées.

Un sanglot dans la voix, les commères murmuraient:

- Il a bien fait, le petit...

Enfin, Eustache posa la question décisive:

- Voulez-vous porter secours à vos frères de Cabrières ? Voulez-vous, avec moi, les sortir de leur prison ?

Il n'y eut pas l'ombre d'une hésitation. Les vaudois de Mérindol décidèrent de se battre pour une aussi noble cause.

Eustache soupira, ses traits se durcirent:

- Que Dieu m'assiste, murmura-t-il.

Il fixa le rendez-vous pour le début de l'après-midi du lendemain.

Maître Hélion, le barbe de Tourves, invita la communauté à demander l'aide de Dieu avec une ferveur toute particulière.

Les réformés s'agenouillèrent et chantèrent le nouveau psaume venu de Genève. Une nouvelle Eglise naissait. Les anciennes coutumes cédaient la place à de nouveaux usages.

Dans l'ombre d'un pilier, Marron priait. Les Mérindoliens l'avaient choisi pour chef et ce soir son destin prenait un tour tragique. L'exaltation passée, il mesurait le poids de ses responsabilités. Il jetait ses frères dans la révolte, des hommes seraient tués. Il déclenchait la foudre et n'était pas assuré d'en maîtriser les effets. Serait-il assez fort pour contrôler les fureurs homicides de ce peuple en colère ?

La prière achevée, les vaudois se séparèrent sur le baiser de paix. Les petits groupes se diluèrent dans la nuit.

Le baile entraîna Marron vers la bastide. Le nouveau chef de guerre avait besoin de repos:

- Je te garde à la maison car demain il nous faudra un capitaine à la tête bien plantée sur les épaules, et solide sur ses jambes.

A la table commune, entourée de la famille Maynard, il fit le bilan de ses forces.

- Notre troupe ne comptera pas moins de deux cents volontaires. Le bailli et le viguier de Cavaillon ne peuvent réunir sous leurs bannières autant d'hommes que moi. Si nous frappons vite, fort et par surprise, la victoire est assurée.

Maynard approuvait:

- En effet, cela nous fait une belle compagnie... Nous possédons des armes de guerre et nous connaissons la montagne bien mieux que les soldats du pape.

Il disait cela sans conviction, comme si la perspective d'une victoire l'effrayait:

- Tu sais Eustache, la victoire des uns entraîne la revanche des autres et ainsi, jusqu'à ce qu'il ne reste plus, sur le terrain que des morts et des ruines. Bon ! Je ne veux pas ternir ta joie. Tu as fait beaucoup pour que notre peuple retrouve sa dignité.

A toi la gloire et la renommée, mon fils...

Maynard pleurait.

- Allons nous coucher maintenant et ne fais pas attention aux scrupules d'un vieillard.

Le baile de Mérindol emmena son compagnon dans le retrait dissimulé sous la grange.

Longue fut la nuit pour Eustache, il roulait sur sa couche de foin en proie à des cauchemars. Le doute et l'angoisse se relayaient à son chevet. Le bouillant capitaine faiblissait. A ce tournant de sa vie, il posait ses hardes de laboureur, s'habillait de vent, de solitude et d'effroi. Il ne connaîtrait plus la paix « et n'aurait plus de pierre où poser sa tête. » Proscrit, toujours en fuite, traînant à ses trousses les juges et les soldats comme des chiens de meute, il avait tout à perdre: son moulin, ses terres et, peut-être, ses amis.

Du haut de leurs chaires, les capelans le voueront à la géhenne et accorderont l'indulgence aux délats*. Au bout de la traque folle, l'attendaient la torture, le bûcher et la mort. Mais si Dieu, dans sa bonté, voulait l'aider, il lui ferait la grâce d'un coup d'arquebuse qui lui épargnerait les souffrances et les humiliations:

- Oui, murmurait-il, que Dieu m'accorde la grâce de mourir au soleil comme un héros. Je ne veux pas pourrir dans un cul de basse-fosse, dévoré par les rats.

Il était seul, Eustache, en cette nuit de veille et il ne put s'empêcher de penser à la solitude du Christ dans les jardins de Gethsemani, à l'aube du grand sacrifice:

Le Fils faiblit aussi et implora le Père.

« - Père, écarte cette coupe de moi. »

Ces mots de l'Evangile s'incrustaient dans sa mémoire. Il marchait dans le pas du Seigneur et, au chant du coq, il sut que l'heure était venue.

- Allons il n'est plus temps de se lamenter. Ce que tu as voulu t'échoit en partage. Alors debout ! Que penseraient de toi le capitaine Renzo et les Dames de Marseille ?

Il se rudoyait pour se donner du courage. Capitaine sans gloire, il ne connaissait de la guerre que le vent du boulet, le feu et les cendres d'une ville assiégée. Il n'emportait dans sa besace que ce modeste viatique pour insuffler, à quelques paysans maladroits, l'ardeur et l'efficacité d'une troupe de guerre.

La bastide émergeait lentement de la nuit. Une porte grinça, le pas pesant de Maynard réveilla les galines qui s'enfuirent en caquetant. Les moutons s'agitaient dans l'étable, le cheval d'Eustache renâclait dans l'écurie.

Le baile traversa la cour, se dirigea vers le retrait, dégagea la trappe dissimulée sous la paille et libéra son compagnon:

- Il est temps de partir. Pour toi, le danger se lève avec le jour. Tiens, prends cette sacoche, il y a de quoi manger et boire pour la route. Prends garde à toi, ta vie nous est précieuse.

- Ne t'inquiète pas, je serai, comme disent les barbes, « prudent comme le serpent. »

- Va et bonne chance ! je serai avec les hommes à l'heure convenue dans la combe. Pour te rendre à la Vidauque, le plus tranquille est de passer par la Font de l'Orme et la Crau de Saint-Phalèz. Là-haut nous avons nos repaires. Si un jour nous quittons le village, c'est à Saint-Phalèz que tu nous trouveras... Bonne route... Eustache.

Marron sella son cheval, salua la femme de Maynard, embrassa les enfants, et enfourcha sa monture.

Il était déjà loin dans la colline, sa silhouette presque effacée dans la brume matinale: les bras des enfants s'agitaient encore sur le perron du mas en signe de salut.

Le chemin discret s'enfonçait dans le val profond et tortueux, se perdait dans les amoncellements de roches qui barraient le vallon. Il ne subsistait, par endroits, qu'un étroit passage parfois obstrué par une végétation délirante. Les épines lacéraient les flancs du cheval, les branches basses du rouvre giflaient le cavalier. Les brouillards de novembre se tassaient dans le vallon et masquaient les pistes. Marron scrutait les repères, hésitait, s'en remettait à la providence lorsqu'il se croyait perdu. Le cheval bronchait sur la roche glissante et le cavalier marchait devant l'animal craintif en lui serrant la bride au frein.

Sur la Crau de Saint-Phalèz, déserte et nue comme la main, le vent avait dissipé la brume et laissait entrevoir, sur sa gauche, les reflets argentés de la Durance. Il s'enfonça dans la montagne par les chemins scabreux des contrebandiers et des fugitifs. Lorsqu'il arriva sur les hautes plaines, il s'imposa une halte. La monture et son cavalier avaient besoin de repos.

Sur les plans désolés de la Crau, l'herbe se faisait rare. Les naseaux fumants, l'animal fouissait la terre en quête de fraîcheur.

- Sois patient, tu boiras dans le torrent de la combe. Il est en eau en cette saison.

Assis au bord du rocher qui dominait la Vidauque, il entendait rouler les pierres du torrent, gonflé des eaux d'automne. Fatigué, il s'allongea sous un chêne et ne tarda pas à s'endormir.

Les hommes de Cabrières étaient arrivés dans la combe, bien avant l'heure dite. Les guetteurs, installés sur les hauteurs, surveillaient la route et les chemins d'accès de la Vidauque. Le défilé était étroit, facile à garder. La combe était verrouillée, la retraite sûre. Dans les baumes, dissimulées par les feuillages, ils avaient caché les armes et les provisions. Ils attendaient, sous le couvert des arbres, l'arrivée de leur capitaine. L'impatience les gagnait car le temps passait et les guetteurs ne signalaient aucun mouvement sur le chemin des crêtes.

Emmanuel, tremblait de colère:

- Marron a dit qu'il serait là pour l'heure de none et vous ne devez rien décider sans lui.

Une voix tomba des nues:

- Le voilà, cria la sentinelle.

Le bruit des pas d'Eustache et de sa monture vint mettre un terme à la querelle. Des cris de joie saluèrent son arrivée.

Soubeyran l'accueillit:

- Salut, vaillant capitaine, nous commencions à craindre pour toi. Je voyais notre aventure bien compromise.

- Il n'est pas levé le jour où Eustache Marron ne tiendra pas parole.

La verve lui revenait:

- Je t'ai fait dire que je serai demain pour l'heure de none à la Vidauque et comme tu le vois je suis bien là. Nos amis de Mérindol me suivent et nous auront bientôt rejoints.

Eustache marquait une vive satisfaction à la vue de ses amis en armes:

- Que voilà une belle troupe, plus de cent volontaires seront assemblés ici dans ce vallon. Je n'en crois pas mes yeux. Enfin, voici venu le temps de la vengeance. Vous avez fait un grand pas en avant et nous ne pouvons plus reculer, mais votre courage sera inutile si vous n'êtes pas préparés à la lutte. Nos frères emprisonnés le savent mieux que quiconque. Il faut apprendre à manier les armes et soigneusement préparer notre affaire. Sans un plan bien conçu nous serons battus. Il suffit d'une dizaine de soldats bien entraînés pour venir à bout d'une bande mal préparée et indisciplinée.

Un bruit de branches froissées et la troupe de Mérindol, Maynard en tête, déboucha dans la clairière. Les retrouvailles prirent un certain temps. Eustache dut interrompre les effusions par un vigoureux rappel à l'ordre. Il grimpa sur un talus pour se faire voir et entendre de ses compagnons:

- Je le disais à l'instant, une bande mal organisée ne supporte pas le choc d'une troupe de soldats aguerris. Elle fuit comme un troupeau devant le bâton. Vous devez apprendre à vous battre, être disciplinés, attentifs aux ordres de vos chefs.

Chaque troupe obéira à un chef que je désignerai. Ne soyez ni poltrons, ni téméraires, car vous perdriez la bataille et la vie. Notre première victoire sera de surmonter la peur. Même si nous le voulions, nous ne pourrions plus reculer. Emmanuel a fait le saut et nous a forcés à le rejoindre. Le gros du chemin est derrière nous. Si nous n'allons pas chercher nos frères ce soir, demain d'autres victimes paieront pour notre lâcheté. J'espère que notre victoire restera dans les mémoires et ne sera pas sans lendemain.

Eustache martelait ses phrases pour que chacun s'en imprégnât:

- Il importe, à mes yeux, que du Pays d'Apt jusqu'en Avignon, soit portée la nouvelle que les vaudois en armes rendent coup pour coup, forcent les prisons où leurs frères sont retenus. J'affirme que cette nuit sera mémorable, qu'elle comptera dans notre histoire mais, de grâce ne faiblissons pas.

La voix d'Eustache résonnait dans la combe et galvanisait les paysans. Cette voix fiévreuse lancée comme une passerelle au-dessus de ses amis rassemblés, portait jusqu'aux confins de l'Europe le salut de la Provence, aux frères de Souabe, de Bohême, en lutte pour leur foi et leurs libertés. La grande ombre de Luther planait sur les têtes des vaudois. Leur capitaine les entraînait dans la cohorte des insoumis.

Marron précisa son plan d'attaque:

- Nous rentrerons dans la ville avant que les soldats ne ferment les barrières, par petits groupes, en dissimulant nos armes... Je ne peux pas dire à tous ce que chacun devra faire. C'est pourquoi, je demande aux chefs des villages de venir près de moi, afin de développer le plan que j'ai conçu.

Les communautés désignèrent leurs responsables qui, sur les pas du capitaine, s'écartèrent de la troupe:

- Suivez-moi, nous allons monter sur la crête d'où nous verrons la ville, ce sera mieux qu'un plan.

De l'éperon rocheux où ils s'étaient rassemblés, les chefs rebelles découvraient la ville, ses remparts, la tour de l'horloge et le clocher massif de la cathédrale.

Avec un éclat de roche, Eustache traçait sur le sol le plan du quartier, la nef de la cathédrale, les entrées et les sorties du préau du cloître:

- Nos amis sont enfermés là, quelque part dans les caves de la cathédrale, affirma Eustache.

- Es-tu sûr de ton fait ? demanda Bruneyrol.

Soubeyran, rapportant les dires de Carbonnel, confirma les propos de Marron.

Eustache reprit son exposé:

- Il faut cerner la cathédrale, barrer les rues et investir le cloître, car c'est dans les jardins que se tient la garde. C'est ici l'antre du démon, le lieu secret où se déroulent les procès de l'Inquisition.

Lorsque les lieutenants eurent parfaitement compris le plan d'attaque, ils retournèrent vers leurs hommes.

La troupe se dispersa. Les groupes pénétrèrent dans la ville à des heures et par des voies différentes, afin de ne pas attirer l'attention des vigiles. Chaque homme de Marron connaissait le but et le rôle qui lui étaient assignés: il ne pouvait y avoir de surprise.

En moins de deux heures, les vaudois avaient atteint le coeur de la cité, cernant la cathédrale et bloquant les deux bouts de la ruelle qui longeait la maison épiscopale, le cloître et les prisons.

Des ombres encapuchonnées hantaient, le soir, cette ruelle sinistre, où les bourgeois ne s'attardaient guère. Des hurlements s'échappaient parfois de ces murs suant d'angoisse. Des soupiraux affleurant la chaussée montaient des vapeurs moites, saturées des odeurs de paille humide et de fiente.

Eustache, Soubeyran, Jehan, suivis d'Emmanuel et d'une vingtaine de gaillards décidés, investirent le cloître qui jouxtait le corps de garde.

A cette heure tardive, les gardes buvaient avec les femmes. La sinistre réputation du lieu, la peur, la nuit, préservaient les soldats de la curiosité des badauds.

Aussi vite que le feu sur la poudre, les hommes de Marron forcèrent l'entrée du poste, cernèrent les mercenaires et bouclèrent les issues. Les fourches acérées pointaient sur les justaucorps ouverts. Marron tenait sa large épée devant le visage de celui qui semblait être le chef.

Quelques moines, attardés dans les allées du jardin, s'égaillèrent comme des moineaux sous les arcades.

Emmanuel suivait Eustache, l'arbalète tendue. Il avait reconnu le sergent de Cabrières et l'horrible « Nez de Boeuf ».

Le jeune homme souffla à son ami:

- C'est lui qui a tout fait et qui a frappé Alyne, tue-le.

Jehan qui surveillait la porte calma son fils:

- Nous sommes venus pour délivrer nos frères et non pour tuer des soldats. Tiens-toi tranquille.

Eustache hurla:

- Donne-moi les clés, fais vite ou je te perce comme une futaille.

Le sergent porta la main à sa ceinture où pendait le trousseau. La lenteur calculée du reître indisposa Marron:

- Tu n'as rien à espérer, la rue est gardée et si tu veux sauver ta vie, il vaut mieux me croire.

A cet instant, « Nez de Boeuf » émergea de son sommeil d'ivrogne. A demi-inconscient, il perçut le danger et s'empara d'une pertuisane, prêt à tailler en pièces tout ce qui passait à portée de son arme.

Emmanuel se trouvait dans le champ mortel de la lame. Pour se protéger, il pointa l'arbalète vers le soldat. Le coup partit, le trait se ficha dans la poitrine de « Nez de Boeuf » et l'homme s'abattit sur le sol, tué net.

Tous les regards convergèrent vers Emmanuel: des regards infiniment tristes car, malgré les mots de la révolte, les menaces, les vaudois n'avaient pas encore pris l'habitude de tuer.

- Je n'ai pas voulu cela, hurlait-il, le coup est parti tout seul.

Ses nerfs l'avaient lâché, il pleurait.

Ses amis consternés baissaient la tête.

Eustache réagit vivement. Si le découragement s'emparait de ses troupes au premier coup meurtrier, cela augurait mal du succès de l'entreprise.

- Ne vous lamentez pas sur le sort de ce soldat car, s'il avait blessé l'un d'entre nous, je l'aurais tué moi-même. Faisant face au sergent, il ajouta:

- Que cela t'incite à la prudence, donne-moi ce trousseau, marche devant et montre-nous le chemin. L'homme poussé par Eustache et ses compagnons, descendit les escaliers qui conduisaient dans les prisons. L'obscurité, l'humidité glaçaient les hommes habitués au grand soleil et à l'air pur des garrigues. La puanteur était insoutenable. Des gémissements filtraient sous les portes verrouillées.

Bruneyrol le Cabrier, dont le courage était légendaire, réconfortait le fils de Jehan. Il avait connu le remords du geste meurtrier car, au cours d'une querelle d'ivrogne, il avait tué un soldat sur le ponton du bac de la Durance. Bruneyrol obtint sa grâce contre argent comptant et l'affaire fut classée. Il comprenait le désarroi d'Emmanuel.

- Vois-tu, petit, confessait le Cabrier, c'est la première fois qui compte. Tuer un homme de sa main te soulève le coeur. Il ne faut pas avoir de regrets car tu as défendu ta vie. Crois bien qu'il t'aurait troué la peau si tu n'avais pas été le plus rapide. Mort pour mort, autant que ce soit lui.

Ainsi mourut « Nez de Boeuf » qui n'eut pour oraison que le commentaire désabusé d'un berger.

-... De toutes les manières que tu tournes la chose, aucun juge, dans cette affaire, ne pourra démêler le vrai du faux et nous arracher le moindre témoignage: nous sommes tes complices.

Les fourches, les bâtons ferrés heurtaient les murs et résonnaient dans les longs corridors. A la lumière des torches fichées dans les arceaux, la cohorte d'ombres s'enfonçait sous la terre par des couloirs si humides que l'eau ruisselait le long des murs. L'excitation grandissait dans les rangs des religionnaires. Soubeyran, si calme à l'ordinaire, saisit un geôlier, couleur de muraille, et le décolla du sol:

- Où sont-ils ? Et ne mens pas.

Une lame passa devant les yeux du cloporte qui, péniblement articula:

- Le dernier cachot au fond du couloir, derrière la grille. Ils sont ensemble.

- Vous êtes trop bon messire, ironisa Soubeyran.

De son poing massif, il assomma le gardien.

Eberlué, Jehan croisa le regard du pacifique Soubeyran qui semblait confus de sa propre violence:

- Tu dois comprendre, c'est pour ma fille !

Jehan comprenait. Son fils avait tué un homme devant ses yeux et il s'interdisait de juger. Dieu seul savait ce que pouvait contenir de violence un amour absolu. Il avait eu, jadis, des envies de tuer.

Emmanuel courut vers la grille et arriva avant ses compagnons:

- Alyne, où es-tu ? Parle-moi !

Dans le fond du cachot, il distinguait des formes entravées qui gisaient sur le sol. Au bruit des pas, les corps enchaînés, péniblement, se levèrent. Ils s'aidaient mutuellement en se donnant la main, le regard tendu vers le haut des marches d'où venait la voix d'un ami. Les larmes coulaient sans bruit sur ces visages sales: larmes discrètes sur un espoir fragile. Devant cette masse informe et résignée, Emmanuel hurlait:

- C'est nous qui venons vous délivrer ! Où est Alyne ? Comment va l'oncle ?

Le jeune homme trépignait.

Eustache bouscula l'impatient:

- Si tu restes pendu à cette porte, je ne pourrai jamais l'ouvrir.

La grosse clé tourna dans la serrure.

Pour les prisonniers, dans la profondeur de leur nuit désespérée, le grincement des gonds rouillés de la porte qui s'ouvrait, chantait comme une musique céleste. Le miracle se produisait, la lumière descendait dans leur sépulcre. Des voix amies tombaient du ciel et la tendresse roulait sur leurs épaules en larges vagues apaisantes. La vie les serrait dans ses bras, elle avait le parfum du foin coupé, l'odeur de la garrigue.

Les prisonniers furent rapidement déliés et Soubeyran prit sa fille dans ses bras, pour la couvrir de baisers. Emmanuel, en retrait, guettait un signe, un sourire de son amie. Le paysan reposa Alyne sur ses pieds et vit la mine triste du garçon. Il le prit par la main:

- Approche mon ami... Ecoutez-moi tous les deux.

Ce qu'Emmanuel a fait pour toi, Alyne, peu d'hommes l'auraient osé. Alors je vous le dis, moi Soubeyran, que je n'oublierai jamais.

Son visage bouleversé se tourna vers celui qu'il considérait comme son fils:

- Cette fille que j'aime, je te la donne pour femme, car je sais que tu la protègeras mieux que quiconque. Je le dis solennellement devant ton père et nos frères réunis dans cette prison.

Il prit les mains des enfants et les serra dans sa large poigne de laboureur.

- La vie est courte, pleine de dangers, il faut vous marier au plus tôt. A la Saint-Jean prochaine, nous serons de noces et Soubeyran fera, pour vous deux, le plus beau et le meilleur. Il dépensera sans compter en remerciant le Seigneur et nos amis.

Eustache cachait son émotion sous la voix bourrue du capitaine:

- Il n'est point l'heure de parler de noces, le temps nous presse, la nuit vient et les portes de la ville vont se refermer sur nous comme un piège.

Les vaudois retrouvèrent leurs esprits. Les gardiens prirent la place des prisonniers et regardèrent, humiliés, la grille se refermer sur eux.

Eustache garda la clé pour la jeter dans quelque puits de rencontre, afin de retarder la meute qui ne tarderait pas à se lancer à leurs trousses.

En rangs serrés, sur toute la largeur de la ruelle, la troupe se dirigea vers la barrière des Arcoules.

Quelques soldats du guet, qui gardaient le passage, furent bousculés par la horde impatiente. Nul n'osa s'opposer à cette houle grondante qui forçait les barrages pour se répandre dans les faubourgs.

A l'heure du loup, les vaudois avaient regagné les retraites sûres de la Vidauque. Retardé par ses compagnons fourbus, Eustache avait décidé de passer la nuit dans le vallon.

Les jeunes vendangeurs buvaient les parfums de la nuit, écoutaient, ravis, les bruits de la montagne, plongeaient leurs regards dans l'infini du ciel. Le feulement de la genette en chasse, la caresse du vent sur leurs visages, les arbres ondulant sur les crêtes, chantaient des airs de liberté.

Au-dessus de la Roche Percée, les hommes de Cabrières avaient allumé un grand feu. Les flammes embrasaient le ciel, portant jusqu'au village la nouvelle de la libération des prisonniers. D'autres feux sur d'autres sommets relayaient les premiers, jusqu'aux confins du pays d'Apt et inscrivaient dans la nuit le message de victoire.

Les jeunes filles épuisées faisaient toilette au ruisseau. Les hommes s'étaient retirés dans les grottes masquées par la ronce. Les guetteurs, postés dans les failles de la roche, surveillaient les accès et le chemin montant.

Raymonet Baridon souffrait de sa blessure. La plaie s'était ouverte, le sang visqueux et noir s'épanchait sur le torse du blessé. L'oncle d'Emmanuel avait pris dans la bataille un méchant coup de pique. Jehan palpait les chairs, scrutait la blessure qui, grâce à Dieu, n'était pas profonde:

- La pourriture peut s'y mettre et tuer l'oncle. Emmanuel donne-moi ta chemise. Alyne, viens ici.

La jeune fille toute fraîche de l'eau du ruisseau, s'approcha de Jehan et, dans une révérence appuyée d'un joli sourire, minauda:

- Que puis-je faire pour vous complaire, messire ?

Jehan la salua fort galamment et dans un grand rire lui répondit:

- Contrefaire la marquise dans les clairières de la montagne, je ne l'avais jamais vu.

Après cette charmante diversion, il redevint sérieux:

- Déchire la chemise en larges bandes et va la tremper dans l'eau. Ramène aussi de la terre rouge du ruisseau.

Eustache fit discrètement observer à Jehan:

- Si tu ne veux pas qu'il pourrisse du dedans, il faut lui poser un fer brûlant sur la blessure. C'est comme cela que les soldats traitaient les blessés au siège de Marseille.

Tout en parlant, il dégaina sa lame et la présenta à la flamme:

- Tenez-le bien, il ne va pas aimer ça.

D'un seul coup, tandis que Baridon somnolait, il lui appliqua le fer rouge sur la plaie. Raymonet se tendit comme un arc sous la brûlure, insulta Marron et Jehan qui employaient les méthodes de l'inquisiteur.

Alyne revenait avec les morceaux de toile mouillée et la glaise du ruisseau qu'elle remit à Jehan, puis elle posa un baiser sur le front en sueur de Baridon qui soupira d'aise:

- Ah ! Que voilà une brave petite !

Avec d'infinies précautions, Jehan lava la poitrine du blessé et posa un emplâtre d'argile sur la plaie.

- La terre du potier tire la mauvaise humeur du sang. Se tournant vers Eustache il ajouta en souriant:

- Vois-tu capitaine, je n'ai pas appris cette médecine sous les remparts de Marseille, mais je la tiens de mon père.

Tous deux éclatèrent d'un bon rire qui dénouait les tripes après les heures d'angoisse. Le soulagement venait comme une ivresse chaleureuse et communicative.

La nuit fut paisible. Alyne dormait à l'entrée de la baume tout près d'Emmanuel. Le père n'avait pas eu le courage de séparer les amoureux. L'air frais du matin les réveilla tous deux. Sans bruit ils se levèrent et s'en allèrent sous les frondaisons humides, respirer les parfums de la terre. Ils grimpèrent sur les rochers près des veilleurs somnolents.

- Allez dormir un moment, nous surveillerons la passe à votre place. Les hommes ne se firent pas prier et se hâtèrent vers la grotte où un bon feu les attendait.

Les amoureux, assis sur le rocher, regardaient la plaine largement ouverte entre Rhône et Durance. A leurs pieds, Cavaillon se dégageait de la brume des marais. Il était beau leur pays, sous les premiers rayons d'un soleil tout rose et déjà languissant de l'automne. Alyne contemplait les reflets irisés des berges blanches de la Durance, ourlées d'écume.

Elle confia à son ami:

- Emmanuel, priver un homme de lumière, c'est terrible. La prison, c'est comme une longue agonie. La peur, à chaque instant, te serre le ventre et les idées de mort te mangent la tête. Je t'ai appelé tant de fois dans le secret de mon coeur, j'ai pensé à toi plus qu'à ma mère et mon père. Je me disais: il viendra, il secouera tout le pays, mais il viendra. Tu es venu Emmanuel. Nous sommes promis l'un à l'autre et, seule, la mort pourra désormais nous séparer... Je t'aime.

Elle pleurait, la belle Alyne. De petits sanglots soulevaient ses seins menus sous la robe déchirée. Emmanuel la prit contre lui et la serra très fort, très longtemps.

VIII

LE MARTYRE DE GRIOT

Jean Nicolaï, évêque d'Apt et lieutenant général du Comtat, était fort préoccupé. L'affaire de Cabrières enflammait les esprits. Jacques Sadolet soutenait la cause de ses vassaux injustement traités et l'évêque de Cavaillon défendait ses soldats. A n'en point douter, Sadolet jouerait de son influence sur la curie romaine, pour exiger réparation du préjudice causé à ses tenanciers, et à la Chambre Apostolique qui percevait les taxes au profit du Saint-Siège.

L'évêque de Cavaillon, pour sa part, ferait valoir la rébellion ouverte, l'attaque de sa prison et la mort d'un garde. Entre ces deux éminences, très en faveur au Vatican, le vice-légat ne savait plus quel parti prendre, tant l'affaire était obscure.

De plus, il était fort démuni de soldats pour réduire ce bastion de l'hérésie qu'était devenu le Luberon. Le coup de force des vaudois sur la prison de Cavaillon demeurerait impuni aussi longtemps que le roi ne déciderait pas d'envoyer la troupe dans ce nid de luthériens.

A la cour de France, dans l'entourage de Marguerite de Navarre, le clan des modérés exerçait une influence néfaste sur le monarque qui oscillait entre la fermeté et l'indulgence coupable.

C'est ainsi qu'il assignait devant le parlement d'Aix, l'un des plus zélés serviteurs de la foi dans ce pays, et confortait les hérétiques dans l'idée que le roi ne leur était point hostile. Jean de Roma devait répondre « d'abus et de vexations contraires à l'ordre public contre les sujets de la province. »

Le pauvre évêque ne savait plus à quel saint se vouer, tant les ennuis s'amoncelaient sur sa tête. La peste luthérienne se propageait dans le pays et la révolte de Cabrières prouvait combien le mal était profond. Le roi le privait du seul homme qui menait une lutte sans pitié contre les vaudois.

Le moine avait bien du mérite, malgré les menaces qui pesaient sur lui, de poursuivre sa tâche sans faiblir.

Jean de Roma n'était pas sans ressources. Il détenait, dans la prison épiscopale d'Apt, un gibier de choix dont il espérait beaucoup. Une bonne procédure, bien conduite et dans les formes, prouverait à ses détracteurs qu'il était bon juriste et non pas le sinistre tortionnaire que ses ennemis décrivaient. Le procès de Pierre Griot, le jeune barbe saisi à Lourmarin resterait dans les annales de l'Inquisition comme un modèle de procédure.

Assis à sa table de travail, Jean Nicolaï relisait les minutes du procès que le notaire Barthalot avait transcrites d'une plume experte.

« Procès fait contre l'un des barbes mentionnés en notre avis. Nouvelle cause de l'éminent procureur fiscal de la sainte foi catholique agissant d'une part, contre Pierre Griot du diocèse de Turin, accusé et se défendant, d'autre part. »

Le procès était conduit en présence de juges notoires et compétents. La procédure était respectée dans ses moindres détails.

Le moine conduisait son affaire avec la maîtrise d'un juriste chevronné. L'Eglise allait perdre l'un de ses meilleurs serviteurs mais, devant la volonté du roi, les cardinaux eux-mêmes, s'inclinaient et Jean Nicolaï rêvait de la pourpre... Le moine était perdu. L'évêque savait que l'accusation portée par le roi s'appuyait sur les plaintes formulées par les diplomates des cantons suisses, pourvoyeurs des armées royales en mercenaires; le roi sacrifiait le jacobin aux intérêts de la couronne. Comble de disgrâce, le dominicain s'était attiré la colère de la baronne d'Agoult, dont les terres étaient cultivées par les vaudois du Pays de Lourmarin. « Dame Blanche » comme l'appelaient affectueusement ses laboureurs, n'était pas femme à subir les exactions du moine sans réagir.

Ces entrelacs d'intérêts, le désordre dans les juridictions, ignoraient superbement le service de la foi. Ainsi le roi requérait les seigneurs de prêter main-forte à un inquisiteur qu'il menaçait, d'autre part, des foudres de sa justice. Le pauvre prélat en perdait son latin.

Un coup discret frappé à la porte de son cabinet de travail le tira de ses sombres pensées:

- Entrez...

Un jeune vicaire s'effaça devant le moine qui s'avançait, les yeux baissés, les mains jointes sur la poitrine.

- Je vous attendais mon révérend.

Le jacobin s'inclina en signe de soumission et baisa l'anneau pastoral sur la main tendue de l'évêque. Jean Nicolaï le releva paternellement et le complimenta pour la perfection de son travail.

- Vous instruisez cette affaire avec beaucoup de finesse, rien ne manque dans le rapport de Messire Barthalot.

Tout en parlant, le prélat brandissait les feuillets devant le moine, ravi de constater que son affaire prenait bonne tournure.

- Questions et réponses s'enchaînent admirablement. Cet interrogatoire porte la marque de l'homme de l'art et votre habileté conduira ce jeune hérétique au bûcher.

Jean de Roma se faisait humble devant le vice-légat dont il attendait aide et protection:

- J'ai le plus grand intérêt, Eminence, à prouver, par des pièces écrites et contresignées de la main des greffiers, juges et témoins, que je n'agis pas hors des règles fixées dans le manuel de l'inquisiteur. Le gibier est d'importance par ses fonctions dans la secte quoique son savoir, en matière de religion, soit bien léger. Avec d'aussi piètres pasteurs, des âmes surprises sont conduites dans la géhenne. Je ne prends guère de plaisir à disputer avec lui. A défaut de savante controverse, j'espère bien obtenir des aveux sur ses rencontres, ses relais et je vous promets que nous saurons tout, bientôt, de ces brigands qui infestent le diocèse.

L'évêque écoutait. Il observait cet être froid, sans passion, qui pratiquait l'interrogatoire en expert, suivait son manuel point par point, sans être un seul instant troublé par le doute. Mercenaire de Dieu, il portait le feu purificateur sans se poser de questions. L'évêque savait que, sous ce masque de vertu impassible, se cachait la gueule d'un loup cruel, voleur, sans vergogne. L'histoire des bottes de cuir remplies de graisse bouillante n'était pas une légende. De telles pratiques heurtaient sa paisible nature mais il les tolérait car l'effroyable réputation du moine était plus efficace, dans la lutte contre l'hérésie, que les menaces et les lettres patentes du roi.

- Il est dommage, murmurait-il, qu'un serviteur aussi zélé, se laisse emporter par ses mauvais penchants.

Il avait posé sur sa table les feuillets de Barthalot et tenait dans sa main un rapport de police:

- Voyez-vous, frère Jean, votre fougue dans la défense de notre foi, vous entraîne bien plus loin que le service de l'Eglise ne l'exige. Vos propos sonnent parfois durement aux oreilles du commun peuple, il vous arrive de braver le roi de France dans son propre royaume: ce qui est crime de lèse-majesté.

Interloqué, le capucin balbutia:

- Monseigneur, je ne comprends pas ce que vous entendez par bravade et crime de lèse-majesté et...

Jean Nicolaï leva la main pour couper court aux questions.

- Les propos que je vais vous citer m'ont été rapportés par des gens de police, propos que vous avez tenus en l'église Saint-Germain de Buoux:

« L'inquisiteur dit en chaire, que son pouvoir était tel que si le roi venait à le contredire et s'il eût à soutenir une seule erreur, il lui faudrait sortir de son royaume... » Je vous laisse imaginer la colère du bailli...

Jean de Roma sentit le vent glacé du boulet tiré par son supérieur. Il regrettait bien ce prêche un peu vif qui avait indisposé le Seigneur du lieu. Il tenta de se justifier:

- Ce ne sont que de malencontreux propos, imputables à la ferveur qui fut toujours la mienne dans le service de la foi.

- Je veux bien le croire, mon fils, mais votre inconséquence, s'ajoutant aux plaintes de la baronne d'Agoult et de ses laboureurs, a suscité la colère de notre sire. Et cela me dépasse.

L'évêque se dérobait. Il arguait d'un fait de police subalterne, pour ne pas avoir à couvrir les obscures machinations qui constituaient le fond du procès que le roi lui intentait.

- Je ne crois pas, reprit le jacobin, que la vraie raison de ma disgrâce soit dans cette affaire de Buoux. Il faut chercher du côté de Genève et de ces barons qui couvrent de leur puissance les hérétiques de leurs fiefs. Leur zèle religieux ne va point jusqu'à sacrifier ceux qui les enrichissent, fussent-ils suppôts du diable.

La colère rongeait le moine, une colère qui ne pouvait jaillir devant l'évêque, mais qui trouverait tantôt matière à s'exprimer. Il userait de son art pour perdre le vaudois qu'il tenait entre ses mains. Il ferait de ce triste procès un chef-d'oeuvre de juriste, parfaitement inattaquable. L'évêque tenta de le calmer:

- Laissons cela pour le moment mais, je vous en conjure, ne provoquez plus la maison d'Agoult.

Concluez ce procès dans les formes, évitez la torture. Tout cela sera compté à votre avantage dans le procès. Défendez-vous, car votre condamnation consacrerait la victoire des hérétiques sur l'Eglise.

L'évêque, malgré ses paroles onctueuses abandonnait l'inquisiteur à son sort. Le moine tenait à s'en convaincre:

- Son Eminence me sera-t-elle de quelque secours en cette affaire ?

Jean Nicolaï trahit sa gêne par une moue dubitative. La question l'embarrassait, mais il était passé maître dans l'art de l'esquive, sans laquelle il n'est point de carrière durable. Il prit le moine par les épaules et le raccompagna jusqu'à la porte:

- Soyez assuré de ma compassion dans cette épreuve. Ce procès, j'en suis convaincu, tournera à la confusion de vos adversaires... Le malin en sera pour ses frais. Vous connaissez toutes les subtilités du droit et les juges vous tiennent en haute estime. Allez mon fils, que Dieu vous garde...

Sur ces derniers mots, assortis d'une bénédiction, Jean Nicolaï congédia l'inquisiteur. L'entretien était terminé, la cause entendue. La porte se referma sur le capucin désarçonné. Il était convaincu qu'avant la fin de l'hiver, tous les témoins à charge sortiraient de l'ombre: les parents, frères et soeurs des brûlés, estropiés, victimes de sa fureur. Ils étaleraient leurs plaies devant le tribunal pour le confondre. Son lointain passé surgirait devant ses juges qui se souviendraient alors que le légat du pape avait chassé d'Avignon ce moine cruel et pervers qui déshonorait son ministère.

Ainsi tournait la roue de la fortune.

Le capuce rabattu sur les yeux, les mains glissées dans ses manches, l'inquisiteur descendit le grand escalier de la maison épiscopale. Quelques bourgeois en visite se détournaient ostensiblement sur son passage.

Il comprit que son crédit s'en allait à vau-l'eau. Il prit le chemin du tribunal où se morfondait sa victime.

Dans les caves de l'évêché, allongé sur la terre battue, le barbe Griot désespérait. Ce jour, le douzième de décembre 1532, il comparaissait pour la huitième fois devant l'inquisiteur à la sinistre réputation. Il avait peur de ces interrogatoires où, derrière chaque mot se cachait un piège. Chaque parole prononcée, interprétée par le moine se retournait contre lui. Lentement, bribe par bribe, le moine le vidait de sa substance; il livrait des noms, des lieux, essayait de mentir, se rétractait, se perdait dans ses contradictions que relevait le notaire, imperturbable. Entre ce théologien, rompu à toutes les subtilités de la rhétorique et ce jeune novice qui ne possédait, pour unique ressource, que sa vertu et sa discipline, la joute était par trop inégale.

La porte du cachot grinça sur ses gonds rongés par l'humidité. Les gardes se saisirent de Griot et le tirèrent, sans ménagements, par de sombres couloirs, des escaliers tortueux, vers la salle d'audience où l'attendait son tourmenteur.

Dans le jour gris qui tombait des hautes fenêtres, il lisait, sur les visages qui l'entouraient, l'implacable détermination de le mener à la mort. Ces juges impavides étaient les rouages d'une mécanique d'extermination.

D'une voix monocorde, le notaire Barthalot relisait au tribunal le mémoire rédigé la veille. Le texte était obscur, pour partie en latin que le piémontais ne connaissait pas. Ses aveux, ses reniements, ses trahisons, étaient là, couchés sous la plume du greffier. Des mots qui le hantaient la nuit et martelaient sa mémoire: des mots indestructibles.

« Interrogé en quels évêchés il a prêché, dit qu'en l'évêché de Carpentras, de Cavaillon et d'Apt. Il est bien vrai qu'il a écouté à Cabrières en la maison de Marron et à Murs, en la maison de Jean Serre, a été auditeur et n'a point prêché. »

« Interrogé qui lui a enseigné la maison d'Antoine Bourgue, dit que c'est Jean Serre le boiteux de Murs. »

« Interrogé s'il n'est jamais allé à La Coste, dit qu'il est bien vrai qu'il est allé en la maison d'Etienne Appy, non pour prêcher ni pour entendre prêcher mais parce que le barbe George y était. »

« Interrogé s'il connaît de grands personnages qui les soutiennent et défendent secrètement, dit et répond qu'il n'en sait rien... »

En posant cette question, l'inquisiteur épiait le moindre regard, le plus léger battement de cils qui eût pu laisser entendre que les seigneurs d'Agoult protégeaient les hérétiques. Cette réponse lui était si précieuse qu'il l'eût accouchée au fer rouge.

Le moine désappointé se retint pour ne pas frapper l'accusé.

« Dit et confesse qu'il est très malheureux de s'être laissé tromper par cette secte, induire et tirer à elle, confesse avoir été séduit par Guérin le Bonnetier d'Avignon, dit et confesse que tous les barbes et prêcheurs de ladite secte s'assemblent une fois l'an dans les montagnes du pays de Piémont et qu'ils se sont assemblés cette année dans le val Luzerne sur la fin du mois d'août...

Que lui, a été cette année en ladite congrégation où se trouvait Antoine Guérin, le bonnetier d'Avignon, lequel raconta à la compagnie qu'il y avait en Provence un nommé Jean de Roma qui prenait les gens de leur secte... Ils parlèrent entre eux d'y apporter remède et ledit Antoine Guérin répondit à ladite congrégation qu'il prenait la charge d'y donner remède... »

La médecine du barbe n'avait point tardé à produire ses effets. Le capucin savait que le temps lui était mesuré et depuis quatre jours, sans répit ni pitié, il interrogeait le pauvre Griot qui tentait par de pauvres subterfuges d'échapper à ses terribles pinces.

- Je suis malade, je ne comprends pas votre langue car je suis de Piémont.

L'argument aussi grossier et si souvent utilisé par tous les hérétiques, que le destin avait conduits en ce prétoire, amena un sourire de mépris sur les visages des juges. Le moine imperturbable poursuivait sa quête, acculait l'homme dans ses défenses, le bousculait et ne lâchait sa proie que pantelante, au bord de l'évanouissement. Il la rendait à ses geôliers en lui laissant entendre que le lendemain serait pire que la veille.

Toutes les nuits, Pierre Griot revivait chaque minute de son interrogatoire. Les remords le visitaient et il faisait le compte de ses reniements, de ses trahisons. La mécanique impitoyable de l'Inquisition le broyait, même dans son sommeil. Il avait trahi car la mort, la mort horrible du bûcher lui faisait peur. Le petit Pierre de Patemousche n'était pas de la trempe des illustres martyrs de sa secte qui mouraient dans les flammes en chantant les psaumes. Lui, voulait vivre encore, voir le jour au travers de ses barreaux. La vie c'est l'espoir: un ordre vous enferme, un autre vous délivre qui « promet pardon et impunité à tous dévoyés et jusqu'aux dogmatisans qui viendraient abjurer dedans deux mois après. » Cela le roi l'avait écrit. La roue quelquefois tourne dans le bon sens. Il abjurerait donc pour sauver sa vie. Il n'avait que trente ans.

Les juges étaient assis derrière leur table basse et le théologien sermonnait:

« - Tu es un homme dangereux et présomptueux de vouloir enseigner la Sainte-Ecriture puisque tu ne l'entends pas. »

Le prisonnier obstinément regardait par la fenêtre et n'écoutait plus.

Les premiers flocons voletant çà et là, inconstants et fragiles, lui tenaient compagnie. L'hiver naissant, la neige recouvrant les charmes fanés de l'automne, l'emportaient bien loin de ce tribunal: là-bas, au pied de la montagne où les siens l'attendaient. Le moine voulait lui retirer la vie. Le jeune barbe éclata en sanglots comme un enfant perdu dans les ténébres. Ces larmes inopportunes interrompirent le greffier qui se figea dans une attitude de réprobation.

- Continuez ! intima le moine:

« Partant que, hier fut faite interrogation du sacerdoce, il est de nécessité, pour information de la vérité, d'entendre la réponse et de savoir la dignité et excellence des prêtres, parce qu'il est à noter que les prêtres de l'église chrétienne sont grandement différents de l'état des autres et en plus grande excellence et dignité... »

Le barbe s'étant repris, comprenait au travers de ce galimatias juridique, qu'il devait livrer les secrets de la secte, les croyances anciennes et nouvelles, les coutumes, les hiérarchies. Le moine tirait de ses réponses matière à discourir. Il disputait comme en faculté, forgeait une citation, en interprétait une autre, il en appelait à saint Paul et aux évangélistes, convoquait les prophètes, parlait des oeuvres, du célibat. Les sentences volaient autour du piémontais qui, parfois, en saisissait une à la volée, reconnue au passage.

Et la séance s'acheva:

« Les révérends seigneurs invitent l'accusé à dire largement la vérité d'ici samedi prochain et ordonnent qu'entre temps il soit détenu et gardé en sûreté... »

Le jeune barbe fut reconduit dans sa prison. La nuit était venue. La neige formait, sur le rebord étroit du soupirail, un léger tapis blanc. C'était quelque chose de pur, de vivant qui descendait du ciel et fondait sous ses doigts: un sourire de Dieu dans les enfers. Avec ce rien, le prisonnier recréait son univers, ses souvenirs. Ses rêves traversaient la muraille. La neige annonçait Noël, évoquait le Pays, le Viso immaculé devant le seuil de sa maison. Noël, c'était la mère pelant la châtaigne près de la cheminée, les hautes flammes éclairant l'ombre chaude, les visages paisibles et recueillis.

Les membres gourds, l'âme en peine, la nuit fut longue pour Pierre Griot.

*

Dès le lendemain, Claude Baudery, lieutenant du bailli, présentait à l'évêque d'Apt, l'ordonnance royale lui enjoignant la saisie par corps, si nécessaire, du frère prêcheur Jean de Roma précédemment inquisiteur dans ce diocèse.

Le moine fut saisi et emmené. La chronique rapporte qu'il s'échappa durant le cours de son procès et qu'il s'en alla mourir, puant comme charogne, dans un austère couvent d'Avignon.

Dans le même temps le Parlement d'Aix condamnait sept hérétiques au bûcher et enjoignait, d'une part aux vassaux, gens du roi, de prêter main forte aux juges d'Eglise contre les vaudois et, d'autre part, aux seigneurs hauts justiciers de les chasser de leurs terres sous peine de confiscation de leurs fiefs.

Les soldats saisissaient les femmes et les enfants pour les jeter dans les couvents. Les vaudois prenaient les armes, chassaient les prêtres de leurs églises et refusaient de payer les dîmes.

Il n'y avait plus d'inquisiteur pour achever l'ouvrage et le procès de Pierre Griot n'étant pas clos, la sentence n'était pas rendue.

Jean Nicolaï trouvait son hérétique bien encombrant. Bien qu'il n'aimât point user de violence, il ne pouvait cependant moins faire que les nobles du bailliage, invités à montrer leur zèle dans la répression. Homme de cour, le vice-légat répugnait à ces basses besognes dont les dominicains s'acquittaient fort bien. Il avait une décision à prendre, ce qui le mettait d'humeur chagrine.

Il convoqua le diligent Claude Baudery et le fidèle ami de l'inquisiteur déchu, le sieur de Remerville. Les trois hommes, réunis dans le cabinet de l'évêque, décidèrent en secret du sort de Pierre Griot.

Remerville, le premier, prit la parole:

- L'accusé est notoirement prédicateur de la secte maudite et cela suffit pour le conduire au bûcher. L'évêque trouvait la réponse du juge un peu sommaire et répliqua:

- Le Piémontais regrette ses errements. L'Eglise, dans sa grande bonté, accorde son pardon à ceux qui abjurent leur hérésie et dénoncent leurs complices. Ce que notre homme a dit se trouve consigné dans les cahiers de procédure. Nous ne pouvons le conduire au bûcher, mais la miséricorde de l'Eglise ne saurait être prise pour faiblesse. La pénitence doit être à la mesure de la faute. Il n'est pas possible dans les temps présents de rendre la liberté à un propagateur des mauvaises doctrines: nous devons le garder en prison.

Le lieutenant du bailli fit remarquer que la prison perpétuelle coûtait fort cher à la cité et que, pour sa part, le bûcher lui semblait mieux indiqué:

- Il faut le brûler, insistait Remerville.

- Nous ne le pouvons pas, soupirait l'évêque, à moins qu'il ne se rétracte et retombe dans ses erreurs. Alors il sera déclaré relaps* et remis au bras séculier qui se chargera de l'exécution de la sentence: le bûcher.

Claude Baudery bougonnait:

- Les consuls ne paieront pas pour l'entretien d'un hérétique.

La discussion s'enlisait mais Remerville, aussi roué que son maître à penser, proposa de condamner le vaudois au mur* étroit perpétuel, avec pour seul viatique, le pain de douleur et l'eau de tribulation, dans un cachot obscur, juste assez large pour contenir le corps d'un homme.

Rivé à sa muraille, dévoré par la vermine et les rats, asphyxié par ses propres déjections, le prisonnier sombrait dans la folie ou implorait la mort que le juge lui refusait.

Le « murus durus » était un tombeau, sans lumière et sans espoir.

- Je crois que nous tenons la solution, jubilait l'évêque. Il suffira de le menacer du mur étroit et le reste se fera tout seul. Il choisira la mort rapide à la mort lente, reviendra sur ses déclarations, sera déclaré relaps et condamné au bûcher.

Jean Nicolaï prit familièrement Remerville par le bras:

- Votre proposition est parfaite mais il faut que Griot sente peser la menace avant de le faire comparaître à nouveau devant le tribunal. Une nuit de méditation ne pourra que l'aider à franchir le pas.

Et il ajouta, pour faire taire ses scrupules:

- Tout bien pesé, cette condamnation arrive à point pour rassurer les fidèles de notre diocèse, en un temps où les séducteurs du démon se livrent au saccage et au meurtre. Croyez-moi, un beau bûcher sur le Postel ferait bien notre affaire.

Les trois hommes se séparèrent ravis d'avoir réglé le sort du barbe avec autant d'à-propos.

Remerville descendit les escaliers de la tour jusqu'aux basses fosses où Pierre Griot se rongeait d'inquiétude. Un garde chenu, imprégné jusqu'à l'os des puanteurs de sa prison, salua bien bas l'éminent procureur fiscal:

- Que puis-je faire pour obliger l'honorable seigneur de Remerville ?

- Je veux que tu informes l'hérétique de la décision de l'évêque qui le voue au mur étroit perpétuel. Je veux que tu lui expliques comment finissent ces pauvres bougres... Obéis-moi si tu veux conserver ta charge.

Le garde se courba jusqu'à terre:

- Il sera fait comme vous le demandez.

Remerville remonta les marches gluantes de ce cloaque qui le ramenaient à l'air libre. Il se promena longuement dans les jardins de l'évêché en respirant à pleins poumons l'air frais vivifiant de l'hiver. Quelques flocons évanescents s'accrochaient aux aiguilles du romarin et tissaient des dentelles éphémères.

- Peut-on vivre longtemps dans une telle puanteur, murmura-t-il ?

Revigoré, le juge remonta dans les étages où la foule des pauvres gens se pressait dans les galeries: l'évêque donnait audience.

Jean Nicolaï aimait bien faire la charité, prodiguer quelques aumônes assorties de discours édifiants.

- Il est bon notre évêque, murmuraient les dévots, lorsque du fond du corridor son éminence s'avançait à pas lents, la main bénissante au-dessus des têtes courbées. Le prélat savourait l'hommage des fidèles comme une friandise.

Remerville toussota. Le visage du prélat se tourna vers lui. Un simple clignement d'yeux suffit au juge pour transmettre son message: la mise en condition du vaudois était commencée.

- Allons, murmura l'évêque, les choses s'arrangent.

Dans les oubliettes de la tour ronde de l'évêché, l'affreux cloporte distillait son venin. Assis sur les marches du cachot, il décrivait à l'homme enchaîné toutes ses souffrances à venir:

- Ici tu es bien, il y a de la lumière et moi je suis bon bougre. Je ne frappe pas les prisonniers, je leur donne à manger tous les jours. Il y en a même qui reçoivent de la visite et peuvent se promener un moment dans la cour. Là-bas, dans la prison des consuls, c'est l'enfer, pire que la galère pour les petites sentences. Dans ton cas, à ce qu'ils disent là-haut, ce sera terrible, terrible je te dis. Le mur étroit, c'est une tombe, tu es enterré vivant, tu entends, vivant...

L'homme donnait des détails horribles.

- J'en connais un, disait-il, qui est devenu fou en moins d'une année. Depuis il hurle toutes les nuits comme un loup, si bien qu'on a dû le descendre au plus profond de la prison, parce que les gardiens ne pouvaient plus le supporter. Je te parle d'un autre qui pourrissait du dedans et puait comme une charogne. La vermine et les rats le bouffaient tout vif. Celui-là, il est mort très vite. Alors pense un peu, une condamnation pareille et à perpétuité, c'est bien manière de dire, car la vie est courte pour ces malheureux. La perpétuité c'est six mois, un an peut-être, mais à voir ta pauvre mine cela ne durera pas si longtemps.

Le geôlier compatissant refermait la grille sur un homme écrasé. Comme toutes les autres nuits, Griot ne dormait pas. La fièvre le brûlait malgré le froid. L'épouvante lui serrait la gorge. Le chicotement des rats sous la paille le glaçait d'horreur.

Il avait cru la prison préférable à la mort. Pour sauver sa vie il avait renié sa foi, ses amis et imploré le pardon de l'Eglise du pape.

La vie, à chaque aube naissante, était grosse d'un nouvel espoir, avec le rai de lumière qui caressait la muraille et les sons familiers de la ville qui rythmaient le temps.

Le bruit et la lumière étaient encore des formes de communion avec les hommes libres. L'Eglise, dans sa clémence, l'enfermait dans une tombe. Mieux valait que le bûcher dévore sa chair vive, la transforme en fumée, libre comme le vent, légère comme un nuage.

Le lendemain, le tribunal, convoqué par Remerville, entendit pour la dernière fois l'accusé.

Griot se rétracta. Relaps, il fut convaincu d'hérésie, privé de la protection de la sainte Eglise et remis au bras séculier.

*

* *

Le marteau de la cloche battait le bronze. La population de la cité, convoquée par le bailli se rendait au Postel.

La ville était en liesse, en ce jour de Noël. Sur l'estrade, dressée sur le lieu du supplice, les nobles et les bourgeois du bailliage: Rambaud de Simiane, Claude de Pontevès, Pierre de Sade, Antoine Bermont, accompagnés de leurs dames, devisaient en attendant l'arrivée du cortège.

- J'ai lu dans les annales de la ville, qu'au siècle dernier, il s'en était brûlé plus de cent. La fête dura toute la semaine et le ciel était noir de la fumée des bûchers.

Sur les bords de la place, les corporations se rangeaient derrière la bannière de leur saint Patron. La foule, serrée derrière les tréteaux, manifestait son impatience. Les sifflets, les quolibets, tombaient des fenêtres surplombant la place, proche de la cathédrale.

Le vent d'hiver s'engouffrant dans la rue Canorgue portait la complainte des frères prêcheurs qui accompagnaient le pénitent.

Le cortège remontait le chemin du Lion d'Or dans un ordre impressionnant. Pierre Griot, vêtu de la cotte hardie* frappée de la croix rouge de l'infamie, avançait encadré de deux rangées de moines psalmodiant la prière des morts. Le condamné marchait sous les huées de la foule en délire. Les moines le protégeaient des coups que les plus excités tentaient de lui donner.

Pierre Griot s'était rétracté. Il subissait le juste châtiment des relaps, ainsi en avait décidé l'évêque. Un cierge dans une main, un chapelet de gros grains dans l'autre, il titubait sur le chemin de sa croix. L'hérétique pleurait, ce qui réjouissait les badauds. Aux abords de la cathédrale, la foule était dense et le cortège eut bien de la peine à se frayer un passage jusqu'au parvis où l'attendait, paré comme une châsse, le bon évêque Nicolaï.

Deux hommes vigoureux saisirent le condamné et le forcèrent à s'agenouiller devant le prélat. Pierre Griot, sous les verges qui lacéraient son dos, reconnut ses fautes et fit amende honorable.

Le glas sonnait, ponctuant de son timbre lugubre chaque coup que le pauvre Griot recevait.

Après un dernier signe de croix et l'ultime bénédiction, l'évêque d'une voix qui tonna sous les voûtes de la cathédrale, déclara:

- Pierre Griot, la sainte Eglise te retire sa bienveillante protection, te rejette dans les ténèbres et te remet au bras séculier afin que s'ensuive la justice du roi.

La foule glapissait. Les enfants tentaient, entre les jambes de leurs parents, de saisir quelques images de ce spectacle.

- Tu verras mieux sur la place, ton père te prendra sur ses épaules criait une mère agacée à un bambin pleurnichard.

Les paysans étaient venus en famille participer à la grand-messe. Dès l'ouverture des portes de la ville, ils arrivaient par vagues de leurs hameaux perdus du Luberon et restaient groupés autour de leur baile. Ceux de Buoux et des Claparèdes retrouvaient les cousins de Sant-Savornin ou de Villars. C'était l'occasion de vider quelques pintes avant l'exécution.

Sur le Postel, le peuple se bousculait pour prendre les meilleures places. Il s'ensuivait de sévères empoignades sous le regard goguenard de vigiles débonnaires.

Le ciel gris plombait la ville, l'air sentait la neige, les femmes trépignaient dans le vent coulis. La foule montrait des signes d'impatience.

- Le voilà !

La sinistre procession pénétrait sur la place.

Derrière le Christ en croix, les capucins marchaient à pas comptés, implorant miséricorde pour le pénitent. La mélopée funèbre accompagnait le condamné, rythmait sa marche vers la mort. Malgré la fatigue et la douleur, il avançait dignement vers le lieu de son supplice.

Les vaudois dissimulés au coeur de cette foule maudite priaient pour Pierre Griot, ce vrai témoin de leur foi qui mourait comme un saint homme.

Le barbe n'avait plus peur, indifférent à la foule qui l'insultait. Il s'envolait, hors de ce monde, vers quelque pâturage des Alpes où Dieu l'attendait. Si le paradis, promis aux élus, était un séjour de délices, alors il ressemblait à ces alpages.

Le poteau de bois dur était planté au milieu du Postel. Sur l'aire bien dégagée les fagots s'amoncelaient. En homme de métier, le bourreau plaçait ses torches sur un râtelier. Il avait glissé dans sa ceinture un fin lacet de cuir. « Le Rouquin » pratiquait la strangulation, la roue, l'estrapade, la pendaison, avec une parfaite maîtrise et dans une souveraine indifférence. L'exécuteur n'avait pas d'état d'âme.

Les moines s'écartèrent du condamné et se rangèrent en demi-cercle autour du bûcher, face à l'estrade où le bailli, debout, attendait pour prononcer sa sentence.

Le silence se fit dans la foule lorsque l'officier leva la main. Pour tous ceux qui l'écoutaient, la sentence avait valeur de mise en garde:

- « Vu par la cour, le procès fait par le bailli ou son lieutenant à l'encontre de Pierre Griot de Patemousche, de la paroisse de Sézanne, barbier de son état, prisonnier en la prison d'Apt pour raisons et crimes de blasphèmes hérétiques, le tribunal a condamné Pierre Griot à être mené au Postel sur lequel sera érigée une potence. A l'entour de cette potence sera allumé un grand feu et le prisonnier sera brûlé vif et son corps consumé et converti en cendres. Le tribunal déclare que tous les biens du prisonnier seront confisqués pour le roi.

Signifié au prisonnier en ce jour de Noël de l'an de grâce 1532.

Il est retenu que, si incontinent, le prisonnier blasphème contre l'honneur et la révérence de la foi catholique, il lui sera la langue coupée, mais s'il ne persiste pas et fait démonstration de vraie conversion à la fois catholique ledit Griot sera, après avoir un peu senti le feu, étranglé. »

Le bailli leva la main, signifiant au bourreau qu'il en avait fini.

Le condamné baissa la tête en direction de la tribune. « Le Rouquin » saisit le corps meurtri de sa victime et l'arrima au poteau. La gorge serrée par le garrot, les mains nouées derrière la potence, le barbe regardait les aides qui entassaient les fagots et la paille mêlée de résine. Sa tête lourde, de fatigue, tombait sur son épaule.

Un dominicain zélé lui tendit un long crucifix et l'implora, en sanglotant, de sauver son âme s'il ne pouvait sauver son corps. L'hérétique ne voyait que le corps déchiré du Christ, tendu vers lui. Il y riva son regard et murmura à l'adresse du moine à son chevet:

- Vive Dieu qui me prendra en sa protection, vive nos martyrs qui témoignèrent avant moi de la force de notre foi.

Les vociférations du peuple ne l'atteignaient plus. Les formes s'estompaient. Le bourreau posa sa torche d'étoupe, imprégnée de résine sur les fagots. Les courtes flammes léchaient les rondins entassés. La fumée cachait le supplicié aux yeux des manants frustrés.

Parfois, une humeur du vent rabattait les flammes vers le sol, découvrant aux badauds les traits crispés, les yeux révulsés de l'hérétique. Il étouffait, les larmes brûlantes s'évaporaient sur ses joues de cuivre rouge. Les chairs boursouflées éclataient.

Pierre Griot gémissait doucement et nul ne pouvait l'entendre. Il s'en remettait à la miséricorde de Dieu:

- Sois clément envers ta créature, délivre-moi de cet enfer.

Les flammes se hissaient le long du corps, dévoraient l'habit et la chair vive de Griot. La foule comblée observait cette carcasse qui se tassait sur elle-même, rétrécie par le feu:

- Regarde... Il n'a plus de jambes !

Sur un lit de braises, un amas de chair morte, se tordait, crépitait et se réduisait en poudre.

- Il n'a même pas crié, disait la commère.

- Ces sorciers, fils du diable, ne craignent pas le feu, répondait son compagnon.

La fête était finie. Les femmes et les enfants, fatigués, s'en retournaient au logis tandis que les hommes gagnaient le centre de la ville, les tavernes et les bordels de « la Carrierassa ».

Resté seul au pied de son bûcher, l'exécuteur rassemblait, en maugréant, les cendres chaudes du supplicié.

- Le pauvre bougre n'avait pas un sou vaillant, pas de quoi payer son bois. Le bailli en sera pour ses frais.

La neige, fine et serrée, tissait pour Pierre Griot un linceul immaculé.

Sur le Postel abandonné, des ombres glissaient le long des murailles et se rapprochaient du Rouquin.

- Laisse bonhomme, nous allons finir l'ouvrage.

L'ordre n'était pas à discuter, de courtes lames brillaient sous les manteaux.

Marron recueillit pieusement dans un coffret de bois, un peu de la cendre du jeune barbe et se retira par la porte de Saignon, sans bruit, comme il était venu. L'exécuteur ramassa son attirail et, sa tâche accomplie, s'en retourna à ses chevalets.

De ce qu'il était advenu des cendres de l'hérétique, il ne pipa mot, tant le silence était salutaire en ces temps de fureur.

A minuit, il s'en alla comme tous les bons chrétiens de la ville, accueillir le nouveau-né, l'enfant-roi, entre le boeuf et l'âne.

Les pastoureaux descendus des Claparèdes chantaient Noël et la voix fraîche des enfants leur faisait écho sous les voûtes illuminées de Sainte-Anne.

Gloire au Sauveur dans la nuit givrée de Décembre.

IX

LA MORT DU PATRIARCHE

1533...

Le printemps revenait aux Jassines, les moineaux s'ébrouaient dans l'amandier.

Sur le pas de sa porte, Emilio observait les signes du renouveau, le dégel des labours, la débâcle des eaux qui couraient dans les fossés. Il s'imprégnait des odeurs de la terre, des bouffées capiteuses du maquis que le vent caressant poussait devant lui. Le pacage se couvrait d'un fin duvet d'herbe tendre et virginale.

Emilio aimait le printemps des sèves montantes, l'automne des nostalgies. Il puisait ses joies de vieil homme dans les nuances du temps, les demi-teintes, le clair-obscur, les douces harmonies, les pudeurs de l'adolescence et la retenue du grand âge. Le doux soleil d'avril, frangé de brume blanche, perçait sur l'horizon et le jetait sur les chemins.

Il prit son chapeau, sa cape, son bâton et s'en alla dans la campagne en quête d'effluves, de sensations. Le pas encore mal assuré, il descendait le chemin de Saint-Hilaire, attentif à tous les frémissements du taillis. La glaise collait à ses souliers. Il guettait les bruits dans le fourré, supputait le lièvre ou le renard au gîte, affûtait ses sens de chasseur.

Il aimait ce chemin qui descendait du plateau jusque dans la Valmasque. Il s'asseyait sur le mur de l'abbaye où son regard pouvait embrasser toute la plaine du flanc de Bonnieux au rocher de Ménerbes.

Le vieillard avait ses repères: la ferme de Moutin reconstruite et plus opulente qu'autrefois, le mas d'Etienne Appy bien planté sur la terre grasse, humide, lustrée des labours. Le vent du sud lourdement chargé portait jusqu'à lui les rumeurs et les sons familiers de la ferme au travail, le tintement clair du marteau sur le fer, la chaîne du puits et l'impatience des bêtes à l'étable. La vie, assoupie pendant l'hiver, circulait à nouveau dans le pays. Le laboureur captait les senteurs de la terre en gésine par tous les pores de sa peau. Les images se bousculaient dans sa tête, le décor s'animait, les champs s'enflaient, gorgés d'eau et de bonnes semences, porteurs de richesses à venir.

Le paysan scrutait le ciel, les plaques de neige sur le versant de la montagne qui lui rappelaient la fragilité de la prime saison. Avant que n'éclatent les bourgeons en corolles innombrables, le vent querelleur et glacé du Ventoux pouvait encore ravager les promesses d'avril. L'hiver se retirait à pas comptés, en laissant derrière lui les traces de son passage: les branches brisées sous le poids de la neige, les murets effondrés sous la poussée des eaux et la glèbe fuyante entre les pierres.

A la Fourche, le vieux chêne centenaire gisait déraciné. Emilio en eut de la peine, son ami était mort, le confident discret de ses amours de jeunesse, témoin des jours fastes et des mauvaises saisons.

Le vieil arbre était de la famille et, ce soir, lorsqu'il devra apprendre aux enfants la triste nouvelle, chacun fera le compte en sa mémoire des secrets que l'ancêtre avait couverts de son ombrage.

De longues heures durant, Emilio resta assis sur le mur de l'abbaye, baignant dans un ravissement quasi-mystique.

L'orage menaçant, le soleil qui déclinait sur Cavaillon, le tirèrent de sa rêverie. Quelques gouttes de pluie tremblaient à la lisière de son chapeau. Il se leva, assura sa prise sur le bâton et, d'un pas incertain, s'engagea sur le chemin de la bastide. La pente était rude, le vieillard soufflait, s'arrêtait, prenant appui sur sa canne. Le sol se dérobait sous ses pieds, il respirait avec peine. Une douleur oppressante lui serrait la poitrine. Il hésitait entre le désir de rentrer à la maison en forçant l'allure et le besoin de se reposer pour reprendre haleine.

Le chêne abattu de la Fourche, l'invitait à la halte:

- Tu vois mon ami, je ne suis pas loin du compte et ne tarderai pas à te rejoindre.

La souffrance le tenaillait, il gémissait comme un enfant. Des pinces lui broyaient les bras et, de ses doigts gourds, il tentait d'arracher l'épieu qui lui perçait le coeur. Jamais il n'avait connu de douleur aussi forte. Il bascula dans la boue.

Lové dans sa cape, il hurlait sans retenue et son cri se diluait dans la grisaille environnante. L'averse martelait le visage du vieillard. La nature impavide, la terre ingrate, le regardaient mourir.

Moins aigu, le mal devenait supportable. Emilio s'en accommodait. Il se sentait mourir et cela ne le troublait pas... Cette vieille carcasse s'en retournait à la terre et c'était bien ainsi. Dieu le rappelait. Le visage dirigé vers le ciel, les yeux grands ouverts, il regardait le vent pousser les nuages et créer des formes éphèmères; les chevaux de l'Apocalypse foulaient aux pieds des cathédrales de vapeur.

Emilio larguait les amarres pour l'ultime traversée. Il voguait dans la brume, attiré par un ciel de nacre, au-delà des humeurs du temps.

Elle était blanche la lumière, comme les neiges de la Vallouise, pure comme l'éternité promise aux élus de son peuple.

Le froid, peu à peu, engourdissait ce corps inerte que la douleur avait libéré. La vie le quittait lentement, goutte à goutte. La mort se coulait en lui, caressante, l'invitant à se fondre dans l'argile humide de son domaine.

Au-dessus de lui, les nuées s'affolèrent, ses yeux se révulsèrent.

Aspiré comme fétu de paille, Emilio décrocha, enlevé vers les célestes pâturages. Auprès de son arbre, Emilio était mort.

*

* *

Ton père n'est pas rentré !

Colette angoissée, allait et venait dans la cour en proie à la plus vive inquiétude. La nuit tombait et elle avait le pressentiment d'un grand malheur.

- Jehan, il faut aller le chercher, il lui est sûrement arrivé quelque chose de grave.

Sous la pluie, Jehan débâtait la mule.

- Ne t'inquiète pas, il aura poussé sa promenade jusqu'à la bastide d'Etienne Appy et il se sera attardé. Laisse-lui donc un peu de liberté et cesse de le couver comme un poussin. D'avoir passé tout l'hiver dans la maison l'a rendu enragé.

- Je sais, mais il n'est guère solide, j'ai peur lorsqu'il est loin de moi.

Jehan prit sa mère dans ses bras:

- Sois sans crainte, dès que j'aurai rentré la bête à l'écurie, j'irai jusqu'à la ferme d'Etienne et te ramènerai le père. C'est promis.

Ils se retournèrent lorsqu'Emmanuel franchit à son tour le portail.

- Tiens voilà l'amoureux qui rentre.

Le garçon arrivait de Soubeyran. Chaque soir, après l'ouvrage, il restait de longues heures auprès d'Alyne, à bâtir des projets, sous l'oeil vigilant de la matrone.

Jehan ne laissa pas à son fils le temps de souffler:

- Le père n'est pas rentré, prépare deux lanternes nous allons le chercher, appelle les chiens, nous les emmenons.

Les deux hommes suivirent le chemin de l'abbaye que le vieil homme empruntait habituellement, jusqu'à la ferme du baile où les deux vieux passaient de longues heures à évoquer leurs souvenirs et à maudire l'insouciance coupable d'une jeunesse qui se moquait de la tradition.

La nuit n'était pas franche, on distinguait encore les ombres familières, l'arête d'un mur ou la silhouette d'un arbre.

- Vé, le grand chêne est tombé, constata Emmanuel. Pauvre, il était déjà mort debout et le mistral n'a pas eu grand peine à le renverser d'un soupir. L'ombre disparue du chêne centenaire, laissait un trou sur l'horizon.

Les hommes se rendaient d'un bon pas à la bastide du baile, tant ils étaient assurés que le père fatigué, attendait près de son ami que le gros de l'orage s'en aille sur Avignon.

- Pour sa première sortie, il se sera laissé surprendre par la nuit et le mauvais temps, pensait Jehan.

Soudain les chiens marquèrent l'arrêt, la truffe au vent, l'oreille dressée. Ils s'étaient figés à quelques pas de l'arbre abattu. Le père et le fils s'approchèrent du chêne renversé et levèrent leurs lanternes.

Les bêtes gémissaient autour de la forme recroquevillée sur le chemin. Sans voir son visage, les hommes savaient que c'était lui: les chiens ne se trompaient jamais.

Ils s'approchèrent. Le faisceau de lumière entourait le corps effondré sur le sol. La face du père était tendue vers le ciel, les yeux ouverts. Les enfants bouleversés, se penchèrent sur ce visage que la mort avait apaisé. Les traits burinés par tant de saisons s'étaient adoucis. Jehan lui ferma les yeux. Tous deux pleuraient sur les souvenirs tendres, gais ou douloureux qui traversaient leur mémoire.

La vie d'Emilio avait été riche, pleine de ses colères parfois excessives et de ses élans du coeur spontanés qui le rendaient si attachant. Sa mort ne pouvait laisser indifférents tous ceux qui, de près ou de loin, l'avaient connu.

- Que va dire la mère ?

A la pensée de sa grand-mère déchirée, Emmanuel sanglotait.

Ils enveloppèrent le corps dans son manteau et l'adolescent le chargea sur son épaule. Jehan marchait devant, la lampe tendue à bout de bras pour ouvrir les voies de ce sinistre cortège.

Colette les attendait, assise dans le noir, sur le vieux banc de pierre patiné par les ans. Toute à son inquiétude, elle ne sentait pas l'averse qui traversait son bonnet, sa robe et plaquait ses cheveux sur son visage.

Lorsque les enfants pénétrèrent dans la cour, portant le corps d'Emilio, elle savait déjà.

Les chiens fous tournaient, hurlant à la mort.

- C'est lui, n'est-ce pas ? Il est mort ?

Elle interrogeait mollement, sans espoir. Les hommes répondirent d'un signe de tête. Ils n'avaient pas de mots pour traduire leur douleur.

La mère s'était levée, la pluie redoublait de fureur. Elle s'approcha d'Emmanuel qui tenait dans ses bras la dépouille d'Emilio, posa un baiser sur le front glacé de son époux, un baiser dans lequel elle voulait faire passer comme un dernier message ce « tant d'amour » accumulé au fil du temps: l'âge tendre, l'âge mûr qu'elle eût aimé partager jusqu'au bout de leur route commune.

Jehan avait posé son lampion sur la fenêtre et soutenait sa mère défaillante:

- Il est parti tout seul, il m'a laissée. Dieu ne devrait pas séparer les vieux époux.

Les larmes venaient doucement:

- Nous avons tout fait ensemble, comme des boeufs sous le joug. Il n'est pas un jour que nous n'ayons partagé. Je ne suis rien sans lui.

Emmanuel avait posé le corps d'Emilio sur le grand lit et Jehan poussait doucement sa mère vers la maison. Il lui murmurait ces mots simples, banals, qui engourdissaient le désespoir:

- L'être qu'on aime n'est jamais tout à fait mort. Il reste vivant quelque part dans notre tête et dans notre coeur, aussi longtemps que dure notre propre vie. C'est vrai mère, la vie se prolonge au-delà de la mort dans la mémoire de ceux qui l'ont aimé. C'est une parcelle de son éternité.

Ils étaient là, tous trois, réunis au chevet d'Emilio. Leurs souvenirs conjugués remontaient le courant de sa vie... Chacun d'eux évoquait les temps forts de cette existence. C'était, pour Jehan, le départ des Jassines pour le lointain séminaire et le retour à la maison avec « le petit » dans son couffin. Meurtri ou humilié le père avait su comprendre ou pardonner.

Emmanuel « le petit » avait gardé tous les droits de l'enfance. Son rire, le récit de ses amours enchantaient le patriarche. Il était le soleil dans la maison, la brise après l'autan, l'avenir de la famille, intouchable et pardonné pour les fautes passées et à venir.

Le passé de Colette s'effondrait. La mort lui volait ses rêves d'adolescente et toutes ses années de labeur partagé. En s'en allant, Emilio avait emporté la meilleure part. La pauvre vieillarde recroquevillée sur sa douleur hoquetait dans son sarrau:

- Dieu n'aurait pas dû nous séparer.

Les souvenirs se pressaient dans sa tête, dans chaque pli, chaque ride de ce visage. Dans les cheveux blancs et les blessures, elle retrouvait les signes de ses propres souffrances. Elle avait pris l'humeur, le geste et le verbe de son mari. Elle était l'ombre, le reflet de son homme et c'était une part d'elle-même qui gisait sur la paillasse. Il ne lui laissait en partage que la solitude désespérée dans l'attente de sa propre fin.

Les vieux sont seuls. Ils vont et viennent dans l'enclos de leur mémoire, se blessent aux aspérités de la vie des autres, aux épines de ce monde qui les dépasse et les oublie. Ils sont toujours deux, le défunt et la presque morte qui ravaude son passé. Elle n'ouvre la bouche que pour citer les mots et les sentences du Père. La vieille radote, la vieille lasse son entourage qui n'a plus d'oreilles ni de patience. Les hommes dévorent le temps et sa pendule n'est plus à l'heure. Un jour, timidement, à l'insu de tous, sans faire grincer les gonds, elle ferme sa lucarne sur le monde, s'enferme avec ses souvenirs. Elle refait son chemin à reculons. Peu à peu, l'huile de sa lampe s'épuise, son corps s'effiloche comme une vieille étoupe. La vieille meurt sans bruit, usée jusqu'à la corde.

La nouvelle de la mort d'Emilio avait fait le tour des campagnes. Durant la nuit, les proches et les amis avaient rejoint les Jassines pour un dernier salut au défunt. La peine était profonde mais discrètement exprimée en peu de mots et quelques larmes.

La camarde se nourrit de la chair des humbles, elle est compagne familière, penchée sur le berceau. La peste, la famine et la guerre lui assurent son tribut de charognes.

Emilio avait fait plus que son temps et s'en était allé paisiblement. Les plus vieux attendaient leur tour avec résignation et si le laboureur des Jassines les devançait de quelques pas, d'autres en avant de lui disparaissaient dans les brumes du temps. La mémoire les conservait dans toute la vigueur du bel âge: une ombre au coin d'un bois, la sonnaille d'un troupeau dans les communaux et la forte carrure du berger Colinet s'animait sur le théâtre des souvenirs. Et bien d'autres encore s'avançaient, dont les hauts faits, les beuveries mémorables étaient gravées dans la pierre des estaminets: bagarres d'ivrognes, histoires de braconniers dans les deffens* embellies par la légende. Il y avait toujours un ancêtre fameux, dont les exploits réjouissaient la famille. L'ancien les racontait le soir à la veillée, devant un auditoire attentif qui découvrait, dans le regard malicieux de l'aïeul épuisé, un pan de cet autrefois, une partie du passé et de la geste villageoise.

Lorsque le vieux rejoignait la cohorte des disparus, il entrait, à son tour, dans la légende et les anciens burinaient le portrait d'un homme qui avait su jadis, boire, rire, chanter et trousser la ribaude.

Jehan enterra son père dans le bel habit de ses noces, au bout du champ, entre les deux cyprès. Les sombres veilleurs gardaient l'enclos sacré, le sanctuaire où plongeaient les racines des Rey.

Sur les restes pourrissants et les ossements blanchis, fleurit le printemps des familles. Ainsi la terre s'attache à l'homme, le retient, l'aspire, l'engloutit.

Il est présent le mort, lorsque les cierges noirs se courbent sous le mistral et que la veuve en se signant murmure:
- Le père aura froid cette nuit.

Ils étaient venus nombreux rendre hommage au frère disparu. Le barbe de Cabrières fut sobre en son oraison: un court verset de la Bible, une poignée de terre sur un cercueil au fond d'un trou et chacun gardait pour lui-même un souvenir. C'était, pour l'un, le salut coutumier, pour l'autre une colère mémorable et pour tous, l'ombre voûtée qui battait la campagne.

Etienne Appy pleurait son compagnon de jeunesse, l'ami fidèle jusqu'au dernier soupir. Ils s'étaient vus la dernière fois, à la Saint-Michel pour le paiement des redevances. Ils avaient longuement parlé de la fille de Soubeyran qui entrait dans la famille. Emilio ne tarissait pas d'éloges sur la beauté, la vaillance de sa petite bru.

- Nous ferons la fête, comme des galopins et nous boirons jusqu'à nuit close. Tu sais qu'il est beau mon petit, fort et résistant, mieux que son père au même âge, mais il faut dire que les études cela ne fait pas travailler les bras. Tout ça pour te dire que la petite ne fait pas, non plus, une mauvaise affaire. Depuis près d'un siècle, les Rey comptent dans ce pays. Vois-tu, Etienne, je souhaite que Dieu me garde en vie, deux étés encore, pour que je voie la dernière nichée des Rey s'égailler dans les pacages.

Devant la tombe de son ami, le baile pleurait: Emilio ne verrait pas le mariage du petit. Il était mort, seul sur le chemin, martelé par la pluie, un jour de printemps maussade. Deux larmes coulaient sur la peau fripée du vieux baile.

La communauté était dans la peine, les sanglots fusaient des poitrines oppressées.

- Eh commère, on raconte ici dans le village, que l'Emilio des Jassines s'est laissé mourir de chagrin, pour le chêne de la fourche Saint-Hilaire.

- Vaï, dans ses vieux jours il perdait un peu la tête. Il parlait aux arbres comme à des « choses vivantes », comme à des hommes !

Ainsi naquit la légende de l'homme qui parlait aux arbres.

Depuis la mort de son homme, Colette passait le plus clair de son temps sous les cyprès et, de retour à la maison, cherchait son époux dans les remises. La mère perdait la raison et la bastide perdait son âme. Le bien se dépréciait entre les mains du pauvre Jehan. Les affaires se traitaient mal, et les journaliers, qui aidaient aux moissons, ne se cachaient pas pour dire que c'était grand malheur de voir une aussi belle tenure s'en aller à vau-l'eau. Ils évoquaient Emilio qui, de son vivant, n'aurait jamais laissé les ornières pourrir les chemins ni les gastes dévorer les labours. Bien que trop vieux pour la cultiver lui-même, le père Rey surveillait la terre, la récolte et le marché, réglait la tasque, la dîme, le cens et tenait la main sur sa maison.

C'était, en ce temps-là, une belle tenure dont le maître avait bonne renommée. Depuis des mois qu'il était mort, la friche gagnait sur les champs. Le fils n'avait pas le coeur paysan, c'était un homme de Bible, un capelan manqué, un saint homme de la communauté mais un mauvais laboureur.

Il était vrai que Jehan n'avait guère de goût pour les travaux des champs et priait Dieu que son fils prît la ferme au plus tôt: il fallait marier les enfants pour que les Jassines retrouvent l'activité de jadis. Les novis de la Vidauque étaient en âge d'épousailles. Trop attendre serait tenter le diable.

Jehan rencontra Soubeyran, pour accorder leurs intérêts devant notaire et fixer la date de la noce. Ils étaient convenus de laisser les Jassines aux enfants. Les deux familles réunies formaient un clan puissant à la parentèle nombreuse et riche, répartie sur les deux flancs du Luberon: de Cabrières du Comtat à Mérindol:

- Par ce mariage nous devenons les plus importants du village. Unis comme les cinq doigts d'une même main nous formerons une belle et grande famille. Les terres seront travaillées en commun et le fruit justement réparti. Mais avoir de bons revenus, nous impose le devoir, devant Dieu, d'aider nos frères dans le besoin.. Nous donnerons de l'ouvrage aux manouvriers de La Coste, nous paierons un juste salaire de vingt deniers le jour pour l'homme et de dix pour la femme selon le travail.

Soubeyran parlait en patriarche. Il était heureux car sa puissance allait croissant. A force de travail et de privations il avait amassé son capital et construit sa propriété. Il avait de l'or, des greniers, des cuves pleines et de l'huile à revendre.

Les enfants trouvaient, dans la corbeille de leurs noces, un patrimoine tout fait, une maison qui n'attendait que leurs bras et leur jeunesse féconde. Ils étaient libres sur leur domaine et échappaient à l'emprise du clan.

Jehan se défaisait d'un habit de laboureur trop large pour lui. Les deux familles réunies s'accommodaient fort bien de cet arrangement.

Au crépuscule de sa vie, Jehan retrouvait les sentiers premiers de sa jeunesse. Il les abordait avec toute la sérénité d'une chair sans faiblesse et d'une âme assurée. Un jour prochain, il s'en irait sur les pentes du Val d'Angrogne chercher la consécration des anciens. Devenu barbe, il porterait de bastides en hameaux, la parole du Christ: une idée, longtemps caressée dans le secret de ses méditations. Il était heureux.

Autour de la table, la famille réunie scellait la promesse de mariage. Le vin coulait, les étains circulaient. Le père Soubeyran leva son gobelet à la prospérité des novis, les nouveaux maîtres des Jassines.

- Je bois à votre bonheur, je vous souhaite longue vie et grande famille. Faites-nous de beaux garçons, grands et forts, c'est en eux que réside la vraie richesse des familles.

Jehan observait Alyne, radieuse sous sa coiffe blanche. Elle se serrait tendrement contre son promis, les joues rosies par l'émotion. Devant les yeux du Prêcheur surgissaient des images lointaines, un rêve inachevé, une silhouette belle et fraîche comme cette jeune promise.

Avec le fruit de ses amours planté sur le terreau des Jassines, Jehan tournait une page de sa vie. Il murmura:

- Ce fruit de nos amours sera graine et semence à son heure et notre arbre fera de jeunes rameaux, mon jardin s'égaiera des fleurs de mon lignage et tu seras parmi nous toujours vivante....

Orlane mon péché, mon amour...

X

LE MARIAGE DE LA PERLE DES VAUDOIS

Août 1533...

- « Quiconque entend ces paroles et les met en pratique ressemblera à un homme prudent qui a bâti sa maison sur le roc. La pluie s'est abattue, les torrents sont venus, les vents ont soufflé, se sont jetés sur cette maison qui n'est pas tombée car elle était fondée sur le roc... Et l'homme abandonnera père et mère, il s'attachera à sa femme et les deux deviendront une seule chair. »

Ainsi parlait Notre Seigneur. Que votre vie commune soit semblable à cette indestructible demeure. Gardez vos mains unies dans la prière, l'effort et la douleur. Instruisez vos enfants dans la foi de vos pères et soyez secourables à vos frères dans la misère...

Le barbe marqua un temps d'arrêt, posa sa main sur les mains jointes des époux:

- Alyne Soubeyran, Emmanuel Rey, je vous déclare unis dans le mariage et ce que Dieu a lié, nul ne peut le défaire. Allez, mes enfants, que Notre Père vous prenne en sa sainte protection.

Il n'y eut point de serments échangés, mais les doigts fins d'Alyne serraient plus fort la large poigne de son époux. Les grands yeux noirs s'éclairaient d'une flamme toute intérieure. Une joie profonde coulait en elle, calme et paisible. Le don en cet instant était total, unique. Il n'y avait pas eu d'avant, il n'y aurait jamais d'après.

Ces yeux-là racontaient les amours d'enfance, les dangers partagés, les lendemains à bâtir et les craintes à venir.

Les femmes pleuraient dans leurs tabliers. Eustache reniflait dans son chapeau et Jehan rêvait des saules de la Barthelasse. Quelque part dans sa tête, un rayon de soleil jouait sur son corps nu. Il lisait sur le visage de son fils les signes de l'amour, les stigmates de la passion. Emmanuel pouvait comprendre ce que son père avait connu. Tous deux échangèrent un long regard de tendre connivence: cette tendresse trop longtemps muselée qui éclata un soir de septembre dans le refuge du col de La Croix.

Pendant un court instant, Jehan eut le sentiment très vif de la présence d'Orlane aux côtés de son enfant: image fugitive, hors de l'espace et du temps, à la frontière des mondes.

Soubeyran n'était pas un rêveur. Il avait construit son bonheur avec les matériaux simples du quotidien, la terre, la femme, les enfants, le lard au cellier et la Bible pour la morale.

En ce jour des noces, le laboureur était heureux. Il confiait sa fille à un homme courageux, digne et sobre: le meilleur du village, disait-on. Ces deux-là lui feront beaucoup d'enfants, que le Seigneur, dans sa bonté, gardera tous en vie.

La fête battait son plein.

- Viens, je t'enlève...

Eustache saisit soudain la mariée dans ses bras et l'arracha de terre. Il la fit tourner autour de lui. Alyne, écrasée contre la veste du colosse suffoquait, s'accrochait à son cou. La coiffe de dentelle vacillait sur ses cheveux tressés à l'italienne. Les jupons, la cotte de velours, les châles de soie finement ouvragés, se déployaient en corolles autour de la jeune femme. Le ruban des noces, fiché dans son bonnet, dessinait dans le soleil de miroitantes arabesques:

- Arrête, grande brute, tu me rends malade.

Elle riait haut et clair. Les amis qui les entouraient, tapaient dans leurs mains sur des airs de vielle. Les cris d'orfraie de la jeune épousée incitèrent le colosse à poser délicatement sur ses jambes une Alyne un peu saoule. Il la retint le temps, pour la pauvrette, de retrouver ses esprits.

Emmanuel tendit les bras à la belle désorientée.

Sur des tréteaux, dressés dans la grande cour du mas, la table garnie, le tonneau en perce, offraient à tout venant, le boire et le manger. Le passant s'arrêtait, saluait la mariée, partageait le pain, le vin, la joie de tous. La ferme sonnait de tous les rires, des cris des enfants et de l'impatience des femmes:

- Les viandes seront trop cuites, allons, écartez-vous de ce tonneau.

En maîtresse femme, la mère d'Alyne menait son monde, répartissait l'ouvrage, couvait sa fille d'un regard tendre et inquiet. Rien ne devait manquer à la joie de l'enfant, en ce jour mémorable.

Les hommes taillaient dans les viandes, mangeaient de bon appétit les rôtis juteux et les poulardes dodues. Les chiens, sous la table, happaient à la volée les morceaux qui tombaient des tranchoirs. Le bon vin de Baridon faisait fête aux palais, tandis que le musicien du village, de ses trois cordes usées, éveillait les lointains souvenirs du pays de Saluces et des sources du Pô. Ce parfum du passé ajoutait au plaisir de l'instant, cette pointe de nostalgie qui allait droit au coeur des vieux.

La joie était dans les yeux, dans le soleil ardent et le vent léger sous les frondaisons. Elle était dans la louange au Christ pour le pain, le boire, et les promesses de demain. Mais, elle se nichait aussi, discrètement, au coeur d'une bastide abandonnée. Sous le vieil arbre de la cour, la très vieille Colette berçait un enfant à naître dans un berceau que son homme avait tiré d'une futaille.

Lorsque les convives furent rassasiés, les hommes s'adonnèrent à leur jeu favori: le tir à l'arbalète. La cible était dressée sur le pré et les armes posées sur le sol.

Deux champions de renom s'affrontaient et se partageaient les faveurs du public. Eustache avait ses chances mais Bruneyrol de Mérindol, bien que vieillissant, avait gardé la main et l'oeil précis.

Emmanuel tenait pour Eustache et Soubeyran pour Bruneyrol.

Le concours commença dans un silence tendu. Les parieurs se tenaient derrière les champions.

Jehan s'éloigna discrètement et regagna la ferme. Il devait s'acquitter d'un devoir envers Alyne.

Les femmes s'affairaient dans la cour, rinçaient les vaisseaux, les tranchoirs, dans les grands baquets remplis d'eau fraîche et apprêtaient le repas du soir. La mariée, assise sur la margelle du puits regardait le père de son époux qui s'approchait.

Les Rey lui avaient confié leurs secrets, leurs souvenirs et les clés du coffre. Elle s'installait aux Jassines en maîtresse de maison, gardienne du temple et mémoire de la lignée.

Jehan avait revêtu, pour les noces de son fils, la robe de bure des prédicants. Vêtu de la sorte, il indiquait à ses amis son désir de rompre avec la vie des laboureurs. Il laissait à ses enfants, le lait, le miel et se réservait pour part, le pain de charité, l'eau du ciel et la parole de Dieu.

Il marcha vers sa bru attentive, qui se leva à son approche.

- Viens ma fille, j'ai à te parler.

Il lui saisit la main et l'entraîna sous les chênes verts.

- Je veux te remettre le plus précieux de mes biens.

Jehan délaça le haut de son vêtement et retira un livre de petit format. C'était une bible imprimée.

« Le Livre » circulait sous le manteau, descendait le Rhône avec les bateliers, suivait le sentier des colporteurs et trouvait sa place au coeur d'une famille.

La Bible de Jehan était une édition du nouveau testament de Lefebvre d'Etaples, réalisée en 1512 par l'imprimeur Etienne.

Avec d'infinies précautions, le père d'Emmanuel ouvrit le volume à la page de garde.

- Regarde !

Sur le feuillet jauni, Alyne discernait dans les arabesques d'un dessin, deux lettres entrelacées, deux initiales: le O de Orlane et le J de Jehan intimement liés. Un nom, une date, tracés à la plume, barraient la page en dessous de l'esquisse.

- Emmanuel 1515. -

- Toi seule, sauras déchiffrer dans les signes et transmettre à mes descendants, la somme des souffrances qu'ils ont voulu cacher à l'étranger. Tu es, dès aujourd'hui, la mémoire de notre famille, dépositaire de ses secrets et de son passé. Tu écriras ton nom auprès de celui d'Emmanuel et les enfants que vous aurez... De son doigt il montrait, sur la page blanche, l'ordre dans lequel se développerait sa lignée.

Alyne, émue aux larmes, posa sa tête sur la poitrine de Jehan.

- Nous garderons toujours ce précieux dépôt et les versets ce cette bible, que nous lirons le soir à la veillée, seront autant d'anneaux qui nous uniront à vous. Nous partagerons la prière avec « Elle » dans le Paradis et avec vous, Messire l'Absent. Soyez sans inquiétude je ferai selon votre désir. Les rameaux de votre arbre, s'aligneront en bon ordre, sous les deux signes enlacés. Je suis triste de vous voir partir, mais si Dieu vous requiert pour son service, qu'il me soit accordé d'être la première à recevoir votre bénédiction.

Les mots se bousculaient sous les larmes. Alyne s'était agenouillée devant l'homme de Dieu, pour recevoir l'onction.

- Mais pourquoi Seigneur, m'apportez-vous le même jour, la joie de prendre époux et la douleur de perdre un père ?

Jehan le prêcheur posa sa main sur le front de l'enfant et esquissa un léger signe de croix. Par ce simple geste, il renouait avec le sacerdoce.

- Va maintenant, il est temps de rejoindre tes amis réunis. Tu leur annonceras mon départ et dis-leur de ne pas être en peine, car je serai parmi vous le jour de Noël. Il faut que je retourne au-delà des Alpes. Prends bien soin de Colette qui t'échoit en partage. Elle est douce et si peu dans ce monde qu'elle te sera légère à supporter. Il posa ses lèvres sur le front de la jeune épousée et partit en direction du bourg.

Sa silhouette disparut sous les amandiers et Alyne regagna tristement la bastide. Elle serrait sur son sein la Bible familiale: le roc sur lequel reposait leur maison.

Le concours de tir s'était achevé sur la défaite d'Eustache qui ne décolérait pas. Le trophée lui échappait, Bruneyrol l'avait emporté. Tous deux suivis de leurs compagnons commentaient leurs exploits:

- D'accord tu as gagné. Mais si Colin n'avait pas parlé pendant ma visée, je n'aurais pas manqué mon dernier coup.

- Tu es mauvais perdant. Il te faut un coupable et Colin est là bien à propos.

Mis en cause, Colin Pellenc riait. Emmanuel pestait contre son ami.

- Tu m'as fait perdre trois deniers. Plus jamais, je ne risquerai un gros* sur ta carcasse.

Ainsi, entre disputes et rires, les hommes regagnèrent la bastide où une table, croulante de victuailles, était dressée sous les chênes vénérables.

Emmanuel cherchait son épouse.

- Eustache, as-tu vu Alyne ? Je la cherche.

Le rire d'Eustache tonna sous les arbres:

- Voilà le bel époux qui a perdu sa femme, elle s'est peut-être sauvée avec un galant de La Coste. Ta belle était fort convoitée dans le village !

Emmanuel foudroya son ami du regard.

Dans l'encadrement du portail, la mariée apparut, tête basse et les yeux rougis. Les rires cessèrent, la mère se précipita:

- Que nous arrive-t-il, grand Dieu ! Je vois des larmes dans les yeux de ma fille, le jour de ses noces !

Emmanuel courut vers son épouse.

- Il est parti, murmura-t-elle.

- Cela devait arriver. J'aurais aimé partager avec toi sa bénédiction. Colette disait qu'il avait volé la science de l'Eglise pour la donner à ses frères. Ce jour est venu et nous devons nous réjouir. C'est la part du Seigneur réservée dans notre festin.

Soubeyran enchaîna:

- Nous n'allons pas pleurer le jour des noces de ma fille. Après le chagrin des départs, vient la joie des retrouvailles. Ainsi va la vie. Vidons nos étains au bonheur des époux. Que le vin coule dans nos gosiers arides comme la terre de juillet et que le vainqueur ait sa récompense comme il était promis. Bruneyrol recevra, des mains de la mariée, un bel écu tout frais sorti de la banque florentine.

Ainsi parla le maître des lieux.

Eustache approuva. Le départ de Jehan ne devait pas ternir l'éclat de cette journée.

Dans une corbeille de jonc tressé, brillait l'écu d'or sur un lit de velours cramoisi, un cadeau princier pour le cabrier de Mérindol.

Ayant ravalé ses larmes, la mariée lui remit son présent et fit claquer sur les joues du vieil homme un baiser aussi franc que son or.

Le soir venait doucement. Les amis, par petits groupes, quittaient l'accueillante maison de Soubeyran. Le fermier accompagnait ses amis jusqu'au portail:

- Soyez prudents, ne vous dispersez pas jusqu'à la grand'route, les chemins de la plaine sont peu sûrs.

Les valets de ferme entassèrent dans un char tout ce qu'Alyne désirait emporter: coffres, linge, objets familiers qui l'aideraient à construire un univers à sa mesure. Elle entrait aux Jassines décidée à marquer de son sceau cette demeure devenue sienne. Elle devait trouver sa juste place entre la veuve et l'époux. Grande serait cette place, car tout lui était remis. Colette lui savait gré des espoirs qu'elle portait en son sein et des joies de demain.

De Soubeyran aux Jassines, dans la fraîcheur du soir, la mule tirait allègrement le char de la mariée. La brave bête avait franchi les Alpes, emmené les novis aux vendanges, parcouru la Vidauque un soir de bataille. Tirée à hue et à dia, elle avait partagé les dangers et les joies de son jeune maître. Oubliée parfois, dans les combes d'enfer, elle avait su retrouver son chemin, sa paille et son picotin. La mule devenue vieille restait au clos le plus souvent et ne sortait que pour la promenade.

Les jeunes époux rentraient seuls et prenaient le temps de flâner, de goûter à la douceur de l'air, sous les feux attiédis du soleil déclinant.

Un vent léger agitait les buissons, chargé des parfums capiteux de l'hysope, du thym et du fenouil.

Assise sur la charrette, les jambes pendantes, Alyne avait posé sa tête sur l'épaule de son homme:

- C'est bon de se retrouver seuls, loin des bruits et des rires. C'est maintenant que je me sens ta femme. Elle se serra plus fort contre Emmanuel. Son jeune corps entravé de jupons, de robes et de fichus, se tendait vers l'époux.

- Avant que le soleil ne soit couché, ma mie, tu seras mon épousée dans la chambre de mes ancêtres. Nous serons chez nous, tu seras mienne et mes rêves d'enfant seront réalisés.

Colette attendait les mariés.

Colette attendait toujours quelque chose ou quelqu'un. De son banc de pierre, les yeux rivés sur le portail, elle avait vu venir le bon et le mauvais: Antoine le curé, Jehan, Emmanuel et la dépouille ruisselante de son époux.

Colette vivait de peu: du soleil de l'été, du feu de l'hiver et de quelques souvenirs. Avec le temps, la douleur causée par la mort d'Emilio s'était atténuée. Elle allait petitement en attendant de le rejoindre sous les grands cyprès noirs.

Les enfants se montraient attentifs et tendres et la petite Alyne lui rendait visite lorsque le labeur n'était point trop pressant.

Alyne était la bienvenue !

Elle lui cédait le lit de toutes les générations, des naissances et des morts, les coffres, la vaisselle, le linge et l'argent, les cachettes et les secrets de la famille.

Alyne était la bienvenue ! Comme un printemps nouveau sur les Jassines, la fleur sur l'amandier et la mésange bleue sur le mur de la cour.

Elle eût aimé vivre quelques années de plus pour se pencher au-dessus du berceau, sécher les premières larmes de l'enfant, accompagner ses premiers pas.

Colette saisit dans le lointain le tintement des roues sur la pierre du chemin. Elle reconnaissait les bruits, les cahots du sentier, l'ornière et les écarts de l'animal. Elle aurait pu dire à quel tournant de la route la mule avait bronché.

Les mariés s'approchaient. Elle quitta son banc de pierre et se plaça sous le portique de l'entrée: ombre noire sur fond de crépuscule, silhouette menue en contrepoint de la nuit. Les époux sautèrent de leur char et coururent vers l'aïeule.

Elle souriait, Colette. Le geste tremblant, elle cueillit les mains de ses enfants et les retint contre sa joue.

- Soyez bénis dans votre maison.

Les yeux tournés vers le ciel, elle ajouta:

- Pour ce présent, pour les vies qui germeront sous notre toit, à toi Seigneur la gloire, pour les siècles des siècles.

Les jeunes gens encadrèrent leur grand-mère et tous trois rentrèrent dans la bastide.

Le chandelier serti d'étoiles éclairait, d'une lumière fragile, un bouquet de fleurs des champs composé de mauve, de chicorée sauvage et de chardon bleu: le doux, l'amer et le piquant liés ensemble pour la vie.

La vieille souriait à ces deux enfants que la vie avait déjà mordus de ses crocs de fer. Elle savait que les épreuves partagées avaient soudé ces âmes, l'une à l'autre destinées.

Alyne saisit délicatement le bouquet et murmura à l'adresse de Colette:

- Vous m'offrez les fleurs du destin. Je sais que notre vie n'aura pas tous les jours la saveur du miel, que je paierai mes plaisirs et mes joies d'un poids égal d'amertume et de deuil. Depuis mon plus jeune âge, ma mère m'a enseigné cela. Mais je me dis aussi, qu'à tout prendre, mon destin n'est pas des plus mauvais. J'ai mon homme, ses deux bras, son courage, de l'ouvrage en abondance, du grain pour les semailles et, pour l'heure, du pain dans la huche. Pour le reste Dieu y pourvoira sans doute.

La jeune femme tenait le langage des vaudois dont les lendemains n'étaient jamais assurés. Mais le bonheur était là, dans sa main, tout chaud comme un oisillon d'avril et la joie l'emportait sur l'inquiétude. Elle se jeta dans les bras de son époux:

- Je te donnerai beaucoup d'enfants qui te feront cortège sur les labours. Je veux que ma maison chante et que le bonheur y soit à l'aise.

Une larme perlait sous la paupière de Colette. Sa mémoire remontait le temps, jusqu'à ce jour béni où, au bras du bel Emilio, elle avait franchi, pour la première fois, le seuil de la demeure des Rey.

L'aïeule se ressaisit:

- Il y a pour toi, dans les Jassines, bien des joies à cueillir et des herbes pour soulager la peine. Que ce soir, tout particulièrement Dieu bénisse votre couche... Venez maintenant.

Elle entraîna les mariés jusqu'à la chambre qu'elle leur cédait. Les draps de lin blanc sentaient le propre et le thym de la garrigue.

Colette retira du chevet, le ruban fané de ses noces et le serra dans son tablier.

- Que votre première nuit d'époux vous comble de plaisir, mes enfants.

Sur ces derniers mots, elle se retira discrètement. Les jeunes mariés entendirent son trottinement de souris dans les combles et le silence tomba sur la bastide.

Restés seuls dans la chambre nuptiale, les époux, face à face, semblaient figés.

Elle était timide aux portes de sa nuit.

Lui, impatient et gauche, s'empêtrait dans les lacets rétifs. Sous les chemises et les jupons, il découvrait enfin dans son Eldorado, le pur joyau d'un corps de vierge.

La pucelle était étendue dans tout l'éclat de sa beauté en fleur, nue, cheveux défaits, une main glissée sous la nuque et l'autre posée sur son ventre comme un dernier rempart de sa pudeur.

La vertu, surprise, se lovait au creux du lit, craintive et frémissante. Mais sous la paupière mi-close filtrait la lueur couvée du désir. Alyne s'offrait avec retenue aux regards, aux mains, aux étreintes de l'amant.

Emmanuel à son tour, se dévêtit et les chausses de cuir glissèrent au pied du lit.

La lumière de la chandelle dansait sur la peau nue d'Alyne. Dans la pénombre, les yeux brûlants des jeunes amants se cherchaient.

La nuit fut houleuse dans la maison des Rey. La demeure en gésine vibrait sur ses assises.

Le temps de renaissance était enfin venu.

Le soleil matinal surprit les amants épuisés sur leur couche dévastée. Emmanuel posa un chaste baiser sur le front de la belle endormie et se leva.

Il sortit de la maison pour tirer du puits l'eau d'un bain revigorant. Le corps détendu, perlant de gouttes fraîches, s'offrait à la caresse d'une brise légère, porteuse des arômes de la terre. Il s'avança dans les champs, foulant le chaume de son pied nu. Il tirait de la glèbe un plaisir secret, une force sereine qui montait de ses racines et se répandait jusqu'au bout de ses doigts. L'homme de la terre regardait ses pacages, ses champs coupés de la moisson, le Luberon pourpre du matin.

L'automne chassait l'août. Le loriot du bosquet préparait son départ, les étourneaux grapillaient la vendange prochaine. Un air de nostalgie flottait sur la campagne. Emmanuel se saisit d'une touffe d'herbe sèche et la porta à ses narines. L'odeur du foin, le craquement des tiges froissées, les chants d'oiseaux, les espaces inaliénés, l'affirmaient dans sa condition de laboureur.

Le jeune maître des Jassines tendait la main au vieil Emilio. Il héritait de lui et de lui seul. Le passé n'était pas aboli.

XI

LES NOCES DE LA MEDICIS

Octobre 1533...

Dans toute la Provence les colporteurs ne parlaient que de cela. La ville de Marseille était en effervescence car elle s'apprêtait à recevoir la fine fleur de la noblesse à l'occasion du mariage du second fils de France et de la filleule du pape, Catherine de Médicis, duchesse d'Urbin.

La nouvelle avait circulé dans le Pays d'Apt et la jeune Alyne s'était promis d'aller à la fête en compagnie de son époux.

Eustache Marron ne décolérait pas et jugeait sévèrement cette jeune vaudoise qui s'en allait, sans la moindre vergogne, faire sa cour au pape de Rome.

- C'est la honte sur nous, la trahison de notre cause, affirmait-il sans ambages.

Soubeyran, le père d'Alyne, tentait d'enrayer la fureur du capitaine:

- Ecoute-moi bien, Eustache, dans notre famille, il n'y a jamais eu de renégat et je te demande de ne pas chercher le mal où il n'est pas. Ma fille et son époux vont faire la fête à Marseille, comme tous les jeunes gens de leur âge et rien de plus.

Le père Soubeyran était au bord du coup de sang.

-... Et il n'est pas mauvais, pour son édification, qu'elle voie la richesse insolente de cette Eglise qui jette la dîme des pauvres sous le pas des cardinaux.

Alyne était décontenancée:

- Je sais que je te dois beaucoup, Eustache. Sans toi je serais morte à cette heure dans les prisons de l'évêque de Cavaillon... Mais je t'en prie, ne sois pas fâché, nous n'avons pas tellement d'occasions de voir de belles choses par ici.

La mère courroucée apostropha le grand Eustache:

- Et de quoi il se mêle, celui-là. Veut-il mettre du désordre dans ma famille ? Il ferait beau voir que notre honneur soit entaché pour une aussi mince affaire. Est-ce que ma fille n'aurait pas le droit de saisir cette chance de voir le magnifique train du roi, quand bien même le pape serait de la noce. Avec des gens comme toi on ne pourra tantôt plus respirer dans ce pays.. Et tu voudrais, grand pendard, faire l'inquisiteur dans ma maison...

Ainsi pris à parti, le bouillant capitaine amorça une prudente retraite devant la matrone en furie.

- Je vois que mon opinion n'est guère partagée ici. Je le regrette un peu, vaï... Et j'espère que notre Seigneur le Christ se montrera bénin en ne faisant pas perdre à ces étourneaux, leur part de paradis.

Alyne sauta au cou d'Eustache pour l'embrasser et comme toujours le charme de la jeune femme opéra sur le rustre.

- Va, ma belle et amuse-toi. Veille à ne pas perdre ton époux dans la foule. Emmanuel, c'est comme mon fils... Souviens-t'en.

Dès lors que tous étaient d'accord, la jeune femme prépara avec soin son bagage pour le départ.

*

Les voilà...

Les badauds attentifs surveillaient le mouvement des galères pontificales qui s'avançaient vers le port. Elles contournaient le château d'If tandis que les canons crachaient leurs salves en l'honneur du souverain pontife.

Dès que les premiers signaux d'approche furent perçus par les vigies de la basilique, la frégate du maréchal de Montmorency quitta le plan de l'arsenal. Elle emmenait le dauphin François et le jeune duc Henri auprès du Saint-Père afin de lui présenter l'hommage de sa très gracieuse majesté, le roi de France.

Les dix-huit galères fendaient l'eau, poussées par le vent du large et la chiourme en sueur. Une symphonie de couleurs roulait sur la mer: hautes voiles damassées, chatoyantes étoffes brochées d'or et d'argent.

« La Duchesse » portait le Saint-Sacrement et sur la « Capitanesse » aux hiératiques sirènes en proue, le pape en majesté, entouré des membres de la curie, écoutait, ravi, monter les vivats d'une foule enthousiaste.

Les navires s'immobilisèrent au milieu de la rade. Les frégates et les brigantines de la flottille de Montmorency paradaient autour de la galère pontificale. Sous le dais de velours blanc qui le protégeait des humeurs du vent marin, le pontife attendait l'hommage des princes.

Son neveu le prince Hippolyte de Médicis se tenait à ses côtés.

Il était notoire, tant à Rome qu'à Paris, que le jeune prélat nourrissait à l'endroit de la duchesse d'Urbin des sentiments si tendres qu'il eût volontiers délaissé la pourpre pour les beaux yeux sombres de sa cousine.

Clément VII se pencha vers lui et murmura:

- Mon cher enfant, le destin de votre cousine est scellé de ce jour. Oubliez-la, si vous voulez conserver les avantages de votre fonction... Si Dieu le veut, un jour vous serez sur ce trône que je tiens de la Providence. Il doit en être ainsi pour le bien et la gloire de notre famille... Notre filleule porte dans ses entrailles l'avenir d'une dynastie royale à laquelle les Médicis seront alliés par le sang... Pensez au chemin parcouru par notre famille depuis la modeste officine de nos aïeux...

La frégate de Montmorency glissa sur les flancs du navire et s'immobilisa à la coupée. Les marins arrimèrent l'escalier de bois qui donnait accès au pont.

Les fils de France et le grand maître s'avancèrent entre les pertuisanes de la garde d'honneur. Les deux princes s'inclinèrent devant le pape tandis que Montmorency, agenouillé, baisait l'anneau pastoral au nom de son souverain.

- Au nom de sa Majesté très chrétienne, je vous adresse l'hommage du roi de France et de ses sujets...Nous vous souhaitons la bienvenue sur notre terre de France.

Le pape inclina la tête et donna sa bénédiction aux représentants de la Couronne.

Claude de Tende, amiral du Levant et commandant la flotte, donna les ordres nécessaires aux préparatifs de débarquement.

Le pontife et les plus hauts dignitaires de la curie prirent place sur la frégate de l'amiral qui regagna le môle de l'arsenal.

Le peuple en transe hurlait sa joie et le pasteur satisfait bénissait ses ouailles rassemblées.

- Allons, disait-il au grand maître, il reste de bons et fidèles catholiques sur cette terre de Provence.

Ainsi porté par la ferveur populaire, le Saint-Père se rendit aux « Jardins du Roi », proches de l'abbaye Saint-Victor où l'attendait un somptueux dîner, offert par le chancelier Duprat au nom de sa majesté.

Tard dans la soirée Clément VII se retira dans ses appartements car la journée du lendemain s'annonçait épuisante pour le fragile vieillard.

23 octobre...

Elle était la plus attendue des grandes entrées. Si le roi avait fait belle impression, la petite princesse, promise au duc d'Orléans, soulevait l'enthousiasme des foules. Les femmes pleuraient sur son passage: la duchesse était l'incarnation des rêves de la jouvencelle et des regrets de la matrone.

Les jeunes mariés de La Coste suivaient émerveillés le fabuleux spectacle:

- Regarde Alyne, les voilà !

Emmanuel, juché sur une borne, dominait le carrefour. La presse était forte et les gens d'armes, alignés sur le parcours, tentaient de contenir une foule insatiable.

Huit pages turcs menaient le train de six haquenées, précédant la jument rousse de la jeune promise. Une suite brillante de duchesses graciles et de jeunes princes caracolait à ses côtés. Le sourire engageant, le geste délié, la grâce naturelle soulevaient l'enthousiasme populaire.

Le peuple de Provence saluait la race sans la morgue et, dans la splendeur de l'habit, le talent de l'artiste.

Les femmes émues lançaient des baisers à la frêle jeune fille aux cheveux de jais, brunie, comme eux, sous le soleil de la Méditerranée.

Catherine souriait au peuple. Elle eût aimé le séduire, le faire sien, lui donner toute l'affection dont elle se sentait capable en cet instant de poignante rencontre. Sous les pesants brocarts, son coeur de fillette battait la chamade. Si les princes de haut lignage lui refusaient leur amitié, les Marseillais lui faisaient un triomphe.

Sur sa jument harnachée de soie et d'or, elle franchit le passage de la place Neuve et s'arrêta devant la demeure du pape. Elle fut conduite à la chambre du Saint-Père où l'attendaient le roi, la reine et son futur époux.

Après avoir reçu la bénédiction de son oncle, elle plia un genou devant le roi et lui baisa la main en signe d'hommage et de vassalité.

François Ier releva la duchesse et appela son fils:

- Embrassez votre fiancée, Monsieur...

De mauvaise grâce, le duc d'Orléans s'approcha de sa promise et posa sur son front un baiser glacé. Le peu d'empressement du jeune fiancé choqua les princesses italiennes.

Confuse, la duchesse se prenait à regretter ce mariage qui, en lui apportant les plus grands honneurs, lui refusait l'amour.

Elle se tourna désemparée vers la reine qui, pour être de plus haute naissance, n'en était pas moins malheureuse de céder sa place au lit du roi à une insolente favorite.

Catherine s'inclina devant la souveraine qui, familièrement lui prit le bras et l'entraîna vers les appartements. Elle n'était pas la bienvenue à la cour de France.

Sur le visage de la sénéchale de Brézé, sa rivale au coeur du prince, elle crut discerner un sourire furtif de sympathie.

28 octobre...

Les cloches à la volée annonçaient l'heureuse union du duc d'Orléans, second fils de France, et de la duchesse d'Urbin, nièce du pape Clément VII.

Le souverain, vêtu d'or et de satin, accompagnait la petite fiancée dans la chapelle pontificale où le Saint-Père devait bénir l'union.

Le fiancé assisté du grand maître attendait sa promise au pied de l'autel.

Le silence se fit dans les travées, la cérémonie entrait dans la phase sacramentelle et définitive.

Le pape bénit les anneaux nuptiaux.

Ainsi, l'union des Valois et des Médicis était officiellement consacrée.

Le roi tenait un bon accord, fruit de son excellente diplomatie et le pape, pour sa part, faisait entrer les Médicis dans la plus prestigieuse des familles royales.

Après les compliments d'usage et les échanges de cadeaux, les deux cours réunies se dirigèrent vers la salle des banquets où se tenait le gigantesque festin offert par le pape. Les convives échangèrent des voeux en levant les hanaps remplis de vin d'Arbois.

Il y eut de somptueux ballets, animés par des princes masqués, parés des plumes des oiseaux fabuleux du nouveau monde et, lorsque à la minuit, le pape se retira dans ses appartements, le banquet sombra dans la débauche et l'orgie.

Les respectables duchesses subissaient, sans trop de désagréments, les fougueux assauts de nos princes et les filles de joie se livraient nues aux caresses des convives. Les plantureuses italiennes s'offraient à qui les voulait prendre et proposaient à leurs voraces admirateurs un téton qui gentiment baignait dans le verre de l'amitié.

Le jour des noces de la petite florentine s'achevait dans la débauche la plus folle. Prélats et princes, dames de cour et catins tarifées forniquaient allègrement sur les jonchées de fleurs répandues sur le carreau.

Décontenancée, la jeune épousée fit part à la reine de son désir de se retirer. Eléonore accompagna sa bru jusqu'à la chambre nuptiale où le jeune prince ne tarda pas à la rejoindre.

François Ier était inquiet car son fils ne semblait pas manifester d'empressement auprès de son épouse:

- Mon fils, faites votre devoir, montrez-vous digne époux et galant homme.

La chronique rapporte que, selon le roi qui assista, discrètement,à leurs ébats, les jeunes époux se montrèrent « vaillants dans la joute » et la petite duchesse en resta très éprise de son mari.

Dès le lendemain matin, le pape tint à s'assurer du contentement des jeunes mariés et de la réalité tangible de leur union.

Cet étrange comportement s'inspirait du souci, très diplomatique, de s'assurer de la consommation du mariage.

Après ce qu'il constata, la répudiation n'était plus possible.

Le Saint-Père tirait fortement sur les liens du mariage afin que nul ne vînt défaire ce que Dieu avait uni pour le plus grand bénéfice de son vicaire. Cependant, deux précautions valant mieux qu'une, il eût souhaité que sa nièce se trouvât grosse d'un héritier et, durant le mois qui précéda son départ, il rongea son frein dans l'attente des premiers signes d'une grossesse qui se faisait attendre.

Le matin des adieux, Clément VII prodigua à la duchesse ses ultimes conseils:

- Sachez mon enfant, qu'à femme d'esprit, jamais postérité ne manqua.

Le Médicis ne pouvait mieux fixer les devoirs de sa nièce envers sa parentèle.

Le mariage d'Henri d'Orléans donna l'occasion au pape de traiter du délicat problème des luthériens. Le fléau déferlait sur l'Europe et le royaume de France n'était pas épargné.

Le pontife était décidé à mettre un terme à l'hérésie, et le roi, d'ordinaire enclin à la clémence, était perplexe.

L'évêque de Carpentras et le cardinal de Tournon, conseillers très écoutés de sa majesté, s'affrontaient sur les moyens à mettre en oeuvre pour enrayer le fléau.

Sadolet prêchait la prudence et la compréhension:

- Pour l'Eglise et le royaume de France, il n'est pas bon de pousser au désespoir les fidèles égarés. Une trop grande sévérité du pasteur nourrit la révolte et grossit les rangs des mal sentants. Les plus endurcis prendront les armes contre leurs princes comme en Souabe... Offrez, très Saint-Père, votre pardon et faites savoir dans nos paroisses que votre grâce est assurée à tous les repentis.

Le cardinal de Tournon s'inclina devant le pape et le roi:

- Il fut bon que notre Sire exigeât des seigneurs hauts justiciers de son royaume qu'ils chassent de leurs terres les hérétiques avérés sous peine de perdre leurs fiefs. Cet arrêt fut grandement sage et retint, pour un temps, la sédition. Le devoir du fils aîné de l'Eglise est de contenir la foule des fanatiques qui chassent les prêtres de leurs églises et profanent les saints lieux... Ce n'est point le petit peuple qu'il convient de blâmer car il n'est pas enclin naturellement à s'opposer à notre ministère, mais ceux qui, en toute impunité, parlent en chaire, écrivent et donnent à lire des pamphlets séditieux. Il serait expédient Sire, de frapper l'hydre à la tête sinon les plus grands désordres sont à craindre dans ce royaume.

Tournon s'adressa à l'évêque Sadolet:

- Si la main impitoyable de l'Inquisition avait saisi Luther au collet lorsqu'il était encore temps, ses thèses n'auraient jamais contaminé l'Eglise...

Le cardinal perdait son calme:

-... Jamais m'entendez-vous ? Une armée impériale, composée de mécréants, n'aurait dévasté Rome ni assiégé le pape dans ses murs !... Je vous le dis... Voilà le prix de nos faiblesses et de nos atermoiements... La plaie que cet horrible sacrilège a laissée dans nos mémoires ne se cicatrisera plus. Le symbole de la chrétienté, foulé aux pieds par des mercenaires luthériens: voilà ce que notre siècle aura connu.

Clément VII avait vécu le cauchemar du sac de Rome et tremblait encore au souvenir de la diabolique vengeance de Charles Quint.

Le roi interrompit son ministre:

- Dans ce pays de Provence j'ai voulu connaître la vérité sur les faits qui me furent rapportés car la justice du roi ne saurait être aveugle et ignorer les vexations, pilleries et brutalités dont mes sujets, sous couvert de religion, furent les victimes. Si je suis convaincu que la secte luthérienne est présente dans ce pays et que ses membres s'organisent, se tiennent en armes et se déplacent en troupe, je ne puis accepter que les vrais chrétiens ne soient plus en sécurité dans leurs villages ni que mon autorité soit bafouée, mais...

Le roi marqua une pause:

-... Sommes-nous assurés, nous, les princes, les évêques et les clercs, de n'avoir aucune part dans cette révolte ?... Avons-nous écouté les mises en garde de nos docteurs ? ... Dois-je interdire les livres et chasser les penseurs de nos facultés ? ... Je le ferai s'il faut à ce prix ramener la paix dans le royaume mais je pense que ce n'est pas de la main du bourreau que nous viendront les réponses décisives aux questions que se posent nos sujets. La torture et le bûcher ne sont que de mauvais expédients que je n'emploierai, Monsieur le Cardinal, que lorsque tous les recours seront épuisés... Il faudra donner à nos peuples des prêtres dignes de l'Evangile car la gangrène ne se fixe pas sur un corps sain et, tôt ou tard, il faudra réunir un concile, confronter les opinions et dégager la divine parole d'un fatras de commentaires qui en dénature le sens... Penchez-vous, très Saint-Père, sur les causes les plus profondes du mal, le remède est entre vos mains.

En prononçant ces derniers mots, François Ier regardait le pape dans les yeux. Il entendait lui faire comprendre que la répression qu'il était décidé à mettre en oeuvre ne dispensait pas l'Eglise des nécessaires réformes que les théologiens de son entourage réclamaient.

Clément VII, tassé dans son fauteuil, ne prêtait qu'une oreille distraite aux objurgations royales. Il avait entendu, de la bouche de l'empereur, le même réquisitoire à Bologne et il n'était pas dupe de leurs pieuses exhortations. Il savait, depuis son accession au pontificat, que le pouvoir avait ses exigences et que la diplomatie du Vatican ne pouvait s'inspirer des Béatitudes.

Les Della Rovère, les Borgia, les Médicis sont montés sur le trône de Saint-Pierre par la concussion et le trafic d'influence. Ils l'ont conservé par le népotisme et le crime. L'or et le meurtre furent les plus fidèles soutiens de la papauté. Lorsque le pape meurt, les princes, les diplomates, les spadassins dans l'ombre, achètent, tuent pour le service de leur prétendant et attendent en retour la juste rétribution de leurs forfaits. Lui, Clément VII devait son pontificat à l'empereur, qui ne manquait pas, à l'occasion, de le lui rappeler. Pour garder son pouvoir, il rusait, trahissait ses amis, attisait les convoitises et opposait les rois. Sa puissance ne se mesurait pas au nombre de ses canons mais reposait sur cette Eglise tentaculaire composée d'évêques libertins, de moines paillards et de mauvais clercs qui portaient ses anathèmes au coeur même des royaumes.

Ce n'était pas dans le « Discours sur la Montagne » que Clément VII puisait son inspiration. Pour survivre il lui fallait le train, la puissance et la gloire. Le pape se tenait au-dessus des princes et tout ce qui pouvait tendre à modifier le savant équilibre qui le maintenait en place devait être combattu: les hérétiques autant que les conciles qui tentaient d'entraver sa puissance et de tarir la source de ses revenus.

Les membres du conseil, réunis autour du Saint-Père, attendaient sa réponse. Patelin et cafard, le rusé Médicis simulait l'accablement:

- Le pape ne serait que le modeste évêque de Rome, si l'histoire de notre Eglise ne l'avait consacré successeur de Pierre. Notre Seigneur a cru bon de remettre entre les mains du plus humble de ses serviteurs, le terrible devoir de rendre sa justice. Justice devant laquelle devraient s'incliner les laboureurs et les rois. Il porte sur ses épaules la responsabilité de maintenir l'unité et la cohésion du peuple de Dieu. Nous connaissons, par grâce personnelle, les commandements que Notre Seigneur nous inspire... Sachez que l'Eglise ne s'est pas bâtie en un jour. Ses fondations reposent sur les corps de nos martyrs et il n'est pas une chapelle en ce royaume qui ne garde dans ses murs les reliques d'un saint vénéré. Notre sagesse est le fruit des travaux millénaires de nos docteurs. Nous avons jeté, sur les routes des croisades, des princes, des manants et des enfants. Dans le souvenir de leurs sacrifices, l'Eglise s'est affirmée conquérante et inébranlable. Elle le restera jusqu'à la fin des temps. Au dernier jour, nous comparaîtrons devant le père et malheur à celui qui aura porté le feu dans sa demeure et dispersé son troupeau...

Le pape se leva et tendit au roi de France une bulle qu'il venait de sceller:

- Mon très cher fils, ne doutez pas de l'excellence de notre mission et de la vérité des pensées qui nous sont inspirées par le Christ lui-même. Ne laissez pas vos si belles campagnes envahies de mauvaise herbe, gardez-vous du venin de Luther et tranchez sans faiblir les membres malades de notre communauté. Il est bon de sacrifier quelques vies pour sauver les âmes du plus grand nombre.

- Tenez, prenez... Par cet écrit je vous enjoins, paternellement, d'extraire le mal et de détruire ceux qui concourent à sa propagation.

Le fragile vieillard s'appuyait sur le bras du souverain. Tous deux se rendirent dans la salle des banquets où devaient s'échanger les derniers cadeaux:

- Comme moi, l'Eglise a besoin de votre bras, murmura le pape... De grâce, ne jetez pas les perles aux pourceaux. Il est difficile pour le vulgaire de saisir les subtilités de nos docteurs, les nuances d'une exégèse. Si vous donnez à lire la Bible à vos sujets, chacun glosera à sa manière sur la divine parole et deviendra le dévot de sa propre chapelle. Le prince, « l'oint du Seigneur », est dans la Lumière par la volonté du Tout-Puissant. Le peuple est tenu dans l'ignorance des vérités les plus hautes parce qu'il ne peut pas les comprendre, mais la Providence lui a donné des guides et des capitaines et malheur à celui qui, attiré par le chant des sirènes, jette son navire sur les récifs. Les sacrements, les rites et les dogmes sont les bornes du chemin que suivent les hommes. Au travers des signes que l'Eglise a fixés au cours des siècles ils ont exprimé leur foi. Ces bornes sont intangibles. Sur ce chemin chacun doit tenir la place qui lui est assignée. Cet ordonnancement, voulu par Dieu, garantit la paix et la prospérité des peuples. Comprenez que les parties sont solidaires du tout. L'Eglise soutient les trônes et les princes sont les remparts de la chrétienté. Ainsi tout est ordre et harmonie dans l'univers. Allons, mon fils, il est temps de nous séparer.

Les membres de leurs suites les attendaient dans la salle des banquets. Sur une table recouverte de velours bleu, se dressait la corne de la licorne fabuleuse qui, selon la tradition, décelait le poison.

Le pape l'offrit au roi:

- Que cette corne vous aide à découvrir le venin de l'hérésie.

Sur le mur une somptueuse tapisserie d'or et de soie représentait la cène. C'était le cadeau du roi de France:

- Que tous les chrétiens réunis, sous la houlette du pasteur, partagent le vin, le pain, et la divine parole.

Sur ces mots le souverain baisa l'anneau du Pêcheur et se retira.

La fête était finie, les enfants des Jassines quittèrent Marseille pour les hautes terres du Luberon où la famille les attendait.

Le fabuleux mariage du duc d'Orléans et de la duchesse d'Urbin donna de la couleur aux longues soirées d'hiver dans la bastide des Soubeyran.

Le premier novembre de cette année 1533, tandis que le pape donnait sa dernière bénédiction aux Marseillais, à l'autre bout du royaume, dans l'église des Mathurins à Paris, le recteur de l'université prononçait un discours mémorable qui secoua la Sorbonne:

- Le monde, les méchants, prêchait-il, ont coutume d'appeler hérétiques ceux qui s'efforcent de pénétrer les âmes du pur Evangile. Ceux qui préfèrent obéir à Dieu. Heureux les hommes qui supportent courageusement cette injustice, dit l'Evangile, car une grande récompense vous est réservée dans les cieux.

Cette provocation mit le quartier latin en état de guerre. Chaque camp y rassemblait ses partisans et le recteur dut s'enfuir de la capitale.

L'hérésie gagnait les hautes sphères de la société.

Le roi dénonça « la secte maudite » et exigea du parlement des poursuites contre les fauteurs de troubles.

XII

LA NAISSANCE DU « PETIT »

Une fièvre insolite agitait la bastide. La mère Soubeyran avait investi la demeure, à la tête d'un escadron de matrones, afin de préparer l'accouchement de sa fille.

Depuis quelques jours déjà, la future maman passait le plus clair de son temps assise sous l'ombre fraîche du platane, uniquement préoccupée de l'enfant à naître.

Colette, inerte sur son banc, assistait sans rien comprendre à ce remue-ménage qui troublait son repos. Sa petite bru lui avait bien expliqué que la naissance était prochaine et qu'un nouveau rameau allait bientôt sortir de l'arbre des Jassines. Toute la parentèle était dans l'attente, une attente frémissante que la vieille ne partageait pas. Les mots qu'on lui disait semblaient se perdre dans un regard vide, insondable, décourageant.

La mère d'Alyne avait pris les choses en main et organisait la vie communautaire, tandis que sa fille gardait la chambre ou prenait le soleil à son gré. Il y avait assez de bras dans la famille pour seconder Emmanuel dans la conduite de ses terres. Le père Soubeyran était allé quérir à Bonnieux une accoucheuse de grand renom qui monnayait fort cher ses compétences. Son talent, affirmait le patriarche, valait son pesant d'or.

Son arrivée fut saluée d'un grand soupir de soulagement. Elle entra dans la salle commune avec des allures de souveraine, consciente que son art lui valait la considération de toute la maisonnée. Elle prépara ses linges, ses cuveaux, attentive au moindre frémissement de la femme au travail.

La Soubeyran brûlait des aromates pour chasser la maladie et les mauvais esprits. Elle répandait sur le sol des herbes odorantes et plaçait sur un coffre les onguents et le miel pour l'enfant. Elle ne restait pas en place, arrangeait un rideau, déplaçait le berceau pour le mettre au soleil ou, tout simplement, se tordait les mains d'impatience.

Emmanuel trouvait tous les prétextes pour se glisser dans la chambre et s'enquérir d'un mot, d'un signe, de l'état de la parturiente.

Enfouie dans ses oreillers, la petite Alyne, toute menue dans son grand lit, trouvait la force de sourire à son époux qui se glissait comme un voleur pour déposer un baiser sur son front moite. C'était sa manière de partager la charge de souffrances.

L'anxiété était grande dans la maison car la mort rôdait autour des berceaux, volait les enfants et les mères en couches. La camarde veillait, attentive au premier vagissement du nouveau-né.

Emmanuel cherchait dans les grimoires de son père le secret des plantes et des médecines d'autrefois. Il eût voulu rassembler toute la science du monde pour que survivent les êtres qu'il aimait.

Ce jour-là, Emmanuel n'était pas d'humeur à travailler, il tournait autour du mas comme un renard autour d'un poulailler.

Le printemps s'installait dans la campagne et la nature, en sa prime saison, semait sur la terre des Jassines, des bouquets de primevères et les parfums subtils de la terre en gésine. Son fils naîtrait dans les plus beaux jours de l'année et c'était un bon signe.

Colette fuyait la maison et s'en allait sur le chemin de l'Abbaye en agitant ses bras maigres en signe d'agacement. Emmanuel la rattrapa. Il eût aimé lui faire partager sa joie, ses inquiétudes, lui faire comprendre que les vieilles pierres de la demeure ancestrale se réjouissaient d'une nouvelle naissance et que sur son nuage le vieil Emilio voyait, entendait et veillait sur les siens. La vie secouait l'air et il y avait des chansons dans la futaie. Il aurait voulu lui rappeler les choses qu'elle aimait quand elle avait encore sa tête, lui faire sentir la puissance du lien qui unissait le presque nouveau-né et le défunt aïeul.

- Ecoute-moi, regarde-moi, grand-mère ! Il va naître le petit, et nous irons tous les deux sur la tombe d'Emilio pour lui présenter le dernier de sa race. Je voudrais tant que tu me comprennes.

Il hurlait comme un fou dans les pacages:

- Il va naître le petit ! Il secouait la vieille pour tenter de faire passer un mot et de saisir dans son regard une lueur d'entendement.

Quelque chose bougea dans la mémoire bloquée de Colette:

- Oui Emilio va venir me chercher. Il faut que je sois belle. Nous irons vivre ensemble dans la montagne et je lui donnerai beaucoup d'enfants.

Désespéré, Emmanuel baissa les bras.

Devant la tombe d'Emilio: elle et lui, deux étrangers qui ne partageaient ni les morts ni les vivants.

Des entrailles de la maison montait le gémissement de la femelle blessée.

Emmanuel courut vers la chambre et personne ne put l'arrêter. Il voulait être là. Les mains crispées sur le montant du lit, il observait chaque mouvement de ce visage, chaque battement de cils et chaque soubresaut de ce corps déchiré.

Enfin jaillit le vagissement du nouveau-né, un souffle meurtri dans une difficulté d'être.

Alyne exhala la plainte d'une souffrance assagie. La lumière adoucie d'un soleil déclinant nimbait son visage d'albâtre, délicatement posé sur l'algue brune de ses cheveux épars. Ses yeux, mi-clos, laissaient filtrer une sereine tendresse au-dessus du berceau de son fils, le dernier des Rey. Ses seins pesaient sur sa poitrine. Elle était la terre ensemencée, la sève nourricière et la grappe juteuse au temps de la vendange.

Un immense cri de joie salua la délivrance. Les femmes s'emparèrent du nouveau-né et le frottèrent au sel pour chasser les humeurs glueuses et fortifier les membres, disait l'accoucheuse. La main preste de la mère Soubeyran glissa entre les lèvres du petit une perle de miel pour lui mettre la vigueur et lui enlever l'amertume.

Emmanuel s'approcha de l'épouse alanguie. Il posa sa large poigne sur la main blanche de sa femme.

- C'est un garçon, c'est ton fils Emmanuel. Que Dieu nous le garde.

Ses yeux suppliaient son homme comme s'il avait le pouvoir d'arrêter la mort.

- Oui, murmura-t-il, que Dieu nous le garde.

Il s'approcha du berceau, le vieux lit que le brave Emilio avait tiré jadis d'une futaille. Il saisit le nourrisson et le présenta à sa femme dans la lueur des chandelles:

- Vois ma mie, notre bien le plus précieux. Il vivra, j'en suis sûr. L'air des Jassines est un air de montagne qui fait la plante vigoureuse et tenace. Moi ici, je n'ai jamais été malade. Colette pourrait te le dire.

L'enfant dérangé dans son premier sommeil d'humain, manifestait sa mauvaise humeur et ses petits poings fermés battaient l'air.

- Pourquoi pleure-t-il ? s'inquiéta son père.

- Laisse-le pleurer cela lui fait le souffle.

Emmanuel désarmé, tendit l'enfant à sa belle-mère et décida de se retirer.

Il se heurta à l'ombre noire de Colette qui s'inscrivait dans l'embrasure de la porte:

- Il pleure le petit... Il a mal au ventre, murmurait la vieille:

Elle s'approcha de la mère d'Alyne et posa sa main sèche sur le front de l'enfant.

- Sois sage mon petit... La nuit t'apportera le repos, ils sont tous là, à te voler ton sommeil.

Elle égrenait, comme une litanie, ces petits mots de rien qui apaisent. L'enfant tomba sous le charme de l'aïeule. Il souriait aux anges.

Colette continuait:

- Dors petit Emmanuel, demain Emilio s'en ira dans les prés te chercher l'herbe qui soulage.

L'enfant qu'elle caressait, en cet instant, c'était Emmanuel, son petit-fils qui lui était venu par une nuit étoilée comme un ciel de nativité. Elle voulut prendre l'enfant dans ses bras et la mère Soubeyran tenta de s'y opposer:

Emmanuel, soudain brutal, brisa le geste ébauché de la mère d'Alyne:

- N'y touchez pas, elle est la main de Dieu dans cette maison. Cet enfant est sien autant que vôtre. N'accaparez pas tout, laissez l'amour faire son chemin. Qu'elle garde ses rêves et ses souvenirs, qu'elle confonde le père et le fils, la belle affaire si elle y trouve son bonheur! Qu'importe, nous sommes, l'un et l'autre, une part d'Emilio. Tiens, grand-mère !

Emmanuel tendit l'enfant à la vieille qui, avec des gestes d'une infinie douceur, emporta l'enfant vers le berceau placé près de la fenêtre. Elle le déposa sur la couette moelleuse et de sa voix caressante comme une source lui chanta les berceuses qui avaient tant de fois conduit Emmanuel aux bords du rêve. Des chansons qui parlaient de soleil et de miel, de fleur de mai et de chevrettes blanches.

Tous, l'écoutaient, recueillis et, vaï, deux grosses larmes coulaient sur les joues mafflues de la mère Soubeyran:

- Ce n'est pas vrai, ce n'est pas vrai... soufflait- elle. Sa grosse poitrine se soulevait d'émotion.

Les femmes avaient placé sous la tête de la jeune maman, un épais coussin qui lui permettait de suivre l'étrange scène.

- C'est la première fois, depuis la mort d'Emilio, que je l'entends chanter.

Le vacarme des roues sur le pavé de la cour rompit le charme installé. Le père Soubeyran entra dans la maison en courant:

- Montrez-moi le dernier de ma race, exigea-t-il. Sa joie crevait l'air. Il tenait dans sa main une bonne et belle cruche de vin et portait sur son dos une besace pleine de cadeaux pour sa fille.

Il posa son fardeau sur le coffre et se précipita vers le berceau. Colette n'eut que le temps de s'écarter devant la charge de l'impétueux grand-père.

- Approchez les chandelles que je voie à qui ressemble mon petit-fils !

Alyne tenta de le calmer:

- Ne fais pas tant de bruit, tu vas nous le réveiller. Et ne porte pas peine, il te ressemble: quand il ne dort pas, il crie !

Soubeyran ne releva pas le sarcasme de sa fille et continua sur sa lancée:

- S'il a pris le meilleur des deux, ce sera le plus bel homme de ce pays.

Rassasié de son petit-fils, il s'enquit de sa fille. Il la trouva un peu pâlotte et lui proposa de son vin qui, affirmait-il, avait honoré la table des rois.

- Viens Emmanuel, goutte-moi de ce vin, pour être du Nord, il n'est pas trop vert. C'est du vin d'Arbois, celui que boit le roi... Allez viens, on va se régaler comme des princes, en l'honneur de notre petit et de sa maman.

- Ah quand même ! lui souffla sa femme dans son dos.

- J'ai pensé aussi à la petite. Je lui ai acheté des dentelles et des brimborions qui plaisent aux demoiselles. J'en ai la pleine besace.

Par sa présence le vieux laboureur avait chassé les démons et les craintes. Il créait autour de lui une ambiance de fête et la jeune mère, au fond de son lit, en paraissait toute revigorée. Elle but de ce vin d'Arbois dont son père vantait les mérites, fruité et d'une jolie couleur de rubis.

Emmanuel, sentencieux, lisait dans un vieux manuscrit de son père:

Hippocrate dit:

- « Le vin est chose merveilleusement appropriée à l'homme si, en santé comme en maladie, on l'administre à propos et en juste mesure... »

Soubeyran renchérit:

- Bois ma belle, cela te fera un sang tout neuf, c'est dans les livres.

Comme toutes ces filles robustes du plateau, Alyne se remit vite de ses couches.

Deux jours durant, les rires et les chansons sonnèrent sur les Jassines en l'honneur du nouveau-né. Le choix du prénom fit controverse à la maison car Alyne refusait tous les saints du calendrier. Pour son fils elle voulait un nom hors du commun, un nom qui évoqua la terre au-delà du vieux Rhône, le bûcher des cathares et la révolte contre l'Eglise.

Et ce fut Enguerrand...

Dans le secret de ses rêves, Alyne nourrissait un fils qui serait l'étendard de son peuple, une lame acérée: un Eustache Marron qui ne sentirait ni l'ail, ni le vieux cuir: un chevalier courtois.

Ce nom serait, un jour, une complainte pour les dames de parage et entrerait dans la geste vaudoise, par le chant des troubadours.

Elle gardait son secret...et chacun pouvait penser ce qu'il voulait, elle n'en démordait pas.

L'enfant grandit.

Tenu à l'écart des purulences de la ville, il échappa à la terrible peste qui ravagea le pays et emporta les plus fragiles.

Colette est morte.

Ils l'ont retrouvée près du vieux chêne foudroyé de la Croisée, à l'endroit même où son homme expira.

Jehan revenu de son pèlerinage dans les Alpes put enterrer sa mère. Quelques mots d'adieu et de douleur partagée, de la part d'une communauté qui ne pouvait oublier la vaudoise si attentive et chaleureuse.

Alyne posa sur les cheveux blancs de l'aïeule, le ruban jauni de ses noces: deux tresses d'or, qui auréolaient un visage apaisé.

Elle s'en allait, parée comme une jeune mariée, retrouver son époux sur les pâturages de l'au-delà pour vivre, à ses côtés, les belles heures de son éternité.

Et c'était bien ainsi...

XIII

L'AFFAIRE DES PLACARDS

18 octobre 1534...

Les courtisans se pressent dans les galeries d'Amboise, l'affolement est à son comble. Le roi, dit-on, est en colère.

Les murs de Paris, « en tous lieux passants », se sont recouverts, durant la nuit, de « vilains placards » offensants pour l'Eglise. « Ils » ont osé placarder leurs libelles jusque dans la chambre de sa Majesté.

L'outrage est manifeste et les membres du conseil, convoqués sur l'heure, font le gros dos sous l'orage.

- Ils ne respectent rien, ils complotent contre leur roi, insultent l'Eglise et bafouent la sainte messe.

Il montre à ses conseillers l'affichette qu'il tient entre ses doigts comme une chose répugnante.

- Prenez, Monsieur de Tournon, prenez et lisez à voix haute pour que nos amis prennent la mesure du sacrilège, lisez Monsieur, afin que ma soeur bien aimée voie en quelles extravagances conduisent nos indulgences coupables.

Le prince est livide, il pose sur sa soeur un tel regard de courroux que la douce Marguerite se fige de stupeur:

- Où sont passés, ma soeur, les éloquents discours de vos amis et leur souci de conduire sans violence ce retour aux sources de la Foi ? Où sont les hypocrites qui couvrent leurs méfaits sous un voile de pureté ?

... Lisez, lisez Monsieur de Tournon...

D'une voix à peine audible, l'évêque commença sa lecture:

- « Articles véritables sur les horribles, grands et insupportables abus de la messe papale »

- Parlez plus fort, on ne vous entend pas, s'impatienta le roi.

- « Les prêtres sont occupés en sonneries, hurlements, chanteries, cérémonies, luminaires, encensements, déguisements et telles manières de sorcellerie. Ce sont des loups ravisseurs, bons pour manger, rogner et dévorer le pauvre monde... Par cette messe, ils ont tout empoigné, tout détruit, tout englouti. Ils ont déshérité les princes, les rois, les marchands, les seigneurs et tout ce que l'on peut dire qui soit mort ou vif. Par elle ils vivent sans souci et ont besoin de ne rien faire et d'étudier encore moins... Que voulez-vous de plus ? Il ne faut donc pas s'émerveiller s'ils la maintiennent si fort... Ils tuent, ils brûlent, ils détruisent, ils meurtrissent comme brigands tous ceux qui les contredisent car pour autre chose, ils n'ont plus que la force. Vérité leur faut et vérité les menace. Vérité les suit et pourchasse. Vérité les épouvante, par laquelle ils seront bientôt détruits... Fiat... Fiat... Amen »

L'évêque n'avait dit que l'essentiel...

- Et cela mes amis, je l'ai trouvé dans mon drageoir, suffoquait le roi... dans mon drageoir...

La pauvre Marguerite se tenait, toute menue, dans l'encoignure de la fenêtre. A ses côtés les plus fidèles de ses amis: poètes, confidents et confesseurs se regroupaient frileusement. Le vent de l'exil soufflait dans leur direction. Un vide se créait autour d'eux. Les courtisans prompts à saisir l'humeur du roi, s'éloignaient des disgraciés.

Cette mauvaise affaire avait balayé les dernières réticences du souverain. Tournon et sa coterie prenaient l'avantage sur les modérés:

- Sire, votre bénignité fut bien mal récompensée. Si vous ne voulez pas que vos états soient gangrenés comme Paris, agissez selon les voeux du défunt pape qui parlait de bon sens. Extirpez dès aujourd'hui l'ivraie de votre champ. Brûlez la mauvaise herbe. Ils insultent les prêtres, les prélats et s'en prennent au sacré, à la sainte Messe et aux fondements de notre Foi... Ne laissez pas commettre un tel crime.

Le roi écoutait avec attention les propos de son conseiller. Celuici traduisait sans fard, ce que pensait la Sorbonne, l'université, le parlement de Paris. Tous menaient croisade contre Marguerite de Navarre et les Evangélistes:

- Oui Monsieur de Tournon, ce mal se répand comme la gangrène et si j'étais envahi de cette pourriture, je préférerais me couper le bras et si, par malheur, mes enfants en étaient entachés je préférerais les immoler moi-même.

Marguerite eut réellement peur.

Les réformés avaient franchi les frontières du tolérable. Les bons docteurs du collège royal, ce haut lieu de la pensée humaniste, cessaient leur fronde et retournaient dans le giron de l'Eglise. Ils ne prônaient que de sages réformes et la rue leur imposait la révolte et le sacrilège.

Le Duc de Montmorency commenta:

- Nous sommes en présence d'une révolte, car on ne peut expliquer autrement le fait que ce libelle ait été placardé dans toutes les grandes villes du royaume au cours de la même nuit... Les luthériens sont organisés, ils ont leurs imprimeries, leurs passeurs, leurs relais et leurs troupes... Ce n'est pas la simple provocation d'un fou, d'un illuminé, mais un complot savamment ourdi... Les affidés sont partout, Majesté, dans ce palais...

D'un geste de la main, il désignait au hasard, un page, un prélat, une princesse du sang:

- Ce peut être un confesseur, un parent proche, un serviteur. Cette nuit une main criminelle a glissé ce pamphlet dans votre drageoir, elle eût pu y mettre le poison.

La reine Marguerite s'avança vers le roi, son frère. Ce frère qu'elle aimait tant et pour qui elle eût donné sa vie sans le moindre regret. Le geste de Montmorency l'avait offensée. Son regard malheureux eut raison du courroux du roi.

Il saisit sa soeur dans ses bras avec beaucoup de tendresse :

- Je sais, Mignonne, que tu ne t'abaisserais pas à une telle infamie...

Marguerite parlait doucement :

- J'étais assurée que mon frère ne m'imputerait ces « vilains placards » ni l'outrage fait à sa dignité. Tu sais mieux que personne que nos amis ne veulent ni révolte ni guerre fratricide.

La princesse était lasse:

- Tout cela va si vite et je n'ai plus d'espoir en l'esprit de réforme. Toi seul pouvais imposer un concile réunificateur.

Le roi était amer:

- Il est trop tard, bien trop tard. Ils ont réduit en cendres mes projets. Un roi outragé ne peut plus agir en diplomate sans passer pour un étourneau. Le parlement réclame des sanctions et le peuple de Paris attend bien autre chose que de savantes combinaisons diplomatiques. Tous veulent ici le châtiment des coupables et, contre mes propres sentiments je leur donne raison. La coupe est pleine. « Vox populi, vox Dei ». Toi-même n'es pas à l'abri de leurs critiques, alors je t'enjoins de te retirer pour un temps sur tes terres de Nèrac. Eloigne tes amis car la justice du roi va passer.

Le rictus amer, il ajouta:

- Bientôt les bûchers égayeront les nuits de Paris pour la plus grande joie de la populace. Allez ma soeur, laissez votre souverain faire son métier.

La reine baissa la tête et s'effaça dans une révérence.

Tournon exultait, la plus inaccessible des hérétiques se retirait. Les choses sérieuses allaient pouvoir commencer.

Le « Bourgeois de Paris » écrivait dans son journal:

« En l'an 1534, au dixième de novembre, premièrement furent condamnées sept personnes à être brûlées en divers lieux et jours; cette sentence fut confirmée par arrêt. Le premier desquels fut Barthelemy Mollon, fils d'un cordonnier, lequel Barthelemy était par maladie impotent de ses membres et paralytique et avait lesdits placards et écriteaux et pour cela fut brûlé tout vif au cimetière Saint-Jean. Le second fut Jean Dubourg, riche drapier. Il fut mené faire amende honorable devant les fontaines des Innocents où il eut le poing coupé puis aux halles où il fut brûlé vif parce qu'il n'avait pas voulu accuser ses compagnons... Le troisième fut un imprimeur de la rue Saint-Jacques qui avait imprimé les livres de Luther.. »

L'air de Paris sent la chair brûlée.

Le 18 novembre un maçon est immolé, le 19, un libraire; le 4 décembre, un jeune clerc; le 5, un enlumineur; le 21 Janvier, trois disciples de Luther; le 22, la femme d'un cordonnier; le 16, un marchand; le 26, un jeune mercier et un écolier; le 13 mars, un chantre de la chapelle du roi.

« Le 5 mai, un procureur et un couturier sont montés dans un tombereau, menés au marché aux pourceaux et pendus. »

Rien n'entrave les progrès de l'hérésie. Le roi interdit l'imprimerie, mais les ouvrages censurés circulent sous le manteau. On dresse les bûchers pour donner des martyrs à la cause des réformés.

Luther recrute.

XIV

DUEL A MORT

1535...

Dans le pays d'Apt, Antoine Bermont, seigneur de Goult, menait campagne avec diligence et, sous le prétexte de servir Dieu et son roi, confisquait, à son profit, les biens des hérétiques de son fief. Son zèle dévastateur s'appuyait sur une haine tenace des vaudois de Roussillon qui avaient molesté, jadis,le curé Guilhem son parent, usurier notoire et prêtre corrompu.

Malgré la mémorable bastonnade que Moutin Le gast lui avait administrée, le mauvais capelan continuait à spolier les manouvriers par la contrainte et le procès.

Ce matin-là, le juge du bailliage et le sieur de Bermont devaient se rendre dans le village de Roussillon pour se saisir de quelques hérétiques qui, en manière de révolte, refusaient de payer la dîme au curé.

Marron et ses hommes, réunis au moulin de la Véroncle, prenaient le parti de Peyret Sourdille, le plus exposé de leurs frères.

Les injures sonnaient sous les voûtes vénérables. Les hommes, décidés à la bataille, incitaient leur capitaine à prendre la tête d'une expédition punitive.

- Les larrons d'Eglise ne semblent pas avoir compris que les choses ont changé dans ce pays et qu'ils ne trouveront plus sous leurs bâtons de victimes consentantes...

Goujon de Gargas hurlait sa colère:

- Peyret ne sera pas tondu comme une brebis et ce que nous avons fait à Cavaillon pour les filles de Cabrières, nous pouvons le refaire à Roussillon. Nous sommes nombreux et entraînés et ce ne sont pas les quatre bourgeois du guet qui livreront bataille.

Jourdain de Gordes proposa son plan:

- Nous pouvons gagner le village, sans nous faire voir, par les falaises et les carrières et si nous sommes à la poterne au petit jour pour la sortie des laboureurs, l'affaire est gagnée.

Eustache prit sa décision:

- C'est bon, demain à l'aube, nous serons tous à la Chaussée des Géants. Il me faut cinquante gaillards décidés et si c'est pour demain, nous n'avons plus le temps de battre la campagne pour rassembler les volontaires. Allez dans les bourgs d'alentour, vous y trouverez les hommes et les armes... M'est avis que ce sera une promenade et que nous n'aurons pas à faire parler la poudre. Il n'y a pas de garnison et le château de La Bistourle est mal gardé. Nous tiendrons les rues, les abords de la prison et la maison de Guilhem. C'est là que nous attendrons Bermont. Veillez à ce que les villageois restent chez eux et, dès que nous aurons franchi la poterne, emparez-vous du beffroi. Il se pourrait qu'un papiste sonne le tocsin et déclanche la bataille. Je ne veux pas que le sang coule à Roussillon. La réussite de notre plan repose sur le secret et la rapidité. S'il est éventé, la troupe nous tirera comme des lapins en garenne... Va tranquille, Peyret, nous prenons ton affaire en mains.

Assis sur le pas de sa porte, Baridon prenait le frais après une dure journée. La haute silhouette du capitaine s'avançait sur le chemin de sa bastide. La visite était pour lui. Le vigneron se porta à la rencontre d'Eustache Marron et lui donna l'accolade:

- Salut frère, si tu cours les chemins au grand jour, c'est que le danger menace quelque part. Marron esquissa un geste fataliste en manière de réponse.

Le doux Raymonet s'était métamorphosé.

Qui l'avait vu, courbant l'échine sous l'étrivière des soldats, ne l'aurait pas reconnu. Baridon était toujours prêt pour la bataille.

Il n'y avait plus, parmi les vaudois, de prédicateur pour prôner le pardon des offenses. L'hérésie se nourrissait de la provocation et de l'injustice. Marron recrutait parmi les victimes des hobereaux, des notables et des prêtres corrompus et Baridon était son féal.

Les politesses échangées, Eustache exposa son projet:

- Il me faut une cinquantaine d'hommes pour forcer la prison de Roussillon et libérer une dizaine de pauvres diables qui, demain, seront transférés au bailliage pour y être condamnés. Et puis, il y a l'affaire de Peyret Sourdille qui est en dette avec le curé Guilhem.

- Aïe, aïe... La mauvaise affaire, s'exclama Raymonet.

- Et oui, il s'est laissé piéger comme un lapin, mais je crois qu'il a été menacé par le prêtre. Quoi qu'il en soit, il ne peut pas rembourser et le juge vient pour l'arrêter et lui prendre son bien: quatre hardes et un bout de terre dans la montagne. C'est la terre que convoite le curé. Sourdille m'a dit qu'elle était bonne, bien exposée et qu'il y avait de l'eau. Je n'en sais pas plus, il a fallu lui tirer les mots, à ce pauvre Sourdille, tant il a peur.

- Va, je le comprends. Quand ils te tiennent ces mauvais chiens, ils ne te lâchent plus, commenta Baridon.

Puis il enchaîna, soudain fougueux:

- Alors, on fait quoi ?

- Pour l'instant, il faut me trouver des hommes et des armes. Attention ! Des hommes sûrs, solides qui ne perdent pas la tête. Je ne veux pas d'un carnage dans le village. Je les attendrai demain, une heure avant le lever du soleil, dans ta vigne, à la fourche du mas d'Imbert. Nous aviserons sur place de la répartition des hommes et des tâches. Ne me cherche pas cette nuit au moulin, je serai dans les cabanes de la Sénancole. Ceux de Joucas et de Gordes nous rejoindront sous les falaises.

- D'accord, tope-là, l'affaire est faite. Je vais réunir nos amis dans l'église et leur faire un petit discours qui va bien les mettre en forme... Je ne te retiens pas, fais mes amitiés à Emmanuel, que je n' ai pas vu depuis la mort de Colette et dis-lui que mon neveu me manque un peu.

- Que veux-tu, il ne pense qu'à sa femme, son petit et ses terres. Alyne attend un autre enfant. Ils vont vite en besogne nos tourtereaux. Quant à Jehan,il s'est installé, à demeure, à la Verrière de Ferry. Il y est en sécurité. C'est bon pour nous cela. Il sait tout cet homme là. Je le vois quelquefois aux Jassines. Il va sur la tombe de ses vieux. Tu sais, il aimait bien sa mère et quand elle est morte, il a eu beaucoup plus de chagrin qu'il ne l'a laissé paraître. Vaï je te quitte, je n'en finirais pas de parler d'eux et le temps me presse... A demain.

La femme de Baridon avait suivi de loin l'entretien des hommes. Lorsque le capitaine fut sur le point de partir elle s'approcha, tenant un pichet qu'elle lui tendit:

- Alors grande carcasse, tu vas encore entraîner mon homme dans des aventures honnies de Dieu... La dernière fois tu me l'as ramené dans un tel état, qu'il a fallu le recoudre de tous les bouts.

- Ne dis pas de sottises, Catherine, sans lui je serais mort, brûlé comme un cochon sur le Postel d'Apt.

- C'est vrai que je déparle, mais, quand même, j'ai peur.

Eustache s'empara du pichet et but à la régalade:

- Ne t'en fais pas, je te le ramènerai en entier.

Il enfourcha son cheval et se tourna vers Baridon:

- Ton vin, c'est le meilleur du pays et il mériterait de figurer à la table du roi, comme le vin d'Arbois de Soubeyran.

Il fila comme un trait d'arbalète, en laissant derrière lui l'écho de son rire. Son ombre se dilua dans le maquis.

- Que Dieu nous le garde, murmura Catherine.

Le ciel rosissait sur les hauteurs d'Oppède et la masse noire du château couvrait de son ombre le village agenouillé à ses pieds.

Le vigneron marmonna:

- Demain le vent sera fort et c'est mauvais pour tout le monde, le vent agace les hommes et les bêtes.

Il rentra dans la bastide où la famille réunie l'attendait pour la lecture des psaumes.

- La mère lira la Bible ce soir, je dois me rendre au bourg. Les valets m'accompagnent. Catherine, ne m'attends pas, je rentrerai tard.

Raymonet se rendit au village en compagnie de ses deux aides. Il frappa à la porte de la maison du baile.

L'homme était attablé:

- Rentre, veux-tu partager la soupe ?

- Je te remercie Antoine, mais je suis pressé, et toi aussi. Nous aurons de l'ouvrage dès la première heure du jour qui vient et j'ai besoin d'hommes.

Il fit le conte des projets de Marron.

Ils se dirigèrent vers le beffroi pour sonner la cloche qui fit accourir hommes et femmes dans l'église du village.

Lorsque tous furent rassemblés, Baridon énonça les raisons de ce branle. L'affaire fut réglée, sans questions ni réserves. Tous s'accordèrent pour dépêcher auprès d'Eustache une vingtaine de gaillards, forts en muscles et point trop maladroits.

Baridon rentra chez lui, satisfait d'avoir bien servi son ami et sa cause. Il était grand nuit. Une brise légère agitait le maquis, libérant les capiteuses senteurs de la montagne. Raymonet aimait sa Provence, sa terre, et ces bonheurs de rien captés au passage, tel qu'un parfum qui s'ébroue entre deux remous de brise.

- Il y a toujours, disait-il à ses compères, un reflet de lune sur l'eau dormante, le chant d'un rossignol amoureux et la longue tige d'un cyprès sur le ciel de l'heure bleue: l'ultime instant d'une lumière vivante sur le point de sombrer dans le néant. C'est le dernier clin d'oeil de l'étoile du berger avant que monte sur l'horizon le fastueux cortège des grandes constellations.

Ainsi rêvassant, les trois hommes regagnèrent le mas. Catherine, inquiète, sursautait au moindre froissement du gravier. Elle veillait près de la chandelle, écoutait le souffle du vent portant l'écho d'une parole, d'un bruit sur le chemin et lorsque le pas du vigneron résonna sur le pavé de la cour, elle poussa un profond soupir et ce fut tout. Il n'eût pas aimé la voir soucieuse. Ses transes et ses angoisses, elle les gardait pour elle.

La lumière filtrait sous la porte et Baridon sut que sa femme l'attendait:

- Allons dormir, demain la journée sera longue. Que Dieu nous préserve, bonne nuit.

Dehors le vent gonflait et agitait les pigeons.

Eustache attendait ses hommes, comme convenu, à la fourche d'Imbert. Il avait délaissé sa cotte de paysan pour son habit de guerre.

Baridon questionna:

- Pourquoi ce train de connétable ? Ton cheval nous fera surprendre bien avant que nous ayons atteint la combe de Ragan.

Eustache répondit calmement:

- J'ai pris le cheval pour porter les blessés. Si nous avions eu une bonne monture comme celle-là, dans l'affaire de Cavaillon, nous aurions moins peiné pour te ramener dans la montagne avec ton trou dans la poitrine.

Odin des Cortasses félicita son chef:

- Tu es aussi prévoyant que brave et cela me rassure.

Eustache interrompit le compliment:

- Ce n'est pas l'heure des politesses, Raymonet n'a pas tout à fait tort. Le cheval restera caché sous les falaises pas trop loin du village. Lorsque l'affaire sera faite, chacun s'en retournera à ses travaux par des chemins différents... Pas de bandes sur la route.

Les fidèles de Marron avaient fait le tour des fermes et des hameaux. Peyron et Vincent Gardiol, Billon de Joucas, encadraient une forte troupe, qui prouvait au capitaine l'étendue de son pouvoir. Il avait des hommes, des armes et des caches autant que de besoin.

Après une heure de marche sous le couvert des arbres, la troupe se trouva au pied du village. Au jour naissant le soleil rasant éclairait les ocres roses et les briques rouges des maisons. Il embrasait les couleurs de la colline. Les pins tordus par le mistral s'accrochaient au rocher, le ciste et le romarin se nourrissaient de la pierre brûlée. L'ombre se tenait dans les plis du vallon. Le beffroi, le château sur son aire, émergeaient des brumes arachnéennes que le vent déchirait aux pointes des échauguettes.

L'automne des mélancolies dorait la pierre usée des remparts et les portes brunies par les autans. Ce n'était pas une journée pour la guerre.

La troupe de Cabrières arriva dans la combe de Ragan, où se terraient les compagnons de Gordes et de Joucas.

- Faisons nos comptes, dit le capitaine, nous sommes cinquante. Je vais répartir la besogne. Il en faut dix pour garder les abords du village, dix encore pour la poterne et le beffroi, et le reste avec moi, pour forcer la prison et garder la maison de Sourdille qui est en face de l'église. Par précaution, nos frères du village se cacheront. La vengeance des papistes pourrait bien se porter sur eux.

D'un regard, Marron sollicita l'accord de ses compagnons. Il n'y eut point de murmures, chacun acceptait la mission que le capitaine lui confiait.

Ils attendirent, cachés dans les sous-bois, que le village ouvrît ses portes.

Les trois bourgeois, requis pour le guet, ne virent point surgir la horde de vaudois qui, en un tournemain, les maîtrisa. Tout aussitôt, les hommes de Marron investirent le beffroi pour garder le tocsin.

Les villageois, dans leur demi-sommeil, percevaient le bruit des pas et des armes heurtant les murs des étroites venelles. Les curieux observaient, au travers des fentes de leurs volets, cette troupe nombreuse qui les clouait dans leurs demeures.

Assuré de ses arrières, Eustache se dirigea vers la prison de la Bistourle où une poignée de vaudois était retenue. La garde était peu nombreuse, composée de vigiles pacifiques qui n'avaient guère envie d'en découdre. Les cinq pauvres bougres, promis aux juges d'Apt, s'égaillèrent comme des moineaux dès que Marron fit jouer les serrures de leur cage.

Peyret tenait à sa terre de Piquebaure, comme le naufragé à sa planche et personne au monde n'aurait pu la lui prendre. Il avait arraché son lopin aux terres gastes, à force de travail. Il en avait fait une novale qui lui permettait, après avoir travaillé pour les autres, de se constituer un maigre pécule qui, bon an, mal an, lui assurait sa subsistance et un certain confort. Il avait espéré, en empruntant au curé, pouvoir s'installer sur ses terres, bâtir sa maison et faire souche comme ses frères, les vaudois. Le ciel ne l'aida pas. Les gelées du printemps, la sécheresse du mois d'août le ruinèrent. Guilhem put faire valoir sa créance et n'y manqua pas.

Peyret Sourdille ne voulait pas se séparer de son lopin: sa signature et sa dignité reconnues. Pour les gens du village il était Sourdille de Piquebaure, paysan possédant, inscrit sur les registres communaux. Celui qui lui prenait sa terre lui volait son identité. Il savait bien que dans les mas plantureux de la vallée, il y aurait toujours de l'ouvrage pour lui, car il ne rechignait pas devant la besogne, mais personne n'aurait pu lui rendre ses rêves de bastide.

Parce qu'il n'avait plus rien à perdre, le pacifique Peyret entrait en rébellion, contre l'Eglise, le pouvoir et le roi.

Le juge Lautier, requis pour l'exécution de l'arrêt du tribunal, était attendu au village accompagné de ses argousins, placés sous les ordres de Bermont.

Dissimulé derrière son volet, Peyret suivait la discrète progression des vaudois. Il vit le petit Odin des Cortasses s'installer avec son arquebuse dans l'angle de la poterne.

Dans la ruelle, chaque porte, chaque retrait cachait un homme de Marron tandis que les villageois se terraient dans leurs maisons.

Le curé Guilhem avait peur. Plusieurs fois bastonné par des créanciers en colère, il se disait que les créances risquaient d'être réglées pour le compte. Il s'enferma dans son église et pria Dieu de le prendre en sa sainte protection.

La troupe de Lautier se présenta à la barrière de l'ouest.

Les réformés tenaient la place des bourgeois du guet et tout semblait si calme aux alentours, que les hommes de Bermont s'engagèrent sans méfiance sous la poterne. Ils avançaient, l'un derrière l'autre, poussés en avant par les montures qui les suivaient. L'étroitesse des lieux interdisait toute manoeuvre de repli. Exposés et vulnérables, ils s'offraient aux coups des conjurés.

Entre le logis de Sourdille et la maison curiale, la venelle s'élargissait permettant un léger déploiement.

De sa fenêtre, Peyret observait les gens d'armes qui s'assemblaient devant sa porte; le juge et le sieur de Goult, dressés sur leurs montures, se préparaient à la sommation.

- Ne dis rien, ne fais rien, se répétait Peyret, Eustache va leur régler le compte.

Le juge Lautier mit pied à terre et les soldats, sur les marches de l'église, se figèrent la pique à la main.

Les réformés, de leurs cachettes, guettaient un signe de leur chef dissimulé derrière un muret de pierres sèches accoté au presbytère.

Le juge déploya son parchemin et, à haute voix, prononça son arrêt:

- Au nom du roi, sur mandement du parlement d'Aix, sur requête de l'official d'Apt Guillaume Dubois, sommons Peyret Sourdille du territoire de Roussillon, hérétique notoire et mauvais payeur de nous suivre en la ville d'Apt siège du bailliage, aux fins de jugement. Déclarons ses biens confisqués et acquis au seigneur du lieu après règlement des dettes dudit Sourdille envers son créancier.

Le pauvre Peyret se voyait dépossédé de sa terre, dépouillé de ses maigres biens: un coffre, une table, un mauvais lit et les quelques hardes de sa femme.

Eustache surgit de sa cachette:

- Halte-là, Monsieur Lautier, il y a loin de l'arrêt à l'exécution. Il est notoire, dans ce pays, que nos bons juges s'arrangent bien commodément des ordres de notre sire pour nous traiter comme du bétail. Sachez que les gens du commun n'acceptent plus de se laisser plumer et brûler comme des chapons. Il vous faudra comprendre que les temps ont changé.

Il ordonna à ses hommes de boucler les issues. Toutes possibilités de retraite étaient coupées.

- Voyez Messieurs, vous êtes vingt et nous sommes cinquante, la partie n'est pas égale. Rentrez chez-vous, oubliez Sourdille et les autres.

Bermont enrageait et sa monture s'énervait:

- Qui es-tu, pour t'opposer à la justice du roi ?

- Je suis le Marron de Cabrières, Gordes, Joucas et autres lieux que ma mémoire ne retient pas, je suis toujours sur le chemin des voleurs et des assassins.

Eustache bravait Bermont, il s'offrait le plaisir de jeter comme un gant, à la face de ce nobliau sans gloire, son nom qui courait la campagne et faisait frémir, bourgeois de villes et hobereaux des champs. Il tirait de ses combats les secrètes jouissances du condottière. Il était le chef d'une petite armée, capitaine choisi par son peuple et investi d'une mission qui le dévorait mais assurait sa gloire. Ses hommes le regardaient avec un sentiment d'admiration mêlé d'angoisse. Angoisse pour les haines qu'il accumulait au-dessus de leurs têtes, admiration pour ce courage insolent qui leur rendait leur dignité. Ce n'était pas le seigneur de Goult qui, en cet instant, paraissait le plus grand.

L'orgueil blessé rendait Bermont redoutable:

- Retire-toi, cette affaire ne te concerne pas et si tu m'obliges à descendre de cheval, je te promets une bonne rossée du plat de mon épée. Allons, dégagez la place.

Il fit cabrer sa monture pour desserrer l'étreinte des vaudois. Eustache saisit la bête au mors et le cavalier désarçonné tomba sur le pavé.

Bermont gisait à terre, humilié.

Eustache lui tendit la main:

- Allons Messire, évitons une mauvaise querelle. Je ne crois pas que vous soyez dans la meilleure des postures pour mettre vos menaces à exécution. Laissez mes amis en paix et nous retournerons dans nos champs. Nous ne voulons pas semer la haine et le désordre dans le pays.

Bermont ne l'entendait plus. La colère lui mangeait la tête. Il se releva et brandissant sa courte épée, il en appela à la troupe :

- Soldats, livrez passage !

L'ordre du seigneur ne fut pas exécuté sur le champ. Les soldats, enfermés dans un cercle de fourches et de serpes, ne pouvaient aisément manoeuvrer. Les deux camps s'observaient, l'affrontement était inévitable.

Le juge Lautier tenta une médiation:

- Ne serait-il pas sage, Messire Bermont, que nous reprenions cette affaire lorsque les esprits se seront calmés.

Bermont fulminait:

- Sur mon honneur, il ne se dira pas dans le bailliage que le seigneur de Goult n'est plus le maître dans son fief et qu'une bande d'hérétiques l'a fait fuir. La justice du roi passera sur le ventre de ces coquins.

Il se tourna vers Marron qui le guettait, rapière au poing, appuyé contre la porte du logis de Sourdille.

Eustache tenta une dernière démarche:

- Messire le juge parle de bon sens, ne vous obstinez pas, le combat serait trop inégal. Une sage retraite, à tout prendre, vaut mieux qu'une cuisante défaite, le sang coulerait inutilement.

- Ecarte-toi de ma route ou je t'embroche.

Bermont joignit le geste à la parole.

Eustache esquiva la botte et la lame de son adversaire vint se ficher dans le bois du vantail.

- Arrêtez, Messire, ne m'obligez pas à défendre ma vie au risque de vous tuer.

L'autre n'écoutait pas:

- Je veux te tuer, il y a trop longtemps que tu nous offenses par tes actes et tes propos, tu insultes l'Eglise, ton seigneur et ton roi. Il faut que tu meures pour que la paix revienne dans le pays d'Apt. Garde-toi !

Le sieur de Goult avait repris son épée bien en main. La troupe de vaudois s'écarta devant ces deux hommes décidés à s'entretuer.

Marron donna ses ordres:

- Laissez-nous du champ, dégagez la ruelle et puisque messire le veut, que les armes parlent.

D'un large mouvement de sa rapière, le manant salua son seigneur et se porta à sa hauteur. Eustache n'était pas maladroit, il avait appris à se servir d'une épée et pouvait tenir avantageusement sa partie devant le sieur de Goult qui n'avait pas la réputation d'un bretteur redoutable.

Bermont porta l'assaut avec toute la violence d'un homme hors de lui. Trop sûr de lui, d'estoc et de taille, il voulait en finir au plus vite.

Le vaudois tenait le haut de la ruelle et forçait son adversaire à reculer dans la pente, il parait les coups du forcené en attendant que la fatigue oblige Bermont à baisser sa garde.

Le hobereau faiblissait, ses coups devenaient moins violents. Il n'avait pas l'avantage du terrain et subissait la pression du vaudois qui sentait la victoire à sa portée. Il rompait, visiblement fatigué, et fut bientôt acculé contre le mur du beffroi.

Eustache le harcelait. Bermont tenta de contourner son adversaire pour échapper à son étreinte mais son pied heurta la marche d'un escalier et il perdit l'équilibre, tenta de se ressaisir, baissa sa garde lorsque qu'Eustache lui porta l'estocade. Le fer s'enfonça dans la gorge du bretteur qui s'affaissa, raide mort. Le sang giclait de l'artère sectionnée; le sieur de Goult se vidait sur le pavé.

Eustache, consterné, se pencha sur le cadavre:

- Je n'ai pas voulu cela, mais il faut croire que le jugement de Dieu nous a été favorable. C'est assez pour aujourd'hui, laissez partir le juge et les soldats.

Le capitaine était las, il se retira, derrière le mur du presbytère, pour reprendre ses esprits. Seul, il se prit la tête entre les mains et murmura d'une voix angoissée:

- Mon Dieu que va-t-il nous arriver ?

Profitant de l'absence de Marron, l'escorte du juge se regroupa et prit le chemin de la poterne, peu soucieuse d'affronter les vaudois.

Le juge Lautier ne cachait pas sa colère et promettait de revenir à la tête d'un contingent de soldats. Insultes et quolibets fusaient de part et d'autre. De paroles en bousculades, les hommes en vinrent aux mains et soudain de l'angle de la poterne partit un coup de feu. L'arquebuse d'Odin des Cortasses crachait la mitraille. Le juge Lautier, fusillé à bout portant, tomba de son cheval.

Marron dévala la ruelle. Odin était pâle. Le meurtre était délibéré, l'arme devait être préparée pour le tir et le geste ne pouvait pas être accidentel. C'était un acte d'inutile barbarie. Marron furieux, s'empara du jeune homme et le souleva comme un fétu de paille au dessus de sa tête. Le colosse voulait jeter l'avorton par-dessus les remparts.

Le jeune homme sanglotait.

Baridon intervint pour calmer la fureur du capitaine et sauver la vie de l'imprudent:

- Laisse-le, ce n'est qu'un enfant. Souviens-toi d'Emmanuel.

Marron reposa Odin sur ses jambes:

- Va-t'en, je ne veux plus te voir parmi nous et si tu reviens je te tue.

Eustache tourna les talons et se dirigea vers ses compagnons rassemblés sous le beffroi. Devant la gravité de la situation, ils décidèrent d'emmener Sourdille loin du village et des papistes qui l'auraient lapidé.

Sourdille franchit le Luberon, par des chemins oubliés de Dieu et se réfugia à Mérindol, la forteresse inexpugnable des vaudois.

Tout danger écarté, les bras tendus vers le ciel, les yeux fixés sur la croix, Guilhem haranguait ses paroissiens rassemblés dans l'église.

Les corps de Bermont et de Lautier étaient étendus devant l'autel. Le curé demandait pour les assassins les châtiments les plus terribles. Il en appelait à Dieu puisque le roi abandonnait ses serviteurs lorsqu'il ne les faisait pas pourchasser comme le brave inquisiteur Jean de Roma, qui lui, avait la manière.

De son temps les hérétiques se tenaient tranquilles.

Guilhem sentait qu'il perdait peu à peu la confiance de ses ouailles car la désinvolture de Marron avait fait forte impression.

Le prêtre sermonnait ses paysans déconcertés:

- Si tous ceux qui ont en charge le salut de nos âmes et la protection de nos vies hésitent à extirper l'hérésie de Provence, le fléau gagnera le royaume du nord au sud et de l'est au ponant. Ils viennent, ils tuent et s'en vont sans être inquiétés. Ressaisissons-nous, mes frères, pensons à nos deux martyrs: le sieur de Bermont et le bon juge Lautier. Forçons les portes du bailli, obligeons-le à faire son devoir et que nos voix unies dans une sainte colère, montent jusqu'à la cour du roi. Que notre sire comprenne qu'il n'est pas tolérable que les seigneurs et les juges soient occis sous les yeux des enfants et que les prêtres soient bastonnés dans leurs églises.

Le vibrant plaidoyer enflammait les esprits. Guilhem n'avait plus qu'à souffler sur la braise pour que s'organise une marche de la colère sur la ville d'Apt.

Le cortège se rendit au bailliage entraîné par une horde de mégères échevelées. Elles menaient grand train et grand tapage enrôlant sous leur bannière tous les mécontents qui jalonnaient leur parcours. En moins d'une heure la troupe se trouva devant les barrières de la Bouquerie. Les villageois firent tant de vacarme que les gardes de la ville durent intervenir pour calmer les plus excités.

Le curé prenait la foule à témoin:

- Voyez, les mal sentants tuent les seigneurs et les juges et c'est aux bons chrétiens qu'ils s'en prennent. Les soldats du roi sont les complices des luthériens.

Il suffisait de lui désigner sa proie pour que la populace, prompte à la curée, mette la ville à feu et à sang.

Jouant des coudes au milieu de la cohue, le sergent du guet réussit à entraîner Guilhem et les plus chauds de ses partisans dans la cour de la maison communale. S'il voulait maintenir l'ordre dans sa ville, il lui fallait éloigner les fauteurs de trouble du gros de la foule et pour cela, il avait promis que le syndic recevrait en audience le curé de Roussillon.

Comme tous les habitants de la ville, l'officier de police partageait le sentiment du prêtre.

Les luthériens bousculaient les habitudes quasi-ancestrales de traque et de chasse envers les hérétiques. De mémoire d'homme, nul n'avait connu, en ce pays, de révoltes de mécréants et de Juifs.

Devenus enragés, les luthériens menaçaient la tranquillité des bourgeois et le peuple perdait confiance dans ses institutions.

Le sergent conduisit le prêtre et Soborandi, le fidèle paroissien, dans la salle d'audience de la maison communale, où siègeaient les syndics de la cité.

Le premier magistrat de la ville et le juge royal étaient, l'un et l'autre, dans un grand embarras.

Le syndic ne laissa pas au curé le temps d'exprimer sa colère :

- Il est fait grand cas dans la ville des actes de violence dont se sont rendus coupables les hérétiques. Soyez sans crainte, la justice passera et les coupables seront châtiés. Nous ne pourrons pas les prendre tous, mais le châtiment que nous infligerons aux meneurs calmera les autres... La justice du roi se doit d'être équitable, c'est pourquoi le juge requerra les témoignages de ceux qui ont vu les meurtres du sieur de Bermont et de messire Lautier... Vos dires seront consignés par le greffier de ce tribunal et présentés au parlement d'Aix... Monsieur le curé, en votre qualité de parent du sieur de Goult, votre témoignage ne peut être retenu. De méchants esprits, favorables aux réformés, pourraient le contester devant la cour de justice.

Soborandi était donc le seul témoin requis dans cette affaire. Il décrivit avec force détails, le village assiégé, la férocité des vaudois et le massacre des deux notables:

- Je vous le dis, messire, en tuant le juge, c'est bien le roi qu'ils voulaient atteindre. Et si la loi n'est plus respectée par les uns, il n'y a pas de raisons qu'elle le soit par les autres.

Le juge interrompit le vieux paysan:

- La justice du roi est patiente, elle resserre peu à peu ses filets mais il faudra du temps pour venir à bout de ce fléau. Que peuvent nos quelques gens de police, qui ne font pas métier de guerre contre les bandes armées de Mérindol, de Cabrières et de Gordes ? Les soldats du pape, pourtant bien entraînés, n'ont pu les arrêter dans Cavaillon... Il nous faudrait la troupe pour venir à bout de ces croquants... Mais patience, nous solderons les comptes en une seule fois... Au lieu de les exciter, calmez vos paroissiens et dites-leur que le roi ne les oublie pas... Des actes de rébellion desserviraient votre cause.

La colère s'était apaisée, l'officier du roi avait su calmer les impatiences et les envies de meurtre de la foule exacerbée. Le curé Guilhem retourna dans sa paroisse suivi de ses ouailles assagies.

La force n'était plus du côté des catholiques, ce dont les autorités étaient conscientes. La justice accumulait les preuves, les dénonciations, les témoignages et complétait ses dossiers qui, un jour, seraient exhumés de la poussière des greffes pour nourrir les procès.

A la flambée de colère consécutive à l'affaire des placards succéda une période de plus grand calme.

Par l'Edit de Coucy du 15 juillet 1535, le roi accorda sa grâce et pardonna à tous les hérétiques qui abjureraient dans les six mois. Il ordonna au parlement de Provence d'élargir les prisonniers et de restituer les biens saisis.

Deuxième Partie

CHAUSSES-DE-CUIR

I

LA SOUILLURE ET LA HONTE

1536...

Après son long séjour dans les Alpes, Jehan s'était retiré à la verrière des Ferry, dans un lieu sauvage propice à l'étude et au recueillement.

Son hôte était un homme secret, un peu bancal, un peu bossu, un peu sorcier. « Ferry le petit » comme on disait dans le pays, était insaisissable, aussi taciturne que sa demeure: sombre bâtisse perdue dans les brumes du vallon. On savait de lui qu'il soufflait le verre pour les italiens d'Avignon et que sa réputation était grande. Dans les temps passés le bon roi René venait à la verrière assidûment et les nuits de pleine lune, des visiteurs discrets frappaient à la porte de la maison.

Le secret protégeait sa quête. Ferry cachait, dans les caves de sa demeure, le four des grandes mutations, l'alambic du divin mystère qui tirait de la semence de Dieu la quintessence du monde.

Les initiés cherchaient le grand arcane: la pierre philosophale, la science sacrée qui se cachait sous les propos voilés de l' alchimiste. Tous deux se penchaient sur d'antiques grimoires, chargés d'allégories, de signes et de sentences sybillines. Jehan partageait le pain, le savoir et les secrets du maître verrier. Parfois il croisait une ombre au détour d'un couloir. La silhouette passait, le saluait et se glissait dans les profondeurs de la maison. Ces nuits-là des bruits étranges montaient des entrailles de la terre. C'était la part occulte de Ferry, celle que Jehan ne pouvait partager.

Pendant les mois d'hiver de la mi-carême à la pâque fleurie, il tenait école dans la bastide de Perrotet et, aux premières jonquilles, reprenait son sac, son bâton et sa bible et s'en allait prêcher dans les villages du Luberon.

Il retournait parfois aux Jassines, tiré par l'invisible lien qui le retenait au passé. Son temple, c'était ce petit coin de terre où reposaient, côte à côte, pour l'éternité, l'ombrageux Emilio et la douce Colette. En ce lieu inspiré, le Prêcheur trouvait ses accents les plus beaux. Il n'y avait rien de plus chaleureux que ces vaudois recueillis autour de Jehan, près de la tombe des anciens.

Ainsi s'égrenaient les jours du Prêcheur.

*

* *

La peste et la famine ravageaient la Provence, mais un malheur chassant l'autre, la guerre, aujourd'hui, incendiait le pays.

Les armées de Charles Quint avaient franchi le Var et les lourds bataillons de vétérans traversaient un pays dévasté. La terre brûlée, les puits empoisonnés, les récoltes détruites n'offraient aucune aide à l'agresseur. La Provence mourait de faim et entraînait l'envahisseur dans sa détresse.

L'armée française campait dans le Comtat. Dans tous les villages de quelque importance les soldats du roi prenaient leurs quartiers.

Dans la ville d'Apt un régiment tenait garnison. La rapine, le viol et la vérole frappaient les beaux quartiers. Les bourgeois fuyaient leurs maisons et la rumeur entretenait la peur dans les campagnes. Les bergers, disait-on, avaient vu les lansquenets de Charles Quint dans la combe de l'Ayguebrun, à quelques lieues de la cité. Le château de Lourmarin était pris et l'on tenait pour mort le jeune baron François d'Agoult, fils de Dame de Levis-Ventadour.

La ville se murait, fermait ses portes, montait ses tours. Le pays vivait dans la terreur. Le danger surgissait de toutes parts, des impériaux, des gens d'armes du roi, de la peste du ruisseau et des bandits de grands chemins.

La famine sévissait et, pour soustraire le grain des semailles aux pillages des soldats, les paysans du plateau cachaient leurs récoltes dans les baumes du Luberon.

A l'écart des grandes routes et de ses dangers, les Jassines respiraient un air de paix. Emmanuel vivait, entre sa femme et ses deux enfants, une vie de labeur ponctuée des joies simples de la famille. Il n'en demandait pas plus, ignorant les bûchers de ses frères, la guerre et son cortège de souffrances:

- La main de Dieu, disait-il, protège notre maison.

Le jeune laboureur, sur les conseils du vieux Soubeyran, avait décidé de placer ses réserves dans les baumes. En ces temps incertains, il ne s'éloignait pas de sa bastide et travaillait dans les champs d'alentour, attentif au cliquetis des armes et au pas des chevaux passant sur la grand-route. Il abandonnait Alyne et ses enfants pour toute une journée et la chose lui coûtait. Dès l'aube, lorsqu'il fut assuré que la violence assouvie éructait dans les bordels de la ville et libérait les routes de la Valmasque, il partit avec son attelage chargé de sa récolte vers les hautes combes. Sûr de son chemin, il évoluait entre les bouquets de chênes verts et les maquis impénétrables. Il repérait de loin le discret tumulus, figé sous le soleil, simple signe du passé, qui marquait la route immémoriale des fugitifs. Il eut bientôt gagné les grottes de la Roque des Bancs. La baume était immense, il y cacha sa provende, au sec sur un banc de pierre, dans le coin le plus reculé de la grotte. Les rats lui mangeraient une partie de son bien mais il était certain de sauver l'essentiel.

Alyne n'attendait pas son époux avant la fin du jour. Tout était calme ce matin-là, un matin d'été comme les autres. Les chiens terrassés par le soleil haletaient sous le porche et les cigales menaient un train d'enfer. L'ombre du platane dessinait des arabesques sur le mur blanc de la bastide et les pigeons s'ébrouaient sur la margelle du puits.

La jeune paysanne vaquait à ses travaux, donnait la maigre ration de grains aux galines et la soupe aux cochons en surveillant ses enfants qui jouaient dans le pacage. Les rires, les cris, les larmes, couvraient les bruits diffus de la campagne.

Paisible et heureuse, la bastide menait son train de tous les jours.

Il faisait chaud. Alyne décida de baigner les enfants. Elle s'en alla tirer l'eau du puits pour remplir son baquet. Tous ces préparatifs intriguaient Enguerrand qui, n'aimant pas l'eau, préféra déguerpir en abandonnant sa soeur.

- Tu peux détaler mon fils, j'ai les jambes plus longues que les tiennes et j'aurai tôt fait de te rattraper... Ne porte pas peine, ton heure viendra.

Elle traversa la cour saisit sa fille par le bras et l'entraîna vers le baquet. La docile Bérengère fut la première à monter sur la pierre du sacrifice, la vieille pierre d'Emilio.

- Tu es plus mignonne que ton frère et je vais te faire belle comme une princesse de la cour.

Le regard en coin, Alyne surveillait la petite tête brune de son garnement qui tantôt apparaissait et tantôt s'effaçait derrière le mur de la porcherie.

- Sois bien aise, mon petit, tu es bien à ta place avec les cochons... Si ta grand-mère te voyait dans cet état, j'aurais la honte aux joues.

Bérengère acceptait son sort de bonne grâce. Elle battait l'eau, éclaboussait sa mère. Les rires fusaient dans la poussière du soleil et les gerbes rutilantes. Alyne dévorait de baisers le corps de son enfant.

Bérengère fut hissée, toute nue, sur la pierre d'Emilio et, gourmande, attendit la reddition d'Enguerrand.

Saisi, tiré par l'implacable bourreau, dans les larmes, les cris et la fureur, la victime fut jetée sans ménagement dans le baquet d'eau tiède.

- Allez mon garçon, au bain, je veux voir, ce matin, la couleur de ta peau, je vais te faire briller comme un écu du roi.

Sous les larmes qui séchaient aussi vite que l'eau ruisselante au soleil, un sourire se dessina sur le visage de l'enfant. Il se pendit au cou de sa mère et posa sa tête contre sa joue. C'était la grande réconciliation.

- Tu vois bien que ce n'est rien du tout et si ton père t'avait vu dans cet état, tu n'y coupais pas du bâton.

Soudain les chiens se mirent à aboyer.

Trois cavaliers s'avançaient sous le porche, trois hommes de guerre portant casaques, bottes à mi-cuisses et dagues à la ceinture, soldats du roi, mercenaires en chasse qui battaient la campagne en quête de bonnes affaires.

Alyne se redressa. L'eau plaquait son corsage de lin sur sa poitrine, révèlant la pomme de son sein, la chair laiteuse de sa gorge. Elle savait ce qu'ils voulaient: l'or, les bijoux et la femme. Elle lisait, dans ces regards fixés sur sa poitrine, la lueur fauve du désir.

Les femmes de ce pays, hérétiques et bien pensantes, partagaient le même destin: les coups et les saillies du soldat.

Lorsque la coupe est au bord des lèvres, que le gant du ruffian se porte sur sa peau, la fille se résigne. Sa vie, son honneur et ses amours sont morts. Elle est bête de somme et de plaisirs, sac à purulence de Pise en Avignon. C'est la guerre, et la vérole chemine dans le sillage des armées. Elle déverse la sanie de ses mercenaires sur le trottoir des villes en longs sillons visqueux. Se garder de la troupe, des moines et des routiers est la première des choses que l'on enseigne aux filles du peuple.

Alyne ne se faisait pas de conte. Son destin était scellé, sa vie s'arrêtait là, dans cette maison, sur le lit de Colette.

Elle posa doucement son fils près de sa soeur, les serra dans ses bras en sanglotant:

- Sauvez-vous mes enfants, que Dieu vous garde.

Les soudards ne disaient rien. Alyne rentra dans la maison.

Dans la salle commune, appuyée contre le mur, elle attendait que les hommes se partagent sa chemise et son ventre. Elle ne pleurait pas, sa tête se vidait de tous ses souvenirs et de ses rêves. Un seul visage gravé sur ses paupières closes, Emmanuel. Elle s'accrochait à son image, fermait les yeux pour la retenir. Aussi longtemps que durerait son martyre, Emmanuel serait à ses côtés. Elle allait mourir, le corps souillé mais le coeur chaste. Docile, plus morte que vive, elle abandonnait à ses bourreaux une dépouille inerte.

Les soldats silencieux, tournaient autour d'elle, jouaient de ses nerfs, frôlaient sa joue, pressaient un sein, jouissaient de l'attente, disposant du temps à leur gré. Ils voulaient l'or d'abord, les beaux écus que ces paysans madrés gardaient dans quelque resserre et que la belle livrerait sans regrets, pour prix de sa vertu épargnée.

Il ne coûtait rien de le lui faire croire.

Le plus âgé, ne perdit pas son temps en vains bavardages. Il gifla la femme qui tomba sur le sol. Elle rabattit ses mains sur son visage pour se protèger. Alyne avait peur, ses fermes résolutions l'abandonnaient, elle hurlait de douleur et suppliait qu'on en finisse. Elle était prête à tout pour voir cesser son cauchemar.

L'un des soldats avait tiré sa dague et lui piquait le sein:

- Dis-nous où est ton or et nous partons. C'est promis, parole de soldat.

Les sanglots étouffaient la pauvre femme. Elle indiqua du doigt et de la tête, la chambre et le coffre sous le lit.

Elle répondait par signes, aux questions des mercenaires:

- Le trésor est sous le lit..Pas vrai ?

Un hochement de tête le guidait dans ses recherches.

Le chef ne laissa à nul autre le soin d'engranger la rapine. Pour le partage on verrait plus tard. Il fit main basse sur les bijoux, le collier de perles et les écus de la belle.

Le mercenaire revint, satisfait de sa moisson:

- Voyez, vous autres, ils pleurent misère, mais ils dorment sur des trésors.

Il se tourna vers la créature, gisant à ses pieds.

- Debout toi... Approche..

Péniblement Alyne se remit sur ses pieds, espérant en être quitte pour son argent et sa frayeur. Un pâle sourire se dessinait sur ses lèvres.

- Tu es docile et sage, j'en suis bien aise.

Il palpait les seins, tâtait les hanches, les fesses de la femme.

- Ils ont des femelles avenantes ces pourceaux, nerveuses comme des juments d'Espagne et ils les abandonnent pour s'en aller courir je ne sais où.

Moi, j'aime bien monter les juments d'Espagne...

Son rire énorme secouait sa panse et sa rapière.

- Frères d'armes, nous allons enfourcher cette cavale, comme de bons cavaliers du roi.

Les comparses riaient du bon mot de leur chef.

Alyne suppliait:

- Vous m'aviez dit que vous me laisseriez en paix si je vous livrais l'or.

Aimablement, le chef lui tapotait la joue:

- On a dit cela !.. Qui l'a dit ?

- Lui, souffla-t-elle, en montrant du doigt le cadet des truands.

- Tu as dit cela, toi ?

- Mais non, je n'ai rien dit, elle a cru entendre.

Et tous trois riaient aux éclats:

- Ma chère, reprit le plus jeune, tu fais partie du trésor, tu es belle comme une perle et nous voulons te garder.

Alyne suppliait de l'épargner pour ses enfants.

- Ne pleure pas ma mie, des enfants nous t'en ferons d'autres, des normands, des bretons, des alsaciens, tu n'auras que l'embarras du choix et, si nous t'emmenons avec nous, tu verras du pays, des Flandres jusqu'au Roussillon. Tu connaîtras la vie. C'est un crime de laisser une fille comme toi moisir dans ce pays. Allons, ne perdons pas de temps, je vais la monter le premier, c'est le privilège du chef.

Les trois hommes entraînèrent la femme vers le lit. Le premier tenait son sexe bien en main: une verge énorme, gonflée, violacée. Le soldat sentait la crasse, le vieux cuir et l'écume de cheval.

Alyne fermait les yeux pour ne pas voir cette monstruosité qui lentement s'approchait d'elle.

- Non, je ne veux pas, laissez-moi.

Dépouillée, livrée nue, elle se battait encore, mordait les mains qui l'entravaient.

- Allons la belle, touche-moi ce membre; il s'est offert, le bougre, les bourgeoises de Pise, les putains de Milan et les nones de Ferrare. Ces garces ne m'ont pas laissé que de bons souvenirs. Le sexe se dressait devant le visage de la femme:

- Allons ouvre la bouche et souffle-moi dans le pipeau.

Les deux acolytes pressaient le visage d'Alyne contre les cuisses de leur chef et l'obligèrent à engloutir la chair tendue du spadassin.

Alyne étouffait, rejetait l'abjection et vomissait sur les chausses rabattues du soldat.

L'homme, privé de son plaisir, frappait ces lèvres qui se refusaient. L'aimable visage de la petite Alyne n'était que plaies et boursouflures.

- Ecartez-lui les cuisses, hurlait-il.

Il se coucha sur la femme inerte, le cuir rêche des bottes griffait les jambes nues et la boucle de la ceinture perçait la chair révulsée. L'homme haletait, poussait comme un taureau, déchirait les chairs fragiles pour cracher enfin sa purulence dans les entrailles dévastées de sa proie.

Il se retira, satisfait:

- Elle manque un peu d'appétit mais cela lui viendra en mangeant.

L'homme repu devenait généreux. En toute simplicité, il invita ses compagnons à partager ses restes:

- Comme toujours, mes camarades, je vous ai montré le chemin.

Le rire ignoble lacérait la pudeur de la fille. La belle Alyne n'était que plaie béante, jetée en travers de la couche et offerte à tout venant.

- Régalez-vous, mes princes, c'est table ouverte.

L'un après l'autre les spadassins prirent leur plaisir du corps pantelant de leur victime.

Alyne ne bougeait plus, des bribes de propos, tournaient dans sa tête, on parlait d'elle... Quelle importance, tout était fini.

Il faut l'emmener disait l'un, il faut la tuer disait l'autre, c'est une luthérienne.

Le chef trancha:

- La garce est belle et c'est chose rare dans ce pays. Si le mari se montre conciliant, nous serons dotés d'une saine femelle qui pourra nous donner du plaisir, pour le temps que nous restons ici.

Les autres tombèrent d'accord:

- Nous reviendrons, la belle !

Les cavaliers partagèrent le butin et s'en allèrent sur le coup de midi. Ils étaient porteur d'un message du bailli pour le seigneur de La Coste.

Longtemps, Alyne pleura sur le grand lit souillé et, lorsqu'elle n'eut plus de larmes à verser, elle se leva, l'esprit vide. Comme une somnambule, elle se dirigea vers le coffre où elle gardait ses plus beaux atours. Elle revêtit sa robe de mariée, boucla sa ceinture et sortit de la maison. Elle ne vit pas ses deux enfants prostrés contre la pierre d'Emilio.

Parce que ses espoirs et les plus belles heures de sa vie gisaient au pied du lit.

Parce qu'elle ne pouvait se laver de l'ordure qui la couvrait et que la seule pensée qui lui rongeait l'esprit, sentait le stupre et la pourriture.

Parce que son corps refoulait par tous ses pores l'abjecte semence de ses bourreaux.

Elle fuyait ce lieu maudit, son époux, ses enfants, les Soubeyran, les souvenirs d'enfance et les rêves inachevés.

Son ventre la brûlait, sa mémoire ne retenait que la vision d'un sexe purulent tendu vers son visage.

Sur le chemin qui l'éloignait de sa maison elle vomissait encore, éructait sa peine et sa misère.

Pour la fraîcheur recouvrée de l'enfance dans les limbes du paradis, pour la paix enfin accordée, Alyne voulait mourir.

Elle avait revêtu la parure de ses noces pour l'ultime rendez-vous. La belle épousée voulait choisir sa mort et sa sépulture.

Qu'il sera doux, le dernier baiser de la vie, la caresse du vent de nuit au coeur de la montagne.

Sur la margelle du puits, une tourterelle lissait son aile. La vie s'écoulait, impassible.

Emmanuel était arrivé à la Croisée du vieux chêne. Aucun de ces bruits familiers d'une ferme au travail ne venait troubler la paix des champs. Le soleil déclinait et, à cette heure du jour, Alyne devait rentrer les chèvres et donner la soupe aux cochons. Mais rien ne bougeait dans la bastide. Les chiens, d'ordinaire si prompts à venir à sa rencontre, se terraient et les enfants ne jouaient pas dans les pacages.

Emmanuel s'inquiéta. Il délaissa son attelage et courut vers sa maison. Il vit tout de suite ses enfants nus appuyés contre le mur, serrés l'un contre l'autre. Sa femme n'était pas là.

- Où est ta mère, Enguerrand, dis-moi où est maman, je t'en supplie mon fils.

Les sanglots lui nouaient la gorge.

- Mon petit... Essaie de te rappeler.

Enguerrand ne comprenait pas, deux grosses larmes noyaient son regard. Durant des heures la peur l'avait figé contre sa petite soeur, muet d'horreur. Il ne reconnaissait plus son père et lorsque celui-ci se pencha pour le prendre dans ses bras, il eut un geste de recul et se protégea le visage.

La petite Bérengère se leva et s'approcha d'Emmanuel. Elle se plaignait du froid et réclamait sa mère...

Le drame l'avait dépassée.

La nuit était venue, il enveloppa les enfants dans sa veste et les rassura:

- N'ayez pas peur, je suis là, attendez-moi sagement ici.

Il entra dans la maison et se dirigea, à tâtons vers le manteau de la cheminée où se trouvait le chandelier. A la clarté de la flamme, il découvrit l'étendue du désastre: le lit défait, taché de sang, le coffre ouvert, et les vêtements d'Alyne répandus sur le sol. Maintenant il savait.

Emmanuel ne pleura pas. Il ne pouvait pas pleurer. Un bloc de haine pesait sur sa poitrine et l'étouffait. En un seul jour, tout ce qu'il aimait avait été détruit, son labeur quotidien, ses amours et ses rêves à venir. Sans sa femme, il n'était rien.

Adieu le doux époux, adieu le gentil laboureur. Bienvenue, dans la cour des miracles, au tueur infatigable et à la sombre bête. Bonsoir, l'alchimie du malheur qui peut changer l'or des sages en plomb pour les arquebuses. Salut à la métamorphose des gens de bien. Emmanuel sentait poindre en lui, la révolte des gueux, des éternels sacrifiés, cocus, battus, volés.

Il regardait ce lit, épicentre de son malheur, haut lieu de sa lignée, creuset de tant d'étreintes, de naissances et de morts. Ils en avaient fait leur bauge, souillé sa femme et meurtri ses enfants.

Pour tout cela, ils devaient payer. Les hommes paieront, Dieu paiera. Dût-il incendier la Provence, retourner toutes les pierres de la garrigue, il se promettait de tous les tuer.

L'aube le surprit, assis sur le banc. Les enfants dormaient sur la pierre. Il réalisa qu'avant toute chose il devait les mettre à l'abri. Tant bien que mal il les vêtit, les prit ensemble dans ses bras et sortit de la bastide. La mule, toujours sous le harnais, l'attendait. Il posa les petits dans le char vide et prit la route de Soubeyran.

A chaque pas surgissait une image, un souvenir d'elle, quelques mots jetés dans le vent, entre deux rires qui évoquaient les rentrées tardives sur les Jassines, l'inquiétude de Colette et le sourire d'Alyne et ses mots de consolation:

- Ne soyez pas en peine, grand-mère, nous voilà.

Fou de douleur, il hurlait dans le matin naissant.

Il arriva à la bastide des Soubeyran.

La mère était sur son perron. Il ne fallait pas être grand clerc pour comprendre qu'un malheur était arrivé. Les enfants recroquevillés sur le chariot et le visage défait d'Emmanuel parlaient d'eux-mêmes. Alyne n'était pas avec eux.

La mère Soubeyran se précipita vers les petits.

- Que se passe-t-il ?

- Prenez-les, je vous les confie, je n'ai plus qu'eux.

- Parle, enfin !

Elle secouait son gendre:

- Où est ma fille ?

Emmanuel ne sut que répondre:

- Morte peut-être ! Jetée dans les marais...

Il s'effondra, recru de fatigue et de douleur.

La mère Soubeyran le frappait pour qu'il ne s'évanouisse pas.

- Parle, que s'est-il passé aux Jassines ?

Il fit, tant bien que mal, le récit de ce qu'il avait vu. Elle pouvait imaginer sans peine la fin misérable de sa fille.

Le père était rentré, il avait tout entendu:

- Fils, il ne faut pas désespérer. Je suis sûr qu'elle est vivante et qu'elle se cache, quelque part dans le maquis, parce qu'elle a honte et qu'elle a peur... Ce n'est pas de sa faute, mais nous savons le prix que nos filles attachent à leur vertu... Je la retrouverai même si je dois retourner chaque pouce de terre et curer les fossés des Baumettes.

Tout le jour, toute la nuit, les hommes ratissèrent la montagne et sondèrent les marais. Alyne n'avait pas laissé de traces.

Emmanuel s'obstinait:

- Je recommencerai, demain. Mère, gardez-moi mes enfants, je ne veux plus vivre aux Jassines, c'est un endroit maudit. Je veux chercher encore, savoir et me venger. Comprenez-moi et ne me retenez pas. Vivante, elle rentrera à la maison. Morte, elle a sa place dans l'enclos de mes aïeux. Son corps ne sera pas abandonné aux charognards.

Soubeyran pleurait.

- Va petit, je ne veux pas te retenir et si je pouvais te suivre, je le ferais. Tu as ma bénédiction.

Prends le cheval bai, il est docile et increvable, il te portera où tu voudras sans jamais renâcler.

- Merci, beaucoup... N'oubliez pas de venir chercher les bêtes... Sinon elles vont crever...

- Ne t'inquiète pas, demain nous les ramènerons ici.

Il retourna aux Jassines, pour une dernière visite. Un dernier geste à accomplir. La bastide était à l'abandon, Alyne n'était pas revenue, il avait espéré que... peut-être...

Les chèvres se pressaient contre le mur d'enceinte et les cochons grognaient.

Emmanuel n'hésita pas, il entra dans la chambre et se saisit du coffre qu'il tira dans la salle commune. Il se doutait que l'or, les bijoux, les colliers avaient été volés mais pourquoi donc la robe de mariée de sa femme avait-elle disparu ? Il s'était agenouillé devant le chandelier de ses pères, celui qu'il avait toujours vu posé près de la sainte Bible, les soirs de prières:

- Alyne, je garde l'espoir qu'au-delà de ta détresse tu trouveras de vraies raisons de survivre. Pense à nous, à tes enfants. Au bonheur encore possible. Je t'en prie, attends-moi.

Mon Dieu, si vous êtes ce faiseur de miracles que la Bible nous enseigne, rendez-la moi et donnez-moi un signe.

La nuit resta muette et le vaudois crut en perdre la foi.

Il se releva, un méchant sourire au bord des lèvres et cracha sur le chandelier des ancêtres. Il se débarrassa de ses vêtements de laboureur et revêtit, lui aussi, ses plus beaux atours, son bel habit de cuir. Les chausses, la veste serrée à la taille, la large boucle de bronze et les bottes de cuir fauve qui lui donnaient l'allure d'un cavalier. Il se saisit de son arbalète et la plaça sur son épaule. Il était prêt. Il entassa au milieu de la cour le lit, le coffre et la paillasse, les vêtements souillés, le berceau des enfants.

Les bras levés vers le ciel, il hurlait:

- Dieu de bonté, voici le feu purificateur et la géhenne pour tous.

Emmanuel riait.

Assis sur la pierre d'Emilio, il regardait le feu qui dévorait les biens ancestraux, les symboles de la continuité de sa lignée et trouva que cela faisait un piètre brasier. Il eut un court instant l'envie de mettre le feu à la bastide mais recula devant le geste sacrilège. Il y avait ses enfants, les vieux sous leurs pierres, son père aussi. La torche se consuma dans ses mains.

Il retourna dans la maison et sortit de sa cache secrète, la bible familiale, le cadeau de Jehan. Sur la première page il écrivit à l'encre de suie:

« Alyne et Emmanuel Rey, morts en l'an de grâce »

-1536-

Il posa délicatement le saint livre sur la pierre d'Emilio. Demain Soubeyran le trouverait.

Là-bas, l'ombre noire des cyprès agités par le vent, dansait sur le ciel rouge. Les vieux étaient témoins de la ruine de leur lignée, de leur terre qui s'en retournait à la friche.

Au soleil levant, la vie aura déserté leur bastide et ils seront seuls dans le mistral. Le lierre mangera la pierre, la pluie pourrira le bois et la meule d'Emilio, l'indestructible témoin, rappellera au voyageur, qu'ici vivaient les Rey et que l'ancêtre roulait le blé sur l'aire.

Emmanuel n'avait plus rien à faire ici. Il enfourcha son cheval, cala son arbalète et s'en alla vers la verrière de Ferry. Auprès de son père, il pensait trouver le réconfort et le temps de mûrir son projet.

II

LA VENGEANCE DE CHAUSSES-DE-CUIR

L'affaire faisait grand bruit en ville. Dans les estaminets et les maisons bourgeoises les langues allaient leur train.

La mort de l'héritier de France n'était pas accidentelle, les uns y voyaient la main occulte de l'empereur, les autres, le poison des Florentins car le crime profitait à la Médicis. Sa famille s'installait sur le trône de France et c'était misère que de voir la couronne des Valois tomber entre les mains de banquiers italiens. La Médicis était alliée de l'empereur et trahissait le roi, sur ce point tout le monde était d'accord.

A la taverne du Septier, les soldats et les manouvriers ne tarissaient pas d'éloge sur ce prince trop tôt disparu, et qui, à l'image de son père, aurait fait un si grand roi. Le petit Henri n'inspirait pas confiance et il n'avait pas de santé.

- Tu veux que je te dise, le jeune Dauphin ne durera pas, la florentine va lui faire un petit prince pour assurer sa couronne et puis après, bonsoir le gentil mari.

Le soldat parlait d'un air entendu, comme quelqu'un qui en savait beaucoup plus qu'il n'en pouvait dire. Il n'aimait pas la petite reine.

- Note bien, disait-il à son compère, qu'elle ne m'a rien fait, mais cette petite je ne la sens pas. Elle est toute chétive, le regard de côté et couleur de cendres. Moi, je l'éviterais. J'aime les filles de race et franche du collier, comme toi ma belle et, joignant le geste à la parole, il porta la main sur la croupe de sa compagne.

La fille n'était point laide. C'était la reine de la place qui pouvait choisir sa pratique. Le soldat tenait la bonne affaire, s'en félicitait et dépensait beaucoup pour la garder. La monnaie tombait dans l'escarcelle d'un tavernier rubicond et prospère: un homme heureux à qui la troupe assurait de confortables bénéfices.

Et le soldat parlait toujours, le geste large, désireux de prouver à sa compagne qu'elle avait décidément bien de la chance de l'avoir rencontré:

- Si tu es sage et bien câline, je te ferai un beau cadeau.

De son gousset il retira un collier: une modeste parure de perles. Il fit tourner l'objet dans la lumière des chandelles, le rutilant appeau attirait la ribaude comme l'alouette à son miroir.

- Il est à toi si tu m'en donnes le prix de caresses et de baisers.

Ses compagnons de table échangèrent un sourire car ils avaient déjà vu fonctionner le piège. Au petit matin, la fille se réveillerait dégrisée, éreintée par une nuit de débauche et grugée par l'homme qui s'en irait hilare en remettant les perles à son gousset. C'était écrit d'avance.

- D'où tiens-tu ce trésor ? demanda-t-elle.

- C'est une prise de guerre !

L'homme prenait la pose et son sourire en disait long sur la nature de ses exploits.

Peu convaincue, la fille insistait:

- Non, je crois que tu as volé ce collier.

- Qu'importe d'où il vient, ce qui est pris aux luthériens n'est pas un vol mais une confiscation.

Les soldats approuvèrent les propos de leur chef.

En bonne catholique, la fille acceptait cette explication. Elle savait que les hérétiques, avec l'aide du diable, accaparaient les richesses de ce pays et ne venaient jamais boire dans les tavernes de la ville. Ce n'était pas des gens normaux.

Au mot de luthérien, lancé par le soudard, deux ouvriers attablés dressèrent l'oreille. Le soldat pérorait. Le vin, la fille, la curiosité éveillée des buveurs le gonflaient d'importance.

- Le collier est beau j'en conviens, mais la femme était superbe: avenante et de chair exquise.

La fille était troublée, elle insista:

- Raconte, je languis. Je te promets de t'en donner pour ton argent... Ne te fais pas prier et ce sera tout bénéfice pour toi.

Le soldat raconta sa bonne fortune des Jassines. Il ornait son récit, décrivait une femme consentante et prodigue de caresses. Il prenait un plaisir trouble à salir sa victime tandis que la fille se trémoussant comme une chatte amoureuse se sentait d'humeur à conquérir ce fabuleux collier, aussi précieux que la toison d'or:

- Viens mon cavalier, viens vite chercher ta récompense. Je veux gagner ce bijou.

Elle posa sa main sur le sexe raidi de l'homme.

- Viens, mes mains, mes lèvres te combleront, viens mon homme.

Le soudard ne tenait plus en place, il suivit la belle dans les étages et se jeta sur elle. Foin de ces afféteries de courtisan, il n'était pas dans sa nature de jouer les amants délicats. Il baisait comme un âne et en prenait pour son argent.

Pendant que le chef besognait la gitane, les comparses vidaient force cruchons.

Un journalier s'approcha des soldats:

- Diable d'homme, dit-il, si tout ce qu'il dit est vrai, votre ami est un fameux gaillard.

- Tu l'as dit, bonhomme, nous étions avec lui. Le beau masque avait tout ce qu'il fallait pour damner un chrétien. Elle était increvable, difficile à contenter, si bien que nous l'avons baisée tous les trois.

Le journalier insistait:

- Mais où habite cette créature de rêve ? Mon compère et moi pourrions profiter de l'aubaine.

Les deux mercenaires trouvèrent l'idée plaisante.

- Il faut aller du côté de La Coste. Entre l'abbaye de Saint-Hilaire et la route de Cavaillon, tu trouveras un grand mas, c'est là. Tu entres, tu te déshabilles, tu te couches et la petite fée viendra vers toi, toute nue, prête pour le plaisir.

Le paysan se confondait en remerciements:

- Merci, grand merci, nous vous le revaudrons,.comptez sur nous.

Les deux compères quittèrent la taverne.

Ils avaient tourné l'angle de la rue que le rire des soldats sonnait encore à leurs oreilles.

- Il y a eu du malheur aux Jassines, il faut faire quelque chose. Je vais au moulin du Plan prévenir Colin Pellenc. Toi, tu rentres à la maison et tu dis à la Jeanne qu'elle ne me verra pas cette nuit. Demain le sang coulera, Eustache mettra le feu à la ville.

Le plus jeune s'inquiétait:

- Comment vas-tu sortir de cette nasse, toutes les portes sont fermées et le guet veille sur les tours.

- Je connais un passage près de la Bouquerie où je pourrais me glisser jusqu'à la rivière. Pour la suite, que Dieu me garde.

Il laissa son compagnon aux abords de la cathédrale et suivit le chemin qu'il s'était tracé.

En pressant le pas, il arriva rapidement au moulin de Pellenc. Il faisait beau, c'était une nuit de poète, mais il n'avait pas le coeur à rêver. Le moulin du plan d'Apt semblait dormir dans les roseaux. Le journalier frappa violemment contre le volet.

Les conversations cessèrent. L'oreille exercée du paysan capta le frôlement furtif d'un pas sur le carreau.

- Ils doivent cacher tous les papiers de Genève se dit-il... Il y a de quoi faire brûler le moulin et tous ses habitants.

- Qui est là ?

- C'est moi, Guillaume, ouvre-moi.

Avec précautions, le meunier tira le verrou.

- Que viens-tu faire à cette heure ?

La voix inquiète du meunier confirma l'homme dans son opinion, les frères de Genève étaient là:

- Ne crains rien, je suis seul, j'ai des nouvelles qui ne peuvent pas attendre.

- Pourquoi n'as-tu pas frappé comme convenu ? deux coups, un coup, trois coups... Allez rentre et viens me dire ton affaire.

- D'abord, je suis pressé et ensuite je ne sais pas compter, voilà pour la première question.

La colère du meunier tomba.

Comme la plupart des journaliers, Guillaume était illettré,le sésame de Colin ne le concernait pas. Les voyageurs de passage au moulin étaient hommes de savoir et les codes qui ouvraient les portes des relais vaudois étaient pour eux.

Guillaume entra.

Les inconnus, assis autour de la table, portèrent sur l'intrus un regard d'inquisiteur. Le meunier les rassura d'un signe.

- Assieds-toi et raconte, mes amis peuvent entendre.

- L'affaire est grave et nous met tous en péril. Je vous fais le conte en deux mots. En rentrant du travail, nous nous sommes arrêtés, Escarguel et moi, à la taverne du Septier pour vider un pichet. Des soldats parlaient. A ce que j'ai compris, ils ont violé et dépouillé une fille de chez nous dans un mas près de l'abbaye de Saint-Hilaire à La Coste et, là-haut, je ne vois que la bastide des Rey. La femme pourrait être la petite Alyne de Soubeyran. Quand on connaît l'amitié de Marron pour les Rey, le pire est à craindre. Il mettra le feu à la ville.

Ils étaient tous assis, autour de la grande table, à manger leur soupe. Les cuillers restèrent suspendues au-dessus des écuelles.

Colin avait pâli. Il expliqua à ses amis:

- La petite Alyne est la bru de Jehan le Prêcheur.

Les voyageurs étaient consternés, ils connaissaient Jehan et le drame prenait un visage. Le silence pesait sur l'assemblée; que dire, que faire ?

Suzanne, la femme de Colin, réagit la première. Elle aimait bien les enfants des Jassines. Ces deux-là, disait-elle, sont travailleurs et sérieux comme de vrais chrétiens:

- Dans quel état elle doit être cette petite ! Allez, bougez-vous, nous ne laisserons pas nos amis dans la peine. Toi, Colin, prends le cheval et galope jusqu'à la verrière de Ferry. Toi, Guillaume, tu ne peux pas rentrer dans Apt cette nuit et tu as déjà payé de ta personne. Tu coucheras au moulin. Et quant à vous, messires, je crois que l'affaire qui vous occupait est reportée à des jours meilleurs. Ce n'est pas l'heure de faire les séditieux. Allez à Mérindol où se trouvent les hommes les plus importants de notre communauté, vous y serez en sécurité.

Suzanne avait réglé les problèmes en suspens pendant que son époux reprenait ses esprits.

Il se leva comme un somnambule et se dirigea vers les écuries. Sa femme avait raison, il devait, au plus tôt, joindre le Prêcheur pour éviter le pire.

Cette affaire sentait la provocation.

Colin n'hésitait pas. Il connaissait la route et les pistes indiscernables dans la nuit. Les marais qui entouraient la maison de Ferry étaient dangereux et les repères connus des seuls amis du verrier. Le meunier avait rendu quelques services au bossu et il était de ses familiers.

Le bâtiment dessinait dans l'ombre son inquiétante silhouette. Quelqu'un veillait dans la maison. Une fumée s'échappait des lauzes de la tour ronde où le maître verrier travaillait.

La verrerie, autrefois prospère, perdait de sa pratique au bénéfice des florentins d'Avignon qui lui volaient les meilleures parts du marché. Le dernier des Ferry entretenait ses feux, son art, ses nostalgies pour quelques amateurs de pièces uniques que le maître composait dans la tradition de ses pères. La signature de Ferry valait encore son pesant d'or.

Le pas du cheval sur le gué empierré réveilla les chiens. La fenêtre de l'atelier s'ouvrit et la tête du verrier apparut dans l'embrasure.

Ferry ne distingua pas la silhouette qui attachait son cheval à l'anneau du mur.

Colin se fit connaître:

- C'est Colin, le meunier du Plan d'Apt.

- Je descends pour t'ouvrir la porte basse, à cause des chiens.

Le meunier attendit patiemment que le verrier eût tiré ses verrous.

- Il est grand nuit, que veux-tu à pareille heure ?

- C'est l'urgence, je veux voir tout de suite Jehan, il y a du malheur aux Jassines.

Le verrier ne posa pas d'autres questions et conduisit le meunier à la chambre du roi René, dernier vestige d'une splendeur passée.

Les bruits dans l'escalier avait attiré Jehan sur le pas de la porte. Il attendait son visiteur le calèu levé à hauteur des yeux.

Ferry s'éclipsa discrètement.

L'arrivée de Colin n'était pas une surprise pour le Prêcheur.

Emmanuel était arrivé épuisé à la verrière. Ferry n'eut que le temps de le recevoir dans ses bras et de le porter, évanoui, dans la chambre de Jehan.

Le Prêcheur attendait au chevet de son fils et tentait de retenir les bribes d'un délire incohérent.

Lentement, Emmanuel émergea de son égarement. En peu de mots il fit le récit de ce qu'il savait. Jehan ne pouvait que partager la douleur de son fils sans avoir à lui offrir la moindre parole de réconfort.

Lui parler des lendemains heureux, de la clémence du ciel et d'un bonheur possible semblait dérisoire devant cette douleur si dense qu'elle en était palpable. Il n'y avait plus d'avenir pour l'enfant et Jehan le savait. Il se souvenait des circonstances de la mort d'Orlane, la mère d'Emmanuel, qu'il n'avait jamais pu oublier. Toute sa vie, il était resté seul avec les restes d'un bonheur mort-né.

En ces temps de violence où le droit protégeait le voleur et condamnait le juste, le Prêcheur restait sans voix.

Emmanuel, la rage au coeur, ne tarderait pas à brandir son couteau.

C'était un grand malheur.

Colin n'avait pas revu Jehan depuis les noces d'Emmanuel. Il trouva qu'il avait beaucoup vieilli, ses longs cheveux blancs tombaient sur ses épaules. La patine de l'âge, un air de mélancolie, lui conférait l'aura de noblesse qui seyait à un barbe. Une ride profonde barrait le front du Prêcheur. Il sut qu'il arrivait trop tard.

- Tu sais, n'est ce pas ?

Jehan lui fit signe de se taire et lui montra Emmanuel couché sur sa paillasse.

- Viens, descendons dans l'atelier, je ne peux pas parler devant lui.

Le foyer rougeoyant éclairait leurs visages défaits.

Jehan pleurait:

- C'est un terrible malheur,il est fou de douleur et de rage. Il veut se venger et je sais que je ne pourrai pas le retenir.

Il parlait d'une voix hachée, les larmes roulaient sur sa face de patriarche.

Colin l'avait saisi dans ses bras et le serrait contre son coeur:

- Ne pleure pas, garde tes esprits mon frère. Il faut rester vigilant car le pire est à craindre et ne servira pas la cause des vaudois.

Jehan s'était repris:

- Je ne veux pas que l'on dise dans le pays que cette douloureuse affaire est liée à notre foi. C'est un crime de routiers, comme il en arrive si souvent dans nos campagnes. Le malheur a voulu que notre petite Alyne en soit la victime.

- Crois-tu que Marron laissera cette affaire impunie ? Il était trop lié avec toi, Emmanuel et ta jeune bru qu'il a sortie des prisons du pape.

- Les malheurs de notre famille ne regardent que nous. Ils ne peuvent justifier un massacre au nom de notre cause. Je m'y oppose et mon fils aussi. Ce sont de pauvres victoires que les nôtres. Chacune d'elles en appelle une autre, nous grise au point de nous faire perdre la raison. Mais je les connais, Colin, il y a quelque part, dans un cabinet du parlement, un greffier qui fait ses comptes, pièce par pièce, jusqu'au jour où il aura rassemblé les moyens de nous détruire. Ce jour-là, le juge aura la partie belle et nous fera payer nos dettes, capital et intérêts.

Jehan devenait véhément:

-... Marron doit rester sur ses terres. Si mon fils veut punir ses ennemis, c'est une affaire d'hommes qui ne le concerne pas. Fais-le savoir autour de toi.

Colin prit bonne note de la détermination du barbe:

- Je suis d'accord avec toi, mais que dois-je faire des renseignements que je t'apporte ?

- Emmanuel ne comprendrait pas que nous protégions les meurtriers de sa femme. Il faut lui dire ce que tu sais. Dès qu'il sera remis je te l'enverrai au moulin. J'aurai la mort dans l'âme.

Le meunier quitta la verrière au jour naissant et rentra au Plan où l'attendait sa femme.

- Alors ?

- Emmanuel était là-bas, complètement détruit.

Guillaume ne s'était pas trompé. Ils ont violé Alyne aux Jassines.

La femme fondit en larmes:

- Il y a trois ans, à peine, nous fêtions leurs épousailles. Ils ont tout juste vingt ans et leur vie est finie. Dieu est cruel.

- Ne blasphème pas, Dieu n'est pour rien dans cette affaire. Mais les hommes auront à craindre la colère du petit.

- Il aura raison et le Christ m'est témoin que je l'aiderai de toutes mes forces. Il tuera tous ces salauds et moi je chanterai des psaumes en essuyant son couteau.

Suzanne criait son dégoût. Elle exhalait la haine ancestrale de la femelle violée, battue depuis l'aube des temps.

Pellenc ne releva pas les propos de sa femme. Suzanne vouait aux « novis » des Jassines une tendresse toute particulière et leurs malheurs lui arrachaient le ventre comme s'ils étaient issus de sa propre chair. Suzanne n'avait pas eu d'enfant.

Colin lui confia d'une voix sourde:

- Dès qu'il sera rétabli, Emmanuel décidera. S'il vient au moulin, ce que son père ne souhaite pas, cela voudra dire qu'il veut répandre le sang. Alors que Dieu nous garde !

- Dieu est sourd, il n'entend pas nos prières. Nous a-t-il préservés jusqu'à ce jour ?... Non.

A-t-il sauvé le petit Griot, du bûcher ? Encore Non.

La réponse est toujours la même: non, non, non.

Suzanne sanglotait.

Pendant des jours aussi longs que l'éternité, des nuits aussi brûlantes que l'enfer, Emmanuel avait gémi, prostré sur sa paillasse. Le père veillait à son chevet, ne sortant de ses méditations que pour éponger le front fiévreux de son fils.

Ferry tournait en rond comme une ombre inutile. Soudain il éclata:

- On ne peut pas le laisser comme cela, il va mourir, tes prières ne servent à rien. Laisse-moi faire et attends-moi.

Le bossu descendit dans les caves de sa maison. Il tira une clé de son sarrau et ouvrit la porte d'une salle voûtée. La lumière discrète qui tombait d'un lanterneau, éclairait une table encombrée de bocaux, de cornues, de pilons et de mortiers. C'était l'antre de l'apothicaire, de l'alchimiste et du sorcier. Ferry pesait, mélangeait, secouait ses poudres dans le matras de verre blanc et chauffait à l'exacte température. Apparemment satisfait de son oeuvre, il boucha son flacon et remonta dans les étages.

Emmanuel délirait, griffait sa paillasse et bavait comme un dément.

Jehan avait pris peur:

- Il va se tuer, Ferry, fais quelque chose !

- Redresse-le, et tiens-lui les bras derrière le dos.

L'enfant se débattait mais Jehan, ayant assuré sa prise, ne laissait que peu de champ à ses mouvements désordonnés.

Ferry ouvrit son flacon et l'approcha des lèvres du malade. Emmanuel ingurgita la totalité de l'élixir et ne tarda pas à sombrer dans un profond sommeil. Un sommeil paisible, sans rêves...

Il dormit deux jours pleins, inerte sur sa couche, blême comme un gisant. A son réveil, il semblait apaisé et son père pouvait croire que la potion de Ferry avait agi sur sa mémoire. Il n'en était rien, Emmanuel n'avait rien oublié.

Il était calme mais froidement déterminé. Un tueur était né, qui n'avait rien à perdre.

- Dieu m'a manqué, je ne le reconnais plus.

- Tu ne peux pas dire cela, tu perds ton âme !

- C'est déjà fait, mon père, et ma vie n'a plus de sens. Je la mets au service de mes frères, de tous ceux qui, comme Alyne, n'ont eu aucun droit à la pitié. Ne te méprends pas, je ne sers pas Dieu, mais ses victimes. C'est ma révolte, c'est ma guerre.

Le ton d'Emmanuel devenait agressif:

- Cesse de pleurer comme une vieille femme, toi qui n'as pas su sauver tes amours, toi qui as préféré le silence. Pendant des années tu t'es fait le complice de nos bourreaux. Tendez l'autre joue, disais-tu, soyez des colombes et patin-couffin...

Il hochait la tête, le front bas:

- Non, non, mensonges que tout cela. Il n'y a qu'une loi: celle du talion.

Fou de colère, Jehan bondit sur son fils et le saisit par le collet:

- Va-t'en et que Dieu te pardonne.

A quelques jours de là, Emmanuel se présenta au moulin. Colin l'attendait avec effroi. Il vit venir à lui un jeune homme fort bien mis, monté sur un cheval bai et courtois comme un vrai paladin.

Il parla longuement avec les journaliers et se fit décrire les soldats, leurs habitudes et les lieux qu'ils fréquentaient. Lorsqu'il quitta le Plan, il n'ignorait plus rien des hommes qui l'avaient détruit. Parfois, sur les hauteurs de La Coste, les paysans pouvaient apercevoir la silhouette d'un cavalier sur l'horizon.

Emmanuel hantait les sentiers de son enfance.

Les hommes hochaient la tête et penchés sur leurs luchets*, grattaient le sol un peu plus fort:

- Chienne de vie, murmuraient-ils, la paupière lourde.

*
* *

Le soldat avait quitté l'estaminet de la rue du Septier et rentrait dans ses quartiers. La nuit avait été chaude et il gardait le souvenir réjouissant du corps de la gitane: ses yeux, ses mains, ses hanches, sa peau cuivrée, son odeur, le sexe bouclé qui s'ouvrait sous ses doigts.

Elle était belle la manouche:

- Les filles de sa race sont des sorcières qui ne te lâchent plus quand elles te tiennent.

Ainsi, d'humeur folâtre, il allait son chemin.

A hauteur de la halle aux grains, un homme lui barrait la route:

- Je vous attendais, Messire !

Le soldat se mit à rire, décidément c'était la nuit des bonnes affaires, un truand à occire, quelle aubaine ! D'ordinaire, il ne se passait jamais rien dans cette ville. Ce soir, il était comblé :

- Si tu veux ma bourse, coquin, viens la chercher.

Il avait dégainé sa rapière et faisait de larges moulinets.

- Je ne veux pas de votre argent, Messire, mais votre vie.

- Tu me rassures, car d'argent je n'en ai plus et tu allais mourir pour rien. Quant à ma vie il te faudra la prendre et ce ne sera pas facile car j'y tiens.

Le mercenaire était gai, heureux de cette aventure qui venait rompre la monotonie des jours sans batailles. Il aimait se battre et le faisait fort bien.

Le coupe-jarret se tenait à distance, enveloppé dans un vaste manteau:

- Allons, ne perdons pas de temps, petit, sermonnait le soldat, dégaine !

- Voilà messire.

D'un geste rapide, « le petit » leva le pan de son manteau et découvrit son arme.

Le trait de l'arbalète se ficha dans la poitrine du mercenaire qui s'effondra d'une pièce.

L'homme n'était pas mort et gémissait sur le pavé, le tueur s'approcha de sa victime.

- Tu tardes à crever, vieux chien. Alors je vais te dire pourquoi tu meurs.

Il pesait bien ses mots et scrutait le visage du soldat qui se vidait de son sang:

- Tu meurs, pour ma femme que tu as violée et tuée, pour ma vie saccagée et pour toutes les existences détruites par les gens de ton espèce. Maintenant nous sommes quittes et tu peux mourir en paix.

Calmement, Emmanuel dégagea son couteau et trancha la gorge de sa victime.

Les longues jambes du mercenaire barraient la ruelle.

Les noctambules qui passaient en cet endroit, enjambaient le cadavre et pressaient le pas, peu soucieux d'entrer dans une affaire qui ne les concernait pas.

Quelques jours plus tard, le second responsable de l'équipée des Jassines fut trouvé mort, noyé dans le Calavon. Les traits révulsés par la douleur et le sang répandu sur les chausses prouvaient que le tueur l'avait châtré.

Le dernier, le plus jeune, fut crucifié sur la porte de la cathédrale. Il gémit toute la nuit et mourut au petit jour, lorsque ses jambes brisées cessèrent de le soutenir.

Alyne était vengée.

Trois meurtres de soldats, trois corps torturés, exposés au regard des badauds. Il y avait là, de quoi faire frémir les bourgeois.

Aux turpitudes de la soldatesque, fallait-il ajouter l'incroyable audace des truands ?

La peur s'installait à l'intérieur des remparts. Les rumeurs les plus folles circulaient et il se murmurait que les espions de l'empereur étaient entrés dans la ville pour y répandre la terreur.

L'étranger suspect était lapidé par la foule aux abois.

Il faisait nuit, l'élégant cavalier entra dans la taverne du Septier. Les conversations cessèrent, les buveurs attablés semblaient absorbés par le fond de leurs étains. Personne ne voulait lever les yeux vers ce visage de cire.

Le regard de l'homme se posa sur la belle ribaude. Le collier de perles, qu'elle avait réussi à soustraire à son défunt amant, brillait à son cou.

Ce collier semblait fasciner le cavalier, l'homme de cuir.

Il tendit la main, elle eut peur, trébucha et tomba sur le sol. Allait-elle mourir pour un bijou de quelques sous ?

Autant de questions qui lui taraudaient l'esprit. Elle était sûre que son amant avait été victime d'une malédiction. Il avait approché la luthérienne de La Coste et il en était mort. Il ne faut jamais fréquenter les sorciers.

Le cavalier scrutait son visage et elle sentait dans sa chair la brûlure de son regard. Ce n'était pas un regard de désir dont elle eût fait son affaire. Non, c'était une lame froide qui lacérait la peau.

Elle sut qu'elle allait mourir.

Ses yeux angoissés se tournaient vers les hommes qui buvaient sans se soucier d'elle. Elle allait mourir et personne n'ébauchait un geste pour la sauver. Elle se résigna. La lâcheté de ses compagnons de beuverie lui soulevait le coeur. Elle avait ouvert son lit à tout venant, caressé le bourgeois salace autant que le soudard. Elle se vautrait, la Caraque*, dans tous les ruisseaux de Provence avant de crever, reniée, exclue du champ divin et des cimetières chrétiens. Sa carcasse, dont ils avaient usé sans compter, ne valait pas les trois sous d'un enterrement. L'heure du bilan sonnait et tout serait bientôt soldé devant son créateur. La mort lui faisait bonne figure, elle avait les traits de ce justicier de cuir qui n'était pas vilain garçon.

Elle s'adressa à lui comme au divin messager:

- Ma vie est telle que tu me l'as donnée. Tu as choisi pour moi la boue des grands chemins et l'errance éternelle. Alors je te rends la défroque pouilleuse et l'âme qui l'habite. C'est ton oeuvre Dieu d'Amour et de Lumière, trouve-lui une place dans les égouts du paradis.

Son rire douloureux résonnait dans la taverne.

L'homme se pencha vers elle et lui tendit la main:

- Relève-toi.

La voix était douce, humaine. Il y avait de la tendresse dans la pression de cette main. Une chaleur qui diluait sa peur. C'était un être de race, comme les gitans, ses frères. Elle le trouva beau, souple comme une lame, ses cheveux d'encre, retenus par un lacet sur la nuque, dégageaient un visage lisse et pâle: le visage de pierre de l'ange de la cathédrale. Elle allait mourir et acceptait la main qui la tuait. Il était noble, il était fier, il allait, comme une flèche, jusqu'au bout de sa course. Elle le comprenait.

- Allons relève-toi, ne me fais pas attendre.

La femme se redressa et fit front. Lorsqu'elle fut debout, d'un geste tendre, il lui caressa la joue. Elle lut dans son regard qu'il n'était pas venu pour la tuer.

- Donne-moi ce collier, il est maléfique. Ces perles sont mes larmes et trois hommes sont morts.

La fille, d'un geste lent, dégrafa le collier et le remit au cavalier:

- Je crois qu'il porte malheur, parce que ces perles sont entachées du sang de l'innocent. Je ne savais pas et ne suis pas coupable, crois-moi.

Il lisait dans ses yeux un tel désir de convaincre que le visage d'Emmanuel s'éclaira d'un sourire.

Il la prit dans ses bras et murmura:

- Je le sais et tu n'as rien à craindre de moi. Tu es plus honnête que bien des hommes qui te convoitent. N'aie plus peur, amie, ceux qui devaient mourir sont morts, la dette est éteinte.

Elle croyait tout connaître des hommes et se tenait à l'abri des vains sentiments. Une vague de tendresse la submergea. Pour le veilleur de pierre elle n'était pas une putain; il lui avait rendu sa dignité.

L'Ange de la cathédrale, de feu et de glace, si loin de ses pauvres plaisirs, aurait sa place dans sa mémoire, un regard de source pure qui, pour un soir, lui avait fait oublier ses nuits sordides et ses odieux marchandages. Certes, elle retournera à ses amours et boira jusqu'au petit matin le méchant vin du tavernier. Mais ce soir elle était vierge.

Emmanuel relâcha son étreinte:

- Adieu, veille sur toi.

- Mais dis-moi ton nom, cavalier.

- Mon nom n'a pas d'importance. Disons que je fus, pour quelques jours, une épée de vengeance.

Un sourire amer le défigurait. Il enroula le collier d'Alyne autour de son poignet et rabattit la manche de sa chemise. Il se dirigea vers la porte et se glissa dans l'ombre, silencieux comme un chat.

La fille courut jusqu'au seuil de la taverne pour voir la silhouette de cuir se fondre dans la nuit:

- Moi, je m'appelle Sarah, souviens-toi, Sarah, et je serai toujours là, pour te servir.

Elle retourna à sa table, la gorge nouée. La taverne sentait le suif et le vin aigre. Elle en eut le coeur soulevé.

- Qui est-il ? demanda le tenancier.

Sarah, le toisa avec mépris:

- C'est un homme debout, un homme qui se venge. Un homme, un vrai, qui ne passe pas ses nuits à détrousser le bourgeois et à trembler de peur à la vue d'un sergent. Il frappe et dit pourquoi !

Sentimentale elle ajouta:

- Et puis, il est beau comme un daim dans ses chausses de cuir. « Chausses-de-Cuir », voilà un nom qui lui sied bien.

- Comment l'as-tu appelé ? demanda son voisin:

- Chausses-de-Cuir, c'est lui qui me l'a dit, mentit la gitane.

Chaque matin, les hommes du guet ramassaient les corps des manants, occis dans les rues chaudes de la cité. Durant quelques jours tout ce que la ville compta de cadavres fut porté à l'actif de Chausses-de-Cuir, le héros ténébreux des putains et des mal lotis.

Sarah lui inventait une existence d'aventurier.

*
* *

Les assassins d'Alyne avaient payé leur dette et Colin pensait que, sa vengeance assouvie, le maître des Jassines reprendrait ses labours.

- Il ne retournera pas à La Coste, déplorait la meunière, il y a trop de souvenirs qui le tueraient.

Colin comprenait les arguments de son épouse:

- S'il ne veut plus mener ses terres, nous lui donnerons du travail au moulin, la besogne ne manque pas, ici.

Emmanuel refusa l'offre du meunier.

Suzanne insistait mais le jeune homme n'entendait plus le langage de ses frères. Le fils du Prêcheur était convaincu de la vanité d'une vie de labeur et de foi. Il entrait en rébellion contre le pape et ses capelans, le pouvoir et ses argousins. Sa révolte était totale et sans compromis. Il se mettait au service de la cause que la rigueur des temps lui imposait: la défense de ses frères opprimés. Il faisait sienne la violence d'Eustache et comptait bien en assumer le prix. Dieu, le Dieu du nouvel Evangile, n'avait pas de part à son affaire.

La brave femme baissait les bras car rien ne pouvait arrêter Emmanuel dans sa descente aux enfers.

Des mois s'étaient écoulés depuis la disparition d'Alyne et il était aujourd'hui convaincu de sa mort. Il confiait à Suzanne:

- Je suis un voyageur sans bagages, sans attaches et sans états d'âme. Mais je veux mourir debout, une arme au poing comme un seigneur et non pas humilié sur les bûchers ou dans le carcan des galériens.

- Avant que le doigt de Dieu ne te désigne pour le feu éternel, de quoi vivras-tu ? se lamentait la meunière.

- De ce que mes frères me donneront et de ce que je volerai.

- Ce n'est pas une vie de chrétien...

- Non, ma mie, mais ce n'est pas non plus une vie de chien battu. C'est une vie de loup qui chasse à sa convenance, seul ou en meute. Je peux me cacher dans le maquis, dormir dans les baumes et me nourrir du gibier de la montagne. Regarde, Suzanne, le Luberon comme il est beau, on dirait un gros chat couché en travers du pays. Il est bien meilleur que les hommes et me donnera largement, sans compter, bien au-delà de mes besoins. Je le connais le bougre dans tous ses recoins, comme mon grand-père me l'a enseigné. Je vais partir Suzanne, je monterai jusqu'à la Roque des Bancs où j'ai caché mes provisions. Même en partageant avec les rats, il me restera de quoi survivre plus d'un hiver.

Suzanne était assise sur le banc de pierre auprès du grand lavoir.

Emmanuel regardait «les Claparèdes» qui s'estompaient dans la brume d'un soir de septembre, ce Luberon secret, inquiétant sous sa livrée d'automne.

Et la pauvre Suzanne observait ce rebelle qui lui était étranger. Où était ce regard d'enfant, ce visage rayonnant du bonheur de l'époux sous les frondaisons de Soubeyran ?

Quel drame et quelle métamorphose !

Un visage fermé de haine, une bouche serrée comme une cicatrice qui crachait des horreurs, sans que le regard ne cille. Il parlait de sa vie de brigand et de sa mort prochaine comme d'une chose naturelle.

La meunière se leva et lui fit face:

- Ecoute-moi, forban, tu ne dois pas quitter le pays sans avoir fait la paix avec ton père. Si tu dois faire le brigand, que ce ne soit pas au détriment des tiens et de tes frères. Ne lui fais pas payer le prix d'une faute qu'il n'a pas commise. Je ne sais pas ce que je ferais si j'étais à ta place, mais je sais bien ce que je ne ferais pas. Je ne ferais pas mourir mon père de chagrin. Va, petit, va faire ta paix et que Dieu te protège contre toi-même. Va, si tu ne le faisais pas, les portes de nos maisons se fermeraient devant toi. Va. Ecoute-moi.

Elle s'était approchée d'Emmanuel et avait posé sa tête sur sa poitrine:

- J'aurais aimé avoir un fils comme toi, une fille comme Alyne et Dieu ne l'a pas permis mais sache que tu es mien dans mon coeur... Alors, s'il te plaît, ne brise pas mes rêves...

Elle ne vit pas les larmes qui coulaient sur le visage défait du jeune homme, enfoui dans l'opulente chevelure de la meunière, de fil d'argent sur bois d'ébène.

Avec des accents qu'elle retrouvait enfin, il murmura:

- J'irai, je te promets, je ne pensais pas ce que je disais...

Le père et le fils avaient fait leur paix. Pour avoir failli se perdre, l'amour qui les unissait s'en trouva conforté. Jehan ne jugeait pas son fils, Emmanuel vénérait le Prêcheur. Il l'accompagnait de hameaux en bastides, portant les livres et les brochures de Genève qui entretenaient le zèle des réformés.

Devenu Chausses-de-Cuir, il courait les vallées du Calavon à la Durance, suscitait la colère des uns et l'admiration des autres, mais lorsque, au bout de sa course, il se retrouvait seul dans quelque baume de hasard, le mal d'Alyne le relançait. La nuit se consumait lentement devant le feu de bois qui le tenait éveillé. Au petit jour, les paupières lourdes, il sombrait dans un sommeil sans rêves. Parfois, il retournait aux Jassines pour retrouver les vestiges de son passé défunt. Les terres abandonnées et la vieille bastide se mouraient de langueur. Les outils oubliés se rongeaient de rouille dans l'attente d'un improbable renouveau, les mauvaises herbes croissaient à l'envi sur la tombe de Colette. Les portes de la maison battaient au vent du nord et les oiseaux nichaient dans la remise. Le pieux labeur de ses ancêtres se défaisait sous ses yeux.

Tout s'en allait à vau-l'eau.

*
* *

Depuis l'affaire des placards, le roi, poussé par les membres les plus déterminés de son conseil, intensifiait la lutte contre l'hérésie, malgré les contraintes diplomatiques qui l'obligeaient à composer avec les princes Luthériens d'Allemagne qui le pourvoyaient en mercenaires.

Les édits de grâce et de répression alternaient au gré des fluctuations de sa politique extérieure.

Le 16 juillet 1535, François Ier donnait l'Edit de Coucy par lequel il offrait son pardon aux hérétiques qui abjureraient dans les six mois, hormis les relaps et sacramentaires mais les promesses royales ne rencontrèrent que peu d'écho dans les villages du Luberon où l'activité missionnaire des barbes s'intensifiait.

1537,1538,1539... Les édits, lettres patentes et minutes de procès devant les cours des parlements démontrent la volonté du roi et de ses agents d'en finir avec l'hérésie et l'égale détermination des vaudois de ne point se laisser massacrer sans combat.

Le cardinal Sadolet tente de freiner l'ardeur de ces laboureurs que le gouverneur du Piémont décrit: « laborieux, honnêtes et loyaux sujets »... Mais rien ne semble pouvoir arrêter la répression en Provence. Les textes sont éloquents:

« Le roi ordonne la confiscation des biens de tous les hérétiques de Provence et charge le comte de Tende, gouverneur, de l'exécution de l'arrêt... »

... « Est arrêté, Savigné d'Alençon qui abjure et confesse avoir mal senti de la foi... »

« ... Le roi, informé par son procureur général, constate que l'erreur se multiplie en Provence, que les hérétiques se mettent en armes, se rassemblent, se rebellent contre la justice, se retirent dans des repaires inexpugnables et tiennent publiquement leur hérésie. Le roi mande messieurs du Parlement de punir de toutes rigueurs lesdits hérétiques... »

Par lettres patentes en Provence, « le roi défend à toutes personnes d'aller armées de harnais secrets ou apparents, masquées ou déguisées par les chemins, sans excepter personne, hormis les gens des ordonnances... »

«... Est pris Antoine Garbille, prêtre qui confesse avoir été hérétique et sacramentaire, déclare avoir entendu les luthériens de Mérindol, Cabrières, Lourmarin dire qu'ils préféraient mourir les armes à la main plutôt que de se laisser prendre et que tous espèrent la venue du Comte de Furstenberg, luthérien et capitaine des lansquenets du roi, qui pourrait leur obtenir l'indulgence royale... Dit que Dauphin et Nimet sont allés demander à Eustache Marron de rassembler des hommes afin d'extraire quatre de leurs compagnons des prisons de l'Evêché d'Apt. Dénonce Hélion de Tourves, Jean le Sellier et affirme qu'il y a en Provence et sur les terres du pape, dix mille maisons de vaudois et luthériens, sans compter les errants... »

«... Est interrogé en la cour d'Eglise d'Apt, Jean Serre dit Bérard le Boiteux, qui avoue avoir été hérétique et qu'il se repent, nomme et accuse les hérétiques et prêcheurs de Roussillon, Tourves, Cadenet, Cabrières du Comtat, indique les maisons, déclare qu'à Mérindol se sont tenues des assemblées, où il fut dit que le roi les voulait détruire et qu'il convenait, pour être renseigné de se tenir en plusieurs villes pour avoir des nouvelles...Bérard dénonce André Maynard, baile et toute sa parentèle, François, Michel, Martin Jacques, Jean Pons et sa femme, Hugues Pellenc, sa femme et ses enfants, Bertin Vian avec sa femme et ses enfants, Jean Pellenc et sa femme, Peyron Rey et maître Jacques, tous hérétiques notoires de Mérindol. »

«... Au mois de mai de 1540, le roi constatant que les juges inférieurs n'ont pas fait leur devoir et que la secte maudite se multiplie, demande et donne puissance au parlement d'instruire, de donner commission aux juges et autoriser la cour à se transporter sur les lieux, juger et exécuter. S'il est nécessaire de recourir à la torture, ce ne peut être qu'après délibération de cinq à six personnages, officiers du roi. »

L'Edit de Fontainebleau révoque les dispositions de grâce de l'Edit de Coucy de 1535.

III

L'AFFAIRE DU PLAN D'APT

Septembre 1540...

Tôt ce matin-là, Chausses-de-Cuir quitta son refuge pour se rendre au moulin du Plan où il devait rencontrer ses amis : les chefs notoires et les barbes influents du pays d'Apt et de Mérindol.

Autour de Colin et de son frère Thomas se retrouvaient, comme à l'accoutumée, Eustache Marron, Roland de Ménerbes, Jehan le Prêcheur, Maynard de Mérindol, Hélion de Tourves et le vieux Baridon de Cabrières.

La douceur du soir les tenait sous l'ombrage près de la vasque où se déversait l'eau chantante de la source.

Les hommes étaient soucieux car le roi ne faiblissait pas dans sa détermination de les réduire à merci. Malgré tout, ils aimaient leur prince et lui trouvaient des excuses:

- C'est de la faute de ses maudits conseillers qui le montent contre nous, affirmait Thomas Pellenc. Les vrais coupables sont le cardinal de Tournon et Montmorency. La pauvre reine Marguerite a beau faire, elle ne peut pas contenir la haine du cardinal.

L'espoir demeurait, l'espoir d'un nouvel édit de grâce que le roi très bénin prendrait en leur faveur.

Sous le vieil arbre de la cour, les idées les plus folles roulaient dans la tête des vaudois:

- Pourquoi ne pas constituer une république sur le modèle des cantons suisses et se battre, au besoin, jusqu'à la mort ?

Le vieux Baridon se sentait une âme de martyr.
Maître Hélion ramenait le calme dans les esprits:

- Ce serait folie de s'opposer au roi, il nous détruirait tous.

Depuis que la décision avait été prise de se défendre par les armes, Hélion de Tourves ne cessait de prêcher le calme dans les hameaux du Luberon. Mais il parlait en vain: les villageois forgeaient leurs arquebuses et coulaient leur mitraille.

La conversation roulait sur les conséquences que la confession de Bérard de Murs faisait courir à ses frères. Il y avait grand ressentiment contre le barbe apostat. Jehan rappela qu'il se trouvait à Carpentras le jour de l'abjuration du Boiteux. Il gardait la vision d'un homme à genoux, ensanglanté, flagellé devant tous, sur le parvis de la cathédrale Saint-Siffrein, confessant les horreurs que l'on exigeait de lui.

Anonyme et meurtri dans la foule en liesse, le Prêcheur avait accompagné son frère jusqu'au bout de son calvaire.

D'une voix tendue, Jehan mit un terme au procès que ses amis intentaient au pauvre torturé:

- Ne lui jetez pas la pierre, ne parlez pas de traîtrise et montrez-moi celui d'entre nous qui serait assez fort pour souffrir, se taire et choisir la pince du bourreau plutôt que l'aveu libérateur. J'ai vu un amas de chairs lacérées... Ce n'était plus le barbe que j'avais connu.

La tristesse pétrifiait l'assemblée, le silence se fit sous la ramée. Le frais de la nuit tombait sur les épaules et Colin invita ses amis à rentrer dans la maison. Ils s'installèrent autour de la grande table cirée. Une odeur de froment et de soupe chaude flottait dans l'air.

Suzanne leur fit bonne figure.

- Amie, va nous tirer du vin, demanda le meunier.

La meunière se rendit dans les caves où de grosses futailles, dressées sur leurs berceaux attendaient la prochaine vendange.

- Il a donné les noms, les lieux de nos retraites et il devient dangereux de dormir plus d'une nuit au même endroit. Colin devrait se montrer prudent, s'inquiètait Chausses-de-Cuir.

- Et tu crois que le moulin va tourner tout seul, reprit le meunier, ne penses-tu pas que me cacher, c'est donner du crédit à leurs soupçons ?

Jehan allait dans le sens de son fils:

- Je me fais du souci pour toi, je sais qu'ils te surveillent, depuis le procès de Griot. Il y a des rumeurs dans la ville et bien des bourgeois sont jaloux de tes biens, méfie-toi.

Eustache, toujours confiant dans le destin de ses armes, rassurait ses amis.

- S'ils te prennent, nous irons te chercher dans leurs prisons, nous en avons les clés... N'est-ce pas, Chausses-de-Cuir ?

Un vaste éclat de rire secouait la panse du capitaine.

- Tu sais que j'aime bien ton sobriquet, je ne sais pas d'où il te vient, mais plus personne dans ce pays ne connaît Emmanuel Rey, le fils de Jehan le Prêcheur, le petit-fils d'Emilio des Jassines. Tu es considéré comme un chef et j'en suis ravi et...

Chausses-de-Cuir se renfrognait. Agacé par les propos du capitaine, Jehan lui coupa la parole :

- Emmanuel n'est pas un chef de guerre, c'est un homme seul, qui se bat pour sa propre cause qui pour un temps épouse la nôtre. Ne cherche pas plus loin, Eustache.

Suzanne était remontée de la cave, elle posait les étains sur la table devant chacun des conjurés. Lorsqu'elle fut à la hauteur d'Emmanuel, elle lui souffla à voix basse:

- J'ai de la bonne soupe et du lard, en veux-tu ?

Elle savait que le jeune rebelle ne mangeait pas tous les jours à sa faim.

Colin avait entendu la proposition de sa femme.

- Va, ma mie, sers la soupe à tout le monde, cela nous chassera les mauvaises pensées et nous parlerons de la vendange qui s'annonce superbe.

De la nuit jaillit soudain le sifflet modulé du guetteur, placé à l'entrée du chemin.

Colin sursauta sur son banc:

- Il y a danger mes frères, Escarguel ne siffle pas pour rien. Sauvez-vous, par le derrière de la maison et la ferme de Michel Serre.

Il se tourna vers son frère:

- Thomas, emmène Suzanne avec toi.

La meunière avait amorcé un pas dans sa direction, Colin l'arrêta:

- Ma mie, sois courageuse et ne fais pas l'enfant. Retire-toi dans Mérindol dans l'attente de jours meilleurs et ne tente pas de t'opposer aux gens d'armes car tu ne servirais pas ma cause. Je suis un paisible meunier et un notable de ce pays. Je reste chez moi car, si le moulin restait désert, ils en profiteraient pour me voler.

Par la fenêtre, il vit s'approcher la troupe de soldats et ne se fit plus d'illusions.

Les vaudois s'échappèrent par la bastide de Michel Serre qui communiquait par un passage secret avec le moulin de son beau-frère. Ils étaient hors d'atteinte lorsque les soldats forcèrent la porte du meunier.

Colin reconnut le juge Grossi, bourgeois chafouin qui passait pour âpre au gain et fort peu scrupuleux. Il comprit le but de ce déploiement de force. Le juge voulait sa vie et sa fortune trop insolente aux yeux des notables de la ville.

Le meunier lui faisait face, assis sur le coin de sa table, un demi-sourire sur les lèvres:

- Dis-moi, juge du roi, homme de justice et de droit, que viens-tu chercher dans ma maison, l'hérétique ou le trésor ?

Le juge Grossi, mal à l'aise devant l'assurance du meunier, ne put que marmonner son commandement:

- De par le roi et sur ordre du premier président du parlement d'Aix, le Sieur de Chassanée, sommes requis de prendre au corps le dénommé Pellenc Colin, meunier de son état au lieu-dit le Plan, s'assurer de ses biens pour être vendus au bénéfice du trésor royal.

Sur un signe du juge, les soldats forcèrent les armoires, les coffres et les caches dissimulées dans l'épaisseur des murs. Il firent large moisson de libelles et de pamphlets insultants pour le pape, la vierge et les sacrements de l'Eglise. Ils trouvèrent une bible en Français et des lettres de Genève.

- Emmenez-le... intima le juge.

Les soldats se saisirent de Colin, l'entravèrent et le tirèrent hors de sa maison. L'officier du roi exultait. Il brandissait les lettres sacrilèges:

- Je le tiens. Il est pris au collet comme un renard. Et cette fois-ci, il n'échappera pas au bûcher.

La compagnie que le juge avait requise pour son exploit cernait le moulin et la maison de Michel Serre. Ce dernier fut capturé à son retour de Sant Savornin, où il s'était rendu pour ferrer les chevaux chez Constantin.

Le sergent présenta au juge l'homme dont il venait de s'emparer.

- Emmenez-le avec l'autre, cela nous fera une plus belle prise à présenter aux tribunaux... Dommage, nous avons manqué de peu une jolie brochette de mal sentants.

Les pichets, les gobelets répandus sur la table, disaient dans quelle précipitation les hérétiques avaient quitté les lieux.

-... Sergent, laissez une vingtaine de vos hommes pour garder le moulin pendant la nuit, nous reviendrons demain dresser l'inventaire de tous les biens. Je rentre avec les prisonniers.

Les vaudois, qui s'étaient mis à couvert sur le chemin de Gargas, pouvaient voir les ombres s'agiter autour du moulin. Ils distinguaient les gardes qui se mettaient en place à la lumière des torches et les deux prisonniers entravés comme des galériens que l'on tirait derrière les chevaux.

Suzanne s'effondra dans les bras de Jehan.

- Ils me l'ont pris, je ne le reverrai plus car, pour lui, il n'y aura pas de pardon du roi. Il sera brûlé vif sur le Postel, comme le pauvre Griot.

Eustache se dressa au milieu du chemin , le poing tendu vers la cohorte qui s'éloignait. La colère l'empourprait, ses yeux parlaient de meurtre:

- Je te jure que j'irai le chercher dans les prisons d'Apt même si je dois brûler la maison de l'évêque.

Chausses-de-Cuir appuya les propos de son chef :

- Nous te rendrons ton homme, ne pleure pas. Mais il n'y a, pour l'heure, pas d'autre chose à faire que de traverser la montagne pour te cacher dans Mérindol.

Jehan proposa à la meunière de passer la nuit à la verrière de Ferry dans l'attente du petit jour:

- Demain, nous aurons des chevaux pour traverser la montagne.

Il fallut deux bonnes heures pour couvrir la distance qui les séparait de la verrière. Jehan céda sa chambre à la meunière et s'en alla coucher dans les remises avec son fils et Thomas.

Eustache était parti en compagnie de Baridon, pour rameuter les boute-feux de Cabrières.

Le prêcheur, découragé, constatait que le roi les traquait sans pitié et que l'édit de Fontainebleau tombait, comme une hache, sur les nuques des vaudois.

Le lendemain, au soleil levant, les chariots du juge entraient dans la cour du moulin. Les gens d'armes assommés par une nuit de veille, plièrent bagage sans attendre.

Greffiers et secrétaires requis pour la circonstance, s'égaillaient sur les terres du meunier, pour évaluer la moisson et les vendanges à venir. Rien n'échappait à leur vigilance de ce qui était sur pied et de ce qui était en grange.

Des caves aux greniers une noria incessante d' hommes de peine déménageaient la maison. Les outils, les caleçons, les étains, les chemises: tout ce qui pouvait se vendre à l'encan remplissait les chariots. Le juge ne laissa que les meubles, dans l'attente d'un nouveau tenancier de ses amis.

Au soleil déclinant, le lourd convoi quitta le moulin asséché de tous ses biens. Dans la ville, la foule trépignait, impatiente de se partager le butin amassé. Personne ne versa de larmes sur le sort des victimes. Les biens du meunier dispersés aux quatre coins de la ville à des prix dérisoires, firent le bonheur des bourgeois, des manants, des fripiers et brocanteurs. Le juge fit main-basse sur le moulin de Pellenc et y installa un meunier de sa main.

Colin Pellenc était un personnage important, un notable de la ville. On savait dans la viguerie d'Apt que son arrestation ne manquerait pas d'attiser la rancoeur des luthériens et susciter un désir de revanche.

Il n'était plus dans les habitudes des hérétiques de se laisser malmener, prendre et enfermer sans réagir. Le juge Grossi avait manqué de discernement. Le mal étant fait, il n'était pas question, pour le viguier, de garder longtemps dans ses geôles, un homme aussi encombrant. Plus tôt les prisonniers seraient transférés dans les prisons du parlement et moins grands seraient les risques d'une rébellion.

Dans le secret de son cabinet, le vieil édile ne cachait pas ses craintes à l'évêque:

- La quasi-impunité dont bénéficient ces hérétiques les rend audacieux, ils libèrent leurs hommes, là où ils se trouvent et quand ils le veulent. Que puis-faire avec une poignée de vigiles qui s'enfuient au moindre danger ?...

- Les luthériens peuvent amasser sous nos remparts cent cinquante à deux cents gaillards, armés et décidés. Si leurs chefs l'exigeaient, il n'y aurait plus une pierre debout dans cette ville. Je souhaite que le roi ne les accule pas au désespoir. Pour autant que je le sache, Monseigneur, ce ne sont pas les intérêts de la foi, ni ceux du roi qui ont prévalu dans cette affaire du plan d'Apt, mais la cupidité, la jalousie d'une poignée de notables.

- Je le sais, reprenait le prélat, le zèle affiché envers l'Eglise couvre parfois de bien sordides intérêts mais, hélas, la fin justifie les moyens.

Pellenc n'était pas une pauvre âme dévoyée par de mauvais pasteurs, mais un meneur, un propagateur de l'hérésie. Les libelles, les placards, les livres découverts, le condamnent irrémédiablement... Que la justice passe !

- Je crois que notre sire, reprit l'officier, ne tolérera pas un manquement aux règles de droits et garanties formulées dans l'édit. Ce qui nous évitera un retour aux excès d'un inquisiteur de triste mémoire.

L'évêque souriait en se frottant les mains:

- L'édit de Fontainebleau dispense l'Eglise de la charge de l'instruction.

- C'est une bonne affaire pour vous et une mauvaise pour moi mais je ne tarderai pas à remettre un homme aussi dangereux entre les mains de plus hauts personnages.

- Allons Messire, gardons l'espoir et que Dieu nous préserve.

*

* *

Sept-Octobre 1540...

Thomas Pellenc et sa belle-soeur se terraient dans la maison du baile de Mérindol et ne sortaient que le soir lorsque, portes closes, le village se repliait sur sa nuit.

Suzanne interrogeait les colporteurs de passage mais rien ne filtrait des prisons du Bailliage.

Un jour la nouvelle lui parvint: le meunier avait été brûlé vif sur la place des prêcheurs à Aix et un étranger s'était installé dans sa maison. Suzanne tenta de se jeter du haut des remparts et Thomas dut la séquestrer dans une chambre de la bastide. Elle resta prostrée, deux jours pleins, couchée sur le sol, refusant toute nourriture et implorant Dieu de la laisser mourir. Puis un matin, métamorphosée, elle surgit dans la lumière du jour, le regard haineux, la rage au ventre, pour demander vengeance.

Elle suppliait Eustache:

- Le juge ne nous a pas fait un procès équitable, la mort de Colin en témoigne. Tu dois le venger car tu étais son ami.

Sur le tard, à l'appel du tocsin, les Mérindoliens se réunirent dans l'église désertée par son curé.

Avec la précision d'un notaire, Maynard exposa les faits: l'arrestation du meunier, sa mort et la vente du moulin. Tous étaient consternés. Sur les deux versants du Luberon, le meunier était vénéré comme un barbe. Les pauvres lui devaient, qui son ouvrage, qui son lopin.

Thomas pleurait.

Chausses-de-Cuir, appuyé contre un pilier, observait la foule. Ce qu'il avait à dire n'allait pas calmer les esprits.

Il s'avança, d'un pas, dans la lumière:

- L'exécution de Colin intervient quelques mois après la promulgation de l'édit royal de Fontainebleau; savez-vous ce que cela signifie ?

Les regards inquiets se dirigèrent vers lui.

-... Cela veut dire que la meute est à nos trousses et que les dénonciations de Bérard et de Garbille vont faire des ravages dans nos rangs: cent cinquante de nos frères sont en danger. Leurs noms sont inscrits sur le rôle du greffier du parlement. Nous sommes tous promis au feu !

Un brouhaha indescriptible suivit les déclarations de Chausses-de-Cuir qui, imperturbable et glacé, continuait:

- Il y en a quatorze d'ici: Les Maynard, les Pellenc. Il y a toi Vian, il y a mon père et moi.

Il désignait du doigt les futures victimes de la répression.

Maynard bondit de son siège:

- De qui tiens-tu ces contes ?

- Du baile de la Dame de Lourmarin. La baronne a été prévenue par un conseiller du parlement de ses amis car nombreux sont les frères, inscrits sur ce rôle, qui travaillent sur ses terres. Je peux vous dire encore, qu'avant la fin de ce mois de juillet, les argousins viendront nous prendre. C'est cela que la dame de Lourmarin, sans se trahir, voulait vous faire savoir.

Hélion de Tourves n'en croyait rien:

- Ce n'est pas possible, Emmanuel, tu te trompes, il faut leur parler, les convaincre de notre bonne foi.

Chausses-de-Cuir se fit cassant:

- Cesse tes jérémiades de prédicant. Il n'est plus temps de convaincre, il faut se battre, fortifier les repaires de Saint-Phalèz et les baumes, surveiller les routes qui montent sur Mérindol et, à la première alarme, nous tenir prêts à vendre notre peau.

Les révélations de Chausses-de-cuir avaient fait monter la colère dans les travées.

Thomas en profita pour pousser ses feux en direction du Plan:

- Mon frère est mort et ce n'est pas avec des larmes que nous le vengerons et que nous reprendrons notre bien. Vous avez entendu, ce qu'il a dit. Ils ont tué Colin pour se faire la main et mesurer nos forces. Après lui ce seront les vingt de Mérindol et puis les autres, jusqu'à la fin. Vous ne comprenez donc rien, c'est comme les Juifs, on peut les brûler, un par un ou par dix, selon l'humeur.

Il trépignait de fureur:

-... Il me faut ma vengeance et si aucun de vous ne veut nous aider, nous irons seuls, Suzanne et moi. Allons viens, ma soeur, tu vois bien qu'ils meurent tous de peur.

Il se dirigeait ostensiblement vers la porte, entraînant la meunière dans son sillage

Eustache leur barrait la route:

- Du calme Thomas, tu t'agites et cela ne sert à rien... Combien sommes-nous pour mener ce combat ?

- Cent-cinquante, affirma Chausses-de-Cuir, ceux de Lourmarin marcheront avec nous, j'en fais mon affaire.

- Dans ces conditions, reprit Marron, il ne faut pas hésiter. Le soleil est encore haut, ce qui donne cinq heures de bonne lumière. Nous pourrons traverser la combe sans risques et nous serons rendus, avant la nuit, sur le plan d'Apt. La victoire sera d'autant plus facile que la surprise sera plus grande.

Chausses-de-Cuir était satisfait:

- Allons mes frères de la montagne, sortons les arbalètes, les arquebuses et les fourches. A nous la vengeance et le feu de Dieu...

Son excitation était contagieuse, une meute de jeunes garçons, décidés et batailleurs, voulaient en découdre au plus vite. Ils demandaient aux plus vieux de bien vouloir rester au village, afin de ne pas ralentir leur course.

- Ce n'est pas une entreprise pour vous, disait l'un d'eux à Bruneyrol le Cabrier, il y a bien douze lieues à courir dans le pays.

Bruneyrol saisit l'homme au collet et leva la main:

- Tu n'étais pas né lorsque j'ai tué mon premier soldat au ponton du bac et tu voudrais m'empêcher d'aller au moulin !

La voix de l'homme résonnait sous les voûtes de la vieille église et le jeune imprudent préféra se mettre hors de portée de la fureur du cabrier.

Maynard leva le bras pour attirer l'attention et ramener le calme dans les esprits:

- Tout le monde parle et c'est la foire !

Les jeunes trépignaient:

- Allons-y, ne perdons pas de temps, nous ferons nos plans en chemin.

Hélion de Tourves, le pacifique, se disait qu'il était inutile de prêcher la patience, personne ne pouvait maîtriser la fureur en marche.

Marron n'aimait pas la tournure que prenaient les événements. Il n'y voyait que colère et improvisation.

Livide, il sauta sur un banc:

- Cornedieu, ce n'est pas avec des abrutis de votre espèce que nous aurons la victoire. Les argousins vous accueilleront avec leur mitraille bien avant que vous ayez franchi le Calavon. Alors, que diable, calmez-vous et réfléchissez. Chausses-de-Cuir, dis à ces étourneaux ce qui peut arriver lorsque la peur nous secoue la tripaille. Si vous voulez vous battre, donnez-vous les moyens de votre victoire. Jamais, sans discipline, vous n'aurez le dessus.

La soudaine colère du vieux chef, avait calmé les impatiences. Emmanuel soutenait son ami:

- Eustache a raison, nous ne partons pas pour les vendanges, la fleur au chapeau et des chansons sur les lèvres. Le sang coulera cette nuit et, si vous ne suivez pas les conseils de votre chef, ce sera le vôtre.

En prononçant ces mots il se tourna vers Eustache et s'inclina, voulant signifier par ce geste qu'il attendait ses ordres. Emmanuel se souvenait de l'effroyable nuit de Cavaillon, où il tua son premier homme.

Comme pour lui-même, il murmurait:

- Croyez-moi, ce n'est pas facile d'être un tueur, lorsqu'on vous a enseigné, dès le berceau, à vous courber sous l'offense.

Un rictus amer déformait son visage. Il se reprit et lança à la cantonade:

- Allons capitaine, donne-nous tes ordres.

Marron s'était installé dans le faisceau des lampes à huile. Le regard des vaudois se tendait vers lui. Ils avaient pris la juste mesure de l'évènement. Les soupirs soulevaient la gorge des femmes et des sanglots furtifs glissaient dans les travées.

Marron était désormais assuré de la docilité de sa troupe. Il développa son plan avec sobriété et donna à chacun son emploi:

- Chausses-de-Cuir doit se rendre à Lourmarin pour rassembler nos frères. Tu leur diras d'aller directement à Roquefure, sur les terres de Tirasse et qu'ils se tiennent à couvert sous les arbres, jusqu'à mon arrivée. Ils se déplaceront par petits groupes comme d'honnêtes laboureurs de retour des champs. Que les armes soient cachées sous les manteaux. Sur place, nous aviserons.

Son regard cherchait dans l'assemblée, un homme de confiance:

- Toi le Cabrier, tu dois partir dans l'instant pour Apt; je te charge de nous ramener le Sellier avec des informations sur la garnison. Je veux tout savoir de ce qui se trame là-bas, fais-toi donner un cheval par Maynard.

Bruneyrol, en passant devant le jouvenceau qui l'avait pris à partie, lui susurra:

- Tu vois, dans les affaires importantes, ce sont toujours les vieux qui marchent devant.

Il éclatait de joie:

- Compte sur moi capitaine, claironnait-il en prenant le baile par le bras. Toi, viens me donner le cheval, je suis pressé, tu as entendu Eustache !

Chausses-de-Cuir et Bruneyrol enfourchèrent leurs montures et tirèrent ensemble sur Lourmarin.

Bruneyrol poursuivit sa route par la combe et Chausses-de-Cuir entra dans le village. Il eut tôt fait de trouver le baile qui s'était attardé au château pour distribuer les tâches du lendemain.

- Salut l'ami, il faut laisser l'ouvrage et rassembler nos frères. Cette nuit, nous forçons le moulin du Plan d'Apt et vous êtes des nôtres.

Le ton était sans réplique et le baile ne se fit pas prier pour sonner le tocsin.

Sous les remparts du château, les hommes écoutaient les explications du lieutenant de Marron. La liste de Garbille circulait sous le manteau et faisait monter la tension. Ils ne rechignèrent pas pour suivre Chausses-de-Cuir, tant ils étaient conscients que leur propre destin était lié à celui de tous les vaudois du pays.

De la galerie du château qui dominait le village, Blanche de Lévis regardait ses laboureurs se préparer pour une méchante rébellion.

Elle devait à ses ancêtres l'afflux continu de ces familles piémontaises qui participaient avec vigueur à l'accroissement de ses biens. Où trouverait-elle des vassaux aussi durs en besogne et si peu exigeants ? Elle n'ignorait rien de leurs croyances et si elle n'avait aucune sympathie pour Luther, elle aimait ses gens et pour les protéger, sentiments et intérêts bien compris, avait choisi de contourner les édits royaux aussi longtemps que sa mansuétude ne mettrait pas en danger sa propre sécurité. La noble sujette du roi de France pensait qu'un parlement de bourgeois ne pouvait traiter les d'Agoult, Cental et Ventadour, comme des hobereaux de moindre apanage. Elle regardait l'homme à l'habit de cuir fauve qui avait tant fait parler de lui dans ce pays. Elle le trouvait beau, le regard sombre et le sourire aigu. Le jeune bougre ne s'était jamais présenté au château. On disait tant de choses de lui, vraies ou fausses, qui aiguisaient sa curiosité. Elle trouverait bien le moyen de le faire venir dans son fief et l'attacher à son service. Il était plaisant, courageux et capable d'en imposer à ses laboureurs. Elle appela sa dame de compagnie:

- Dis-moi Catherine, le gaillard que je vois sur un cheval, c'est bien le fameux Chausses-de-Cuir qui fait jaser les femmes ?

La servante confirma:

- Oui madame, c'est lui.

- Où loge-t-il ?

- Nulle part, Madame, on dit qu'il n'a pas de demeure, qu'il va, qu'il vient dans la montagne et qu'il dort dans les spélonques*.

La baronne s'impatientait:

- Enfin, il a bien une famille, tout de même, il n'est pas tombé du ciel.

Catherine se montrait prudente:

- On dit aussi qu'il est l'héritier des Rey, sur le territoire de La Coste et tenancier du seigneur du lieu. Il n'est pas de vos sujets, Madame.

La baronne souriait à sa confidente:

- N'aie de crainte, ma mie, je ne le dénoncerai pas mais je le veux pour moi. Un arrangement est toujours possible avec mon parent de Simiane.

Catherine respirait mieux. Bien qu'elle n'eût pas de penchant particulier pour Chausses-de-Cuir, elle se montrait discrète. La curiosité de la baronne n'était pas sans dangers.

La Dame de Lourmarin poursuivait:

- Fais-le venir au château et retiens-le car je voudrais lui parler.

- Il sera fait selon votre désir, Madame.

La jeune femme s'inclina devant sa maîtresse.

La baronne s'éloigna de la haute fenêtre à meneaux dans un froissement de tissus. Gracieuse comme une jouvencelle, Blanche de Levis Ventadour était belle. Elle aimait la vie, la musique, les poètes et les beaux garçons. On disait volontiers, qu'à la mort de son premier époux, Louis d'Agoult, plus d'un baronnet de Provence rêva de mettre la jolie veuve dans son lit et ses moissons dans ses greniers. Elle épousa en seconde noces son cousin Antoine de Boüliers, baron de Cental, seigneur du pays d'Aigues.

Catherine s'approcha de sa maîtresse pour lui rappeler les obligations du jour:

- Vous n'avez pas oublié, Madame, que le secrétaire du baron d'Oppède se morfond depuis deux heures dans votre antichambre.

- Ah peste ! je sais, rétorqua la baronne d'une voix rageuse, je le vois venir celui-là. Cet homme sent l'encens et la mort. Si le vieil Accurse était un intrigant, son fils, ce petit laquais du pape, est pire que lui. Nos familles n'ont rien à faire avec ces gens-là.

Catherine insistait:

- Madame la baronne ne peut pas éconduire Monsieur d'Oppède. C'est un conseiller influent du parlement, un homme de chicane, un voisin ombrageux. Madame n'en finirait pas de courir les tribunaux.

- Tu parles d'or ma fille. Les d'Agoult se sont toujours défendus les armes à la main, alors que les robins de son espèce ne connaissent que les commandements, c'est ce qui fait la différence, ma bonne Catherine, entre un noble et un bourgeois, même ennobli. Je vais le recevoir, mais Dieu qu'il m'en coûte !

Les vaudois avaient quitté la place. La demeure seigneuriale retrouvait, en apparence, ses rythmes quotidiens mais, dans les communs, l'inquiétude rongeait les femmes. La baronne croisait, dans les couloirs, les visages fermés, les yeux rougis de ses domestiques. Des sanglots sourdaient sous le vantail où, d'ordinaire, elle n'entendait que des chants et des rires. Dame Blanche ne disait rien, elle consolait d'un sourire, d'une caresse sur la joue d'une jouvencelle: petits gestes de connivence, des riens conjugués au fil des jours, qui lui valaient l'affection de ses sujets. Pour endiguer le sombre cours de ses pensées, elle parlait de son château:

- Vois-tu Catherine, je voudrais faire de cette demeure un palais avec de grands escaliers ouverts sur des jardins à l'italienne. C'était l'idée de mon défunt premier époux et je m'y tiendrai.

En devisant ainsi les deux femmes parvinrent à l'entrée des appartements. Le page qui les précédait ouvrit la porte à deux battants.

Dans l'antichambre un moine les attendait. Il s'inclina légèrement devant la baronne, un demi-sourire au bord des lèvres.

- Qui êtes-vous Messire ?

- Pierre Gelido, Madame, l'émissaire du baron Maynier d'Oppède, conseiller au parlement d'Aix et viguier de Cavaillon.

Sans se départir de sa froideur, la baronne opina du chef:

- Catherine, veillez à nous laisser seuls et fermez les portes derrière vous.

Sur l'injonction de la dame de compagnie, les pages et les servantes quittèrent discrètement les lieux.

Pierre Gélido présenta sa requête.

Des éclats de voix filtraient sous la porte. La baronne, malgré ses bonnes résolutions, ne pouvait contenir sa fureur. Il n'y eut pas de témoin de cet entretien, mais les pages racontaient dans les cuisines que le sieur Gélido faisait triste figure en quittant le château. Seule Catherine, la confidente de Dame Blanche, eut connaissance de cet entretien et n'en parla jamais.

Par petits groupes, les vaudois traversèrent la montagne. Qui rencontrait ces hommes au coin d'un tumulus ou d'un gîte abandonné, pouvait croire à quelque bande de chasseurs braconnant dans les deffens.

Chausses-de-Cuir emmena sa troupe sur les terres de Tirasse: une soixantaine de jeunes laboureurs gonflés de violence. Il fit cacher ses hommes et attendit l'arrivée de son capitaine.

Le soleil déclinait sur l'horizon lorsque toute la troupe fut rassemblée sur le plan* de Roquefure. Marron compta ses hommes et il en dénombra cent vingt. De loin, il vit venir Jean le Sellier et le Cabrier qui tirait par la longe un cheval fourbu.

Le capitaine et son lieutenant se portèrent à la rencontre des deux hommes:

- Alors, que nous préparent-ils ? demanda Marron.

- Il n'y a pas de troupe, et les quelques soldats, que l'on voit en ville, sont aussi saouls que des grives aux vendanges. Je ne crois pas que nous trouvions de résistance au Plan d'Apt.

Chausses-de-Cuir s'impatientait:

- Alors marchons et qu'on en finisse.

Marron retourna sous le couvert pour prodiguer ses derniers conseils:

- Thomas, qui connait bien les lieux, nous guidera. Je ne veux aucune violence, nous ne venons que pour chasser le meunier et reprendre les biens de Pellenc. Nous lui conseillerons de quitter le moulin. La menace devrait suffire à le convaincre.

Mais les sages conseils du vieux chef n'endiguèrent pas le flot de colère qui roulait dans les veines de cette jeunesse impétueuse.

La lune, figée au-dessus de Perréal, éclairait la meute lâchée sur sa proie. Ils avançaient comme des soudards, dévastant les récoltes, pesantes de fruits mûrs. Ils molestèrent le meunier, vidèrent les caves et remplirent les chariots. Le vin coulait des tonneaux éventrés, à gros bouillons sur les pavés de la cour. La horde se saoulait.

Les flammes dévoraient les granges et les greniers. La meute chassait les troupeaux dans les pacages, égorgeait les cochons, ivre de violence et de vin.

Chausses-de-Cuir regardait brûler le moulin, comme il avait vu brûler, enfant, la ferme des Moutins. Le monstre qu'il croyait banni du coeur de ses frères surgissait sous ses yeux. Il ne reconnaissait pas les paisibles laboureurs des Isles de la Durance.

Les vaudois perdaient leur âme.

Et la ronde démente tournait dans la campagne. La Bête s'en prenait aux maisons voisines, brutalisait les fermiers, brandissait la torche et l'épée. Le feu rampant gagnait les vignes, se nourrissait de l'herbe sèche et achevait l'oeuvre des hommes.

Personne ne pouvait endiguer ce fléau qui rongeait la terre du Plan et le coeur des vaudois.

- Je n'en peux plus, disait Marron, ce n'est pas ma bataille, ce n'est pas mon combat. Que font-ils de la dignité de notre cause ?

Pour les paysans de ce pays nous ne serons, désormais, que des brigands, des voleurs et des pilleurs d'épaves. Les justes nous renieront.

Eustache était assis sur le bord du fossé, effondré.

Chausses-de-Cuir, à ses côtés, semblait aussi désemparé que son ami. Il le revoyait, tel que bien des années plus tôt, autour de la grande table des Jassines, ruminant sa colère, face à ces vieux laboureurs, hommes de paix, de pardon et de pain partagé: une vision d'enfant dans la chaleur d'une maison bien close. Marron parlait de dignité. C'était l'élan d'un coeur jeune, fier, humilié, impatient d'en découdre mais pas comme ce soir. Le capitaine, dont les vieux disaient jadis que la violence qu'il portait en lui détruirait leur propre cause, découvrait, sous le ciel embrasé du Plan d'Apt, l'amertume des combats sans panache et de la bestialité ordinaire. Entre l'inquisiteur pervers et ce paysan gorgé de vin éructant les mots de la violence insane, où était donc la différence ?

Chausses-de-Cuir se souvenait des paroles du vieil Emilio: « Les hivers seront rudes quand les loups sortiront du bois ».

Thomas Pellenc s'était approché du groupe. Il tenait dans ses bras un homme évanoui, le visage ensanglanté. Il hoquetait:

- Il a voulu mourir.

Il posa sur l'herbe du chemin le corps désarticulé de maître Hélion.

Autour d'eux la campagne brûlait toujours, la brise de la nuit portait, avec le chant des barbares, les effluves du feu et les gémissements des troupeaux tandis que sonnait le tocsin.

Sous les premiers rayons du soleil levant, l'église de Sant Savornin traçait sur l'horizon un signe virginal qui chassa la bête en ses abysses. Les vaudois s'étaient regroupés sous les arbres de l'allée du moulin. Vaguement inquiète, la troupe attendait les ordres de Marron.

Eustache se leva. Il regardait ces hommes qui tournaient comme des chiens honteux.

Dégoûté, il cracha sur le sol:

- Rentrez chez vous, la guerre est finie.

Il s'approcha de Chausses-de-Cuir et lui confia maître Hélion de Tourves:

- Ramène le barbe à Mérindol.

Il appela le Cabrier:

- Bruneyrol, toi qui as l'habitude des bêtes, reconduis les fauves à leurs tanières. Rends à leurs mères ces soiffards et ces brigands. Je rentre chez moi, j'ai honte.

Ils repartirent, silencieux, par la montagne, en laissant derrière eux une plaie vive sur la terre brûlée.

Le moulin détruit de Colin Pellenc ne lui survivait pas. Le juge Grossi en était pour ses frais.

Amère consolation.

*

* *

Novembre 1540...

Le président du parlement d'Aix était un homme de paix mais, l'affaire du Plan d'Apt faisant grand bruit, ses conseillers l'accusaient de manquer de fermeté dans la chasse aux mal sentants.

Le bruit courait que les hérétiques en armes se dirigeaient sur la ville et les bourgeois inquiets s'enfermaient dans leur cité comme aux heures les plus sombres de l'invasion impériale.

Dans un tel climat de frayeur, le président se devait d'agir. Il décréta la prise de corps de dix-neuf Mérindoliens inscrits sur le rôle que le greffier criminel avait confectionné sur la base des dénonciations de Jean Serre et de Garbille.

Au bouillant conseiller d'Oppède, il tentait d'opposer les termes de l'édit royal:

- Sachez, mon cher collègue, que je n'userai pas de la force sans avoir entendu, préalablement, les prévenus... Sa Majesté assure à tous ses sujets, une protection égale devant la loi. Notre huissier Courtin se rendra, avec ses gens d'armes, sur les lieux de Mérindol afin de se saisir des plus agités d'entre eux. Ces gens seront présentés à la cour du parlement. Nos décisions seront rendues avant la fin de ce mois d'août.

Un méchant rire secouait la carcasse du baron.

- La destruction du moulin confisqué par le juge royal, l'incendie des récoltes, les agressions à l'encontre des bons chrétiens, la rébellion contre le roi et la sainte Eglise ne suffisent pas à vous convaincre de l'importance du délit ? Nous avons brûlé un meunier pour de méchants écrits et vous hésitez devant un acte caractérisé de rébellion ? Par votre aveuglement le roi ne sera bientôt plus le maître en ses Etats.

Le Président Chassanée s'empourprait:

- Nous ne sommes pas chez les barbaresques, Sa Majesté veut être obéie dans les formes prescrites par ses édits...

-... Etes-vous donc si habile théologien, pour trancher entre la bonne et la mauvaise parole ? Dans sa sagesse, notre sire ne permet pas que l'on condamne ses sujets sans les entendre. Moi, président de ce tribunal, je ne dérogerai pas d'une virgule aux édits royaux. Je suis au service de Sa Majesté depuis bien des lustres et j'assure les devoirs de ma charge avec autant d'honneur que de probité. A ce que j'ai cru comprendre, Monsieur le baron, je ne suis pas sûr que vous puissiez vous prévaloir d'un semblable désintéressement.

Le baron se cassa sous l'outrage.

Le président tourna les talons sans le saluer et se dirigea vers le greffe où se tenait Courtin.

L'huissier lui présenta le rôle des accusés.

- Mérindol est leur repaire, observa Chassanée et c'est là que nous saisirons les chefs et tuerons la rébellion dans l'oeuf. Prenez-les, Courtin, mettez leurs biens sous séquestre. Faites vite car le baron d'Oppède me presse. Son désir de servir le roi est aussi féroce que son ambition...

Assuré que ses ordres avaient été compris, le magistrat quitta le palais.

L'huissier Courtin ne put dormir. S'emparer de dix-neuf vaudois au coeur de leur citadelle était une entreprise dont il mesurait les dangers.

Au jour levant, suivi de ses argousins, il prit la direction de la Durance. Les hommes, harnachés en guerre, éreintaient les chevaux blancs d'écume. Après une marche forcée sur des chemins de galériens, ils parvinrent au bac de Mérindol. Il était midi.

Bruneyrol, qui vaquait au bord de la rivière, surveillait les gens d'armes en marmonnant dans sa moustache:

- Ces paroissiens, sous le harnais de guerre, ne viennent pas pour piéger la tourterelle. Chausses-de-Cuir savait que l'affaire du Plan ne resterait pas impunie. Il a vu juste le petit, confessa le vieux berger, mais il est trop tard, les oiseaux sont partis.

Son arme sous le bras, il s'éloigna de la Durance pour s'enfoncer dans la garrigue. Le pas des chevaux résonnait sur la calade. La vie avait déserté le village. Il n'y avait pas de gardes aux portes et point de vigile au tocsin.

Courtin s'enquit, auprès d'un homme couché sous un platane et aussi saoul qu'un mercenaire allemand, des raisons de l'absence des villageois.

- Messire, hoquetait l'ivrogne, nous avons été prévenus que le gouverneur de Provence conduisait une compagnie sur Mérindol pour nous tuer.

L'huissier trouva le fermier Regnault, un bon catholique, qui lui confirma la fuite des vaudois dans la montagne:

- Ne cherchez pas, ils sont dans les falaises. Et quand bien-même, ils seraient là, vous ne pourriez les prendre. Ils sont tous parents et décidés à se battre. Il vous faudrait une armée pour en venir à bout. Je vous le dis, ces mécréants ont vidé l'église , chassé le curé et nous bastonnent quand nous faisons nos saintes dévotions. Moi, je ne peux plus rester.

L'huissier Courtin ne put que constater l'absence des prévenus mais, soucieux de respecter les formes de la loi, il publia, à son de trompe, l'arrêt du parlement ordonnant la prise de corps des Mérindoliens et les somma de se présenter sous trois jours devant le tribunal. Enfin, il placarda son exploit sur la maison du baile, le porche de l'église et la porte du château. Il confia au fermier Regnault la garde des biens séquestrés et s'en alla, heureux de s'en tirer à si bon compte. Courtin, ne voulant pas subir le sort du juge Lautier, força l'allure afin de mettre entre les hérétiques et lui la largeur de la Durance.

Lorsque le juge et sa troupe se furent éloignés, les vaudois regagnèrent leur village pour s'enquérir des nouvelles. Sur la porte de sa maison, le baile trouva le commandement du juge.

Le message était précis : la cour voulait les entendre. La parole appartenait désormais aux juristes et aux théologiens. Il fallait plaider et les laboureurs manquaient de bons avocats. Si le roi leur offrait un jugement équitable, encore fallait-il ne pas gâcher cette chance par trop de précipitation. Il était impossible, dans les trois jours impartis, d'organiser la défense des prévenus car deux semaines étaient nécessaires pour réunir les compétences, les témoins et rédiger les mémoires.

Au jour dit, les prévenus firent défaut devant le tribunal.

Le mois de septembre 1540 vit s'accumuler contre les vaudois d'accablants témoignages. Les dénonciations affluaient et les rumeurs les plus incontrôlées étaient retenues à charge.

« Ces jours passés, des troupes d'hommes descendaient de Sisteron, allant et venant, avec leurs bêtes, femmes et enfants et qu'on dit que c'étaient des luthériens et que depuis quinze jours il en était passé plus de trois cents, en troupe comme des moissonneurs; tellement qu'on se doute qu'ils veulent faire quelque assemblée ».

Ne disait-on pas qu'ils avaient projeté d'incendier les églises durant la nuit de Noël et que six cents arquebusiers se cachaient dans les bois de Mérindol, prêts à courir la Provence ?

La défection des vaudois suscita la colère du président Chassanée. Son autorité était ouvertement bafouée et Oppède ne manquait pas de le lui rappeler:

- Monsieur le Président constatera, comme moi, en quelle estime ils tiennent l'autorité du roi. Croyez-moi, Messire, emparez-vous d'eux, conduisez-les au bûcher, détruisez le nid et du même coup, vous arrêterez l'épidémie. La bonne politique est celle de la terre brûlée. C'est ainsi que le Maréchal de Montmorency gagna sa guerre contre l'empereur: ne rien laisser pour survivre et rien pour se cacher. Mérindol doit être détruit.

Le président Chassanée hochait tristement la tête. Il devait se rendre aux arguments du sinistre baron. Les hésitations du roi, les condamnations sans appel, aussitôt dénoncées par des lettres de grâce, rendaient sa position intenable. Plus le roi se montrait clément et plus les mécréants devenaient audacieux. Les menaces ne suffisaient plus, il fallait en imposer, susciter la peur, détruire le nid, ce qui aurait dû être fait aux premiers signes de l'hérésie. Il avait condamné Jean de Roma, le capucin fanatique mais il devait reconnaître que, nonobstant la cruauté de ses méthodes, le moine avait raison. Il fallait couper le bras malade avant que tout le corps ne soit gangrené.

L'accusation d'hérésie ne pouvait justifier, à elle seule, l'acharnement des parlementaires. L'affaire du Plan d'Apt revêtait une importance particulière dès lors qu'elle constituait un acte de rébellion, organisé et mené par une compagnie de cent-vingt mécréants sur le pied de guerre. Cette manifestation de force donnait à réfléchir. Les hérétiques bravaient le roi sur ses terres et la rumeur accréditait l'idée qu'ils entendaient ériger le Luberon en république autonome sur le modèle des cantons suisses. Les conseillers voyaient ressurgir les vieux démons du séparatisme que l'on croyait exorcisés: la résurrection du légendaire royaume d'Arles, pour le plus grand profit de l'empereur. Le ver était dans le fruit, l'ennemi au coeur de la France. L'argument, bien présenté au conseil du roi, pouvait vaincre les réticences de Sa Majesté.

Le mois d'octobre courant, cette idée chemina et les parlementaires conclurent à l'éradication pure et simple de l'hérésie à Mérindol.

« Accusés de crimes de lèse-majesté divine et humaine, de propagation de l'erreur luthérienne et de rébellion envers le roi, sont condamnés à être brûlés vifs: André Maynard, baile de Mérindol, François Maynard, Jacques Maynard, Michel Maynard, Jean Pons et sa femme, leurs enfants et leurs familles, Hélion Barbaroux et Claude Favier de Tourves, Pomery libraire et Marthe sa femme, naguère nonnain à Nimes, Thomas Pellenc du Plan d'Apt et Guillaume le Normand... Femmes, enfants, familles et serviteurs bannis des terres et seigneuries du roi avec interdiction d'y revenir sous peine de la hart et du feu. Ceux qui tenteraient de les aider verraient leurs biens confisqués. Par ailleurs dans le village de Mérindol, lieu de retraite de la secte réprouvée, les maisons seront détruites et arasées. Les bastides y seront abattues et les lieux rendus inhabitables afin que personne n'y puisse réédifier si ce n'est par le vouloir du roi. Le château, les baumes et les forteresses seront ruinées et mises en tel état que l'on ne puisse faire résidence et que les lieux soient découverts. Les bois alentour seront abattus sur deux cents pas et plus. Il est défendu de bailler à ferme les héritages dudit lieu à aucun du surnom et lignées des condamnés.. »

La décision était prise, il ne restait au greffier criminel qu'à la mettre en forme selon les termes de la loi et rappeler, en préambule, les motifs de la condamnation.

L'arrêt fut publié au cours de la séance du parlement siégeant à Aix le 18 novembre 1540 et rendu immédiatement exécutoire.

Le baron d'Oppède était opportunément absent.

IV

L'HUMILIATION DU PRELAT

1543...

Le Président Chassanée était mort depuis deux ans, empoisonné par quelque fanatique impatient de voir brûler Mérindol. L'avocat du roi, Philippe Garsonnet, recueillit la succession et Maynier d'Oppède se cala dans le second fauteuil.

Viguier perpétuel de Cavaillon et baron du pape, comme le désignait ironiquement la Dame de Lourmarin, ce zélé serviteur de la foi entendait bien mettre au service de la chrétienté les prodigieuses ressources de son esprit fécond, appuyé sur de solides ambitions. Pour se ménager le temps de la réflexion il avait délaissé les lambris de son hôtel aixois pour les murs austères de son château d'Oppède, au coeur de cette Valmasque, épicentre de l'hérésie dont les vagues se propageaient jusqu'aux rives de la Durance.

De la terrasse qui dominait la plaine, il regardait Cabrières lové dans les champs, baigné d'innocence crépusculaire. La haine rongeait le baron, sa barbe frémissait de colère et ses mains nouées dans son dos trahissaient une extrême exaltation.

Pietro Gélido se tenait à distance, soucieux de ne point troubler la méditation de son maître.

- Mérindol n'est rien, murmurait le baron, Mérindol n'est peuplé que de bavards qui bernent le roi de leurs discours et prétendues confessions. Et les savants théologiens mandés par l'évêque ou le roi lui-même, disputent de la grâce avec des gens rustiques, incultes et ignorants des choses de Dieu. Ils envoient leurs procureurs à la cour, arrachent une lettre de grâce et chantent victoire. Nous sommes ridicules. Ils gagnent du temps et se préparent pour la guerre.

Voilà la vérité, mon cher Pietro. Les fauteurs de troubles sont sous nos yeux à deux lieues, ils se nomment Eustache Marron, Chausses-de-Cuir, Baridon, Jehan le Prêcheur, soutenus par leurs complices. Ils font la loi sur nos terres, rançonnent les habitants et délivrent des saufs-conduits à leurs amis comme des agents de l'octroi. Cela je ne puis l'admettre.

Il frappait de son poing nu sur le parapet du mur, saisi d'un délire meurtrier. Ses yeux, brûlants de fièvre, incendiaient Cabrières.

Pietro Gélido sentait qu'une décision était imminente, une décision brutale qui ne manquerait pas de surprendre par son audace.

Oppède criait:

- Un jour, ils devront prendre la juste mesure du danger et assumer leurs responsabilités devant Dieu. Il faudra bien que la reine de Navarre cesse de contrarier les plans du cardinal de Tournon. Il faudra que le roi en son conseil prenne enfin le parti qui s'impose: le feu, le feu partout où se terrent les mal sentants, les hameaux, les bastides, les baumes de la montagne, tue, tue, comme à la croisade, bannières au vent et tambours battants. Il nous manque, ici, pour extirper le mal, un Simon de Montfort, ce grand pourfendeur de cathares.

D'un geste large au-dessus du muret, il embrassait la vallée, de Gordes à Roussillon. Soudain il se retourna halluciné et désigna le Luberon:

- Et de l'autre côté de la montagne, nous les chasserons des terres de la baronne, cette gueuse qui nous méprise et me traite comme un manant... Point de quartier.

Soudain il se calma, frottant ses mains meurtries par la pierre:

- Je suis le viguier de Cavaillon et à ce titre garant de la sécurité des gens de ma cité. Les luthériens ont forcé les portes de mes prisons et je les poursuivrai sur les terres du Comtat. Au parlement je ne puis rien, ici, sur les terres du pape, je dispose du pouvoir de police et j'entends en user.

Le baron prit affectueusement le bras du capucin et l'entraîna dans ses appartements à l'abri des indiscrets. Il y avait des hérétiques dans son village; pourquoi n'en aurait-il pas dans son propre château ?

Les bougres se dissimulaient. Les petites lingères innocentes, qui couraient dans les couloirs et se trouvaient, toujours à propos, derrière les portes où se tramaient les complots, étaient les yeux et les oreilles du diable.

- Viens que je t'expose mon plan. Cabrières est le véritable coeur de la rébellion, le repaire d'Eustache Marron et de ses hommes les plus aguerris. Il faut les prendre au nid pour les tuer. Privée de son capitaine, la rébellion sera comme un corps sans tête, aveugle et à notre merci. Mais je n'entends pas prendre seul une décision qui engage aussi le vice-légat, le recteur du Comtat et l'évêque de Cavaillon. Je les connais, Pietro, si l'affaire tourne mal, ils ne manqueront pas de m'accabler. Je veux un bon accord qui me mette à l'abri d'une traîtrise. Ils sont aussi changeants que la girouette de mon château et il me faut des engagements fermes, des armes et des hommes...

... Quel est ton conseil, Gélido ?

Le moine se tassa sous le regard de Maynier: à quoi bon donner un avis qui ne compterait pas. Le baron tenait à se laver de l'affront infligé par les vaudois, c'était une obsession.

- Si l'idée est excellente, l'éxécution en sera malaisée.

- Que veux-tu dire ? Rétorqua le baron déconcerté.

- Je crois que les pouvoirs de police que vous détenez ne sont plus de nos jours de nature à émouvoir les hérétiques. Lorsque ces mécréants forcent vos prisons, ils veulent vous faire entendre que votre autorité n'est plus reconnue et que seule compte désormais la puissance des armes sur le terrain. Si vous voulez combattre avec cent soldats, ils vous opposeront, sur l'heure, six cents compagnons bien décidés à en découdre. Vous perdrez la face, Messire et la confiance des parlementaires. N'oubliez-pas que vous êtes au service du roi et promis à un brillant avenir. Ne gâchez pas cette chance par une imprudence. Il serait plus habile d'en suggérer l'idée au vice-légat dont vous êtes, par vos fonctions, le féal sujet. Il en apprécierait sans doute l'intérêt. Faites lui comprendre que la reddition de Cabrières et l'arrestation des chefs de bandes lui assureraient la pourpre cardinalice. Voilà mon conseil, Monseigneur.

Le baron avait écouté attentivement les propos de Gélido:

- J'entends bien, mon ami, la partie n'est pas facile, mais nous bénéficierons du secret et de l'effet de surprise. Il y a trêve dans le royaume de France pendant que le roi enquête et se fourvoie. Mais cette trêve ne concerne pas les terres du pape. Ils sont trop occupés à discourir pour imaginer un seul instant que la légation du Comtat, souveraine sur ses terres, puisse se faire justice. Je crois en la justesse de tes vues et Monseigneur Campeggi ne sera pas difficile à convaincre. Allons mon bon Pietro, fais route vers le palais d'Avignon et dis, de ma part, au vice-légat ce dont nous sommes convenus. Si l'affaire tourne bien nous partagerons les bénéfices, si elle tourne mal il en assumera la responsabilité... Voilà qui est savamment combiné.

Gélido, sans plus attendre, se rendit au palais. Il n'avait nul besoin de sauf-conduit pour s'ouvrir les portes de la chancellerie. Un jeune prêtre le conduisit jusqu'aux appartements du vice-légat:

- Voyez-vous, lui confiait son guide, son Eminence ne se plaît guère dans cette immense forteresse et n'y séjourne que rarement. Il préfère le petit Palais voisin, plus chaud et agréable à vivre...

Alexandre Campeggi reçut l'émissaire d'Oppède dans la chambre du Cerf, qui jouxtait ses appartements:

- J'aime bien ce lieu, les fresques y sont belles. Regardez cette scène de chasse au faucon, observez les oiseaux, les deux chiens blancs, ces frondaisons, ces fleurs. Tout cela me rappelle mon Italie natale.

Campeggi poussa un grand soupir de regret, il supportait sa charge comme un exil.

- Venons-en à l'affaire qui vous conduit ici...

Il prit le placet que lui tendait Gélido, en fit sauter les sceaux et se plongea dans une lecture attentive.

- Il ne dit rien d'important dans son message, mais il vous confie le soin de m'informer verbalement de sa requête. Sage précaution car les paroles sont aussi légères que le vent qui les porte, mais les écrits, mon fils, sont des armes redoutables entre les mains d'un homme avisé...

Un sourire ambigu se dessinait sur les lèvres du prélat:

-... Parlez, je vous écoute.

Gélido brossa un tableau apocalyptique de la situation dans le pays d'Apt, soulignant la morgue des hérétiques qui n'hésitaient pas à bafouer la chrétienté dans sa propre demeure. Il décrivit le sac de l'abbaye de Sénanque et la mort des pieux bénédictins, les défilés en armes prenant des airs de procession et les saintes reliques publiquement profanées. Le pape était insulté sur ses terres et personne ne semblait vouloir y mettre un terme.

- Voilà donc Eminence, dans quel état se trouve la Provence et tout particulièrement le comtat Venaissin placé sous votre juridiction. Le seigneur d'Oppède vous propose une action militaire sur le bourg de Cabrières, repaire de l'hérésie armée.

Alexandre Campeggi gardait le silence. Il entrevoyait clairement les avantages et les inconvénients d'une telle opération. Mais il ne pouvait plus longtemps différer une action qui s'avérait nécessaire. Rome ne tarderait pas à s'inquiéter du désordre qui régnait sur les terres du pape et il pouvait faire confiance au recteur du Comtat pour attiser les inquiétudes du Saint-Père.

Le prélat se leva et se rapprocha des peintures qui ornaient la paroi sud de la chambre du Cerf:

- Regardez, mon fils, les jeunes filles au bain, virginales et pures comme des enfants. Hélas le monde n'est pas à l'image de ces fresques bucoliques. Je n'y vois que folies, meurtres et vengeances. Oui, mon fils, la chrétienté est bafouée et il me faut ramener la paix du Christ sur ces terres. Je donnerai l'ordre à Pierre Ghinucci de lever la troupe et de prendre Cabrières. L'évêque de Cavaillon ne manque pas de courage et il a des comptes à régler avec les hérétiques.

Le vice-légat convoqua son greffier et lui dicta une lettre que Pietro Gélido devait remettre, en mains propres, à l'évêque.

- Voilà mon cher Gélido, une affaire rondement menée. Assurez le baron d'Oppède de notre paternelle sollicitude, nous le remercions du zèle qu'il déploie dans la défense de notre Foi, j'en informerai personnellement sa Sainteté.

Gélido quitta le palais et gagna, sur le champ, la résidence de Pierre Ghinucci.

L'évêque prit connaissance de la lettre du vice- légat et en manifesta une grande satisfaction.

- Voilà mon cher Pietro, une ordonnance qui me convient. Je suis fatigué de tant de discours et de rebuffades, j'ai tout tenté pour les amener à l'abjuration par des voies pacifiques, mais ils sont restés sourds. Alors, que passe la justice de Dieu.

A l'aube du 10 août 1543, la troupe de l'évêque se présentait aux abords de Cabrières, tambours battants et enseignes déployées. Elle bénéficia de l'effet de surprise et le massacre commença dans les faubourgs. Baridon fut arrêté et emmené à l'Isle sur la Sorgue, sa maison fut dévastée, le bétail abattu ou volé, ses filles furent violées sous les yeux de leur mère. Mais la ville, protégée par ses hauts murs, résistait. Pour en venir à bout il eût fallu des bouches à feu.

Le tocsin sonnait dans l'aurore naissante et les vaudois réveillés montaient aux créneaux. Les arquebuses crachaient la mitraille et tenaient à distance les gens d'armes de l'évêque.

Le baile et ses amis tenaient conseil de guerre:

- Ils sont trop nombreux, sans l'aide de Marron nous n'en réchapperons pas. Allumez les feux sur les remparts, alertez les villages et les secours viendront. Faites vite le jour se lève.

Les quelques compagnons qui le secondaient, tirèrent les fagots sur les hauteurs du village. La haute flamme se dressa dans la nuit bleue comme un signal de détresse.

De la terrasse de son château, le baron d'Oppède tentait de déchiffrer, au-delà des brumes du Calavon, l'évolution de la bataille.

- Gelido, Gelido, jubilait-il, Cabrières brûle ! Ghinucci procède au grand nettoyage ! Le nid de vipères est détruit ! Regarde !

Le feu se déployait dans le ciel au-dessus des remparts du village.

- Nous en avons fini avec Marron et ses rebelles.

Le viguier esquissa un signe de croix, pour remercier la vierge de son précieux concours. Il avait dans l'idée de lui construire une église au pied de son château.

- Tu vois, Pietro, tes craintes étaient vaines et, si j'avais conduit moi-même la troupe à la victoire, j'en aurais tiré grand prestige.

Le secrétaire tendit le bras au-dessus des créneaux:

- Regardez, Monseigneur...

Sur les hauteurs de Gordes, un brasier immense s'allumait, un autre jaillissait du territoire de Goult. La plaine entière s'embrasait dans le petit matin.

Gélido, l'air contrit, confirmait:

- Ce que vous preniez pour l'incendie de Cabrières n'était qu'un signe d'appel, avant deux heures ils seront mille sous les remparts du village et Ghinucci ne s'en tirera pas. Croyez-moi, Monseigneur, vous avez la meilleure place.

Le viguier était livide, penché au-dessus du vide, il observait l'épaisse fumée qui montait de son village.

- Chez moi, Gélido, ils me provoquent chez moi...

Le baron suffoquait:

-... Je les tuerai, crois-moi, je les tuerai tous.

Il retourna dans ses appartements en éructant ses menaces, frappant les murs comme un fou:

- Je les tuerai, je les tuerai !

Gélido marchait sur ses traces, le front bas, caché sous sa coule.

- Que Dieu nous garde, il est dément, murmurait-il.

De son repaire dans la montagne, Marron avait saisi le message de feu au-dessus de Cabrières. Les ordres étaient clairs pour les vaudois et la jonction de toutes les bandes des villages se fit à la hauteur du Mas d'Imbert sur le chemin de Gordes. La vigne de Baridon témoignait de leur première révolte et les hommes de la vallée s'y rassemblaient au départ de chaque expédition punitive. Marron y retrouva Chausses-de-Cuir qui venait de la Verrière, ceux de Joucas, Roussillon, Ménerbes et des bastides de la vallée. Il eut tôt fait de compter huit cents braves armés et fortement motivés. Aujourd'hui Marron disposait d'une armée et de lieutenants qui, quoi qu'il advienne, se savaient condamnés et n'avaient rien à perdre : Chausses-de-Cuir, Roland de Ménerbes, Bruneyrol le Cabrier et Maynard, le baile de Mérindol.

Marron faisait la loi dans le pays d'Apt, il tenait les chemins et appliquait, sans faiblesse, la loi biblique du talion. Pour la mort d'un frère, il brûlait le couvent des Carmes de Saint-Hilaire ou l'Abbaye de Sénanque, profanait les églises et tournait en dérision les sacrements.

Aucun pouvoir de police ne pouvait le contraindre.

Pietro Gélido parlait juste.

La troupe de Marron avançait en bon ordre sur les faubourgs de Cabrières. Chausses-de-Cuir marchait en tête. Il fut le premier à découvrir la maison de son oncle Baridon en état de siège. Les filles sur la route, chassées nues de leur demeure se jetèrent dans ses bras, sanglotantes et livides, le visage marqué de coups et les cuisses lacérées.

Le hurlement des soldats tétanisés couvrait les gémissements des blessés... Tue... tue... tue.

Les larmes brouillaient la vue de Chausses-de-Cuir, une plaie qu'il croyait cicatrisée se rouvrait, saignait, le visage d'Alyne lui mangeait la mémoire. La vision de cette violence le rendit fou de haine et Marron, qui l'observait, vivait le même cauchemar.

- Prends cinquante hommes avec toi et venge-les.

Chausses-de-Cuir courut, l'arme au poing, sur les derniers soldats qui s'acharnaient sur les ruines de la bastide de son oncle.

- Mort aux papistes, mort aux assassins !

Il frappait comme un bûcheron, décapitant, d'un revers de sa lame, les soudards qui agonisaient sur les filles à demi-mortes qu'ils violaient. Ce fut un carnage épouvantable. Chausses-de-Cuir ruisselait du sang des mercenaires.

Ghinucci perdait pied, la horde le poussait contre les remparts et la mitraille des assiégés hachait menu ses lansquenets.

Marron s'avança sur lui:

- Vos hommes sont défaits, Monseigneur, il ne leur reste que la retraite ou la mort. Le choix vous en incombe. Mais sachez que je ne pourrai pas tenir longtemps la main sur mes amis. Décidez-vous !

Chausses-de-Cuir tremblait d'impatience:

- Qu'on en finisse, Eustache, ceux que tu sauves aujourd'hui nous tueront demain, pas de quartier.

Il leva son arme sur Ghinucci. Bruneyrol le retint.

Marron leva la main pour imposer silence à ses hommes:

- Vous voyez Monseigneur, mon plus fidèle ami rêve de vous occire, ses trois cousines ont été violées, son oncle probablement assassiné et leur bastide est dévastée. Faites vite, je vous en conjure... Vous ne pouvez savoir ce qu'il m'en coûte de vous laisser partir...

Ghinucci donna l'ordre de la retraite. Les tambours s'étaient tus.

Chausses-de-Cuir apostropha son capitaine:

- Pourquoi les as-tu laissés partir ?

- Parce que depuis trois mois le roi nous propose sa grâce et qu'il ne serait pas bon de tuer un évêque dont on dit, par ailleurs, qu'il est bien en cour à Rome.

Dans le soleil de midi, Ghinuci s'en retourna à Cavaillon, humilié et nourrissant des projets de vengeance.

L'affaire de Cabrières fut rapportée au gouverneur de Provence qui dépêcha sur les lieux un procureur. Maître Pierre Johannis enquêta sur Apt, Murs, Gargas, Roussillon, Joucas et Gordes avant de se présenter sous les murs de Cabrières.

Eustache l'attendait, l'arquebuse à l'épaule et l'épée pendante à son côté.

- Qui êtes-vous, messire, et qui venez-vous chercher en un tel équipage ? demanda Marron.

- Je suis le lieutenant du juge d'Aix, commissionné par le gouverneur de Provence Monsieur de Grignan. Je désire rencontrer les syndics de la ville.

- Il en sera fait selon votre désir, messire.

Marron donna l'ordre de s'en aller quérir les magistrats.

Lorsque tous furent assemblés sur la place du village, le représentant du gouverneur fit remontrance des actes de rébellion répertoriés par ses soins:

- Le roi ne saurait tolérer que des gens se tiennent en armes si près du Pays de Provence. De sorte qu'il enjoint aux habitants de Cabrières de déposer les armes, de se séparer et de ne point user de la force à l'encontre du vice-légat et de l'évêque de Cavaillon. En outre il demande aux sujets du roi de France de quitter la ville.

Le premier syndic ajusta sa réponse:

- Nous prenons acte, messire, de la commission du roi et entendons nous y conformer. Les sujets de Sa Majesté se retireront de notre ville, mais plaise au roi de nous protéger des torts et oppressions que l'évêque de Cavaillon nous fait subir. Si Cabrières est placé sous la juridiction du pape, nous n'en sommes pas moins de fidèles et loyaux sujets du roi. Qu'il nous fasse bonne justice et nous rendrons nos armes.

Johannis se retira, apparemment satisfait. Il rendit compte de sa mission à Monsieur de Grignan qui le somma d'approfondir ses recherches afin de détecter les réseaux et les complicités dont bénéficiaient les hérétiques. Johannis se mit aussitôt à l'ouvrage et, flanqué d'une compagnie de soldats, visita successivement Avignon, Cavaillon, l'Isle sur la Sorgue et retourna à Cabrières où il put constater que les sujets du roi ne s'étaient pas retirés comme promis à sa récente visite. Il en fit remontrance aux syndics qui lui remirent un billet pour le Comte de Grignan.

V

MADAME DE CENTAL

Jehan le Prêcheur avait vieilli et voyait sans trop de déplaisir s'approcher la mort, tant il souffrait d'être le témoin des cruelles épreuves que son peuple subissait. Le vieux sage se recroquevillait. Le verbe éteint, le regard vide, il vivait de ses souvenirs, recomposait les visages d'antan, les bruits, les odeurs des Jassines, les chants de la terre d'avril et le vieil amandier du chemin.

On ne le consultait plus sur les affaires de la communauté, mais il continuait, par devers champs et garrigues, à porter la parole de réconfort, discrète et chaleureuse, au creux des mas d'angoisse. L'ombrageux Chausses-de-Cuir portait les livres du vieux barbe. Les deux hommes montaient souvent aux Jassines se recueillir sur la tombe des parents et poussaient, parfois, jusqu'à Soubeyran où ils se savaient attendus.

Il y avait des années qu'Alyne avait disparu et l'oubli n'avait jamais pu s'installer dans la bastide. Tout leur parlait d'elle : les souvenirs d'enfants, les reliques pieusement conservées, un pigeon sur la margelle du puits, un sourire de Bérengère aussi fraîche qu'une rosée de mai.

Soubeyran était mort. Il ne s'était pas remis de la perte de sa fille et la mère n'en pouvait plus de fatigue et de douleur.

Chausses-de-Cuir était revenu et les enfants joyeux lui faisaient fête. Ces enfants que la vie rude du laboureur, la solitude et la rigueur des temps avaient prématurément mûris.

Enguerrand se montrait exigeant:

- A quoi nous sert d'avoir un père que l'on ne voit jamais ? Tu dois rester avec nous !

Chausses-de-Cuir ne pouvait que répondre:

- Je suis comme le loup, un jour ici, un autre là, chassé de mes repaires et souvent aux abois. Rester ici, c'est attirer sur vous la colère de nos ennemis. Tu ne pourras compter, désormais, que sur toi. Ta force, ton intelligence, ton courage et la grâce de Dieu seront tes seuls recours. Un jour tu seras le maître des Jassines. Je veux voir nos champs crouler sous la moisson, comme je les ai connus du temps d'Emilio. Le vieux sera content de voir ses terres en labours. Son doigt pointait vers le ciel d'où l'ancêtre, pensait-il, les regardait.

... Et puis tu veilleras sur ta soeur, elle est jolie à tenter le démon, aussi belle que ta mère.

- Oui père, je serai bientôt en âge de revenir aux Jassines, mais ne crois-tu pas que je devrais être aussi près de toi dans la bataille ?

- Non, tu n'y as pas ta place. Il y a ceux que le destin entraîne vers les combats et ceux que Dieu réserve pour la prospérité de son peuple. Leur devoir est de travailler la terre et d'avoir des enfants. Il n'y a ni lâches ni héros. Nous sommes frères et chacun occupe la place que Dieu lui a réservée. Lorsque votre mère était près de moi , je ne parlais que de bonheur paisible, de travail et de traditions. Ce n'était pas glorieux, mais le petit Emmanuel que j'étais valait bien, je le jure, le Chausses-de-Cuir que je suis devenu. Le destin en a décidé autrement.

Il tenait Enguerrand par les épaules et le fixait d'un regard douloureux:

- L'avenir de notre peuple est dans ses fils, ses filles et nos domaines que nous devons préserver. C'est un grand malheur pour le laboureur qui, à bout de ressources, doit manger les semences de printemps. Vous êtes les semences des printemps à venir. Notre survie est en toi, ta soeur et la terre des Jassines.Il te faudra remonter les murs, essarter les champs, labourer, semer, suer pour que, du fond de leur éternité, les vieux te bénissent.

Le barbe était ému. Il s'en alla prier sur la tombe de ses parents, dans le petit enclos rongé de mauvaises herbes.

- Laissons-le seul, proposa Chausses-de-Cuir, et allons visiter notre bastide.

Il n'aurait su dire pourquoi, au plus fort des combats, il avait besoin de croire en l'avenir de ses enfants, de rêver de champs féconds, de vignes croulantes sous le pampre d'automne. Ils étaient allés ensemble aux Jassines, pour renouer avec l'espoir. Bérengère donnait le bras à son père tandis qu' Enguerrand portait les livres de Jehan.

Emmanuel chercha la pierre d'Emilio. Elle était là, au pied du muret. Vigilante comme une sentinelle, elle témoignait. Les débris calcinés des meubles jonchaient la cour et la porte de la soue grinçait sur ses gonds.

Enguerrand étreignait sa soeur:

- Nous reconstruirons ensemble et partagerons le travail et les récoltes. C'est ici notre demeure et nous reviendrons. A Soubeyran, je ne suis pas chez moi, les murs n'y portent pas nos traces.

Bérengère était surprise... Ils n'avaient jamais parlé de leur passé, de l'horrible cauchemar, de leur mère battue, humiliée, blessée. Sous l'arbre séculaire des Jassines, ils avaient la révélation soudaine de l'ancestrale communion, le sentiment exaspéré de partager un patrimoine qui n'était pas fait que de terres et de richesses. Soubeyran ne fut qu'une halte sur leur route: une longue retraite de pleurs et d'ennui.

Enguerrand fut pris de l'irrésistible envie de courir dans les pacages, de fouler la terre aux pieds à la recherche d'une odeur, d'un souvenir ou d'une chevrette oubliée, compagne de ses jeux et qui l'aurait attendu sous les frondaisons.

Bérengère riait, toute rose d'émotion sous sa coiffe blanche.

- Père, la terre n'est pas morte, elle est simplement endormie, je la sens respirer. Elle nous attend toute pleine de promesses. Nous verrons, à la Pâque prochaine, refleurir l'amandier du chemin.

Le vieux barbe était de retour. Chausses-de-Cuir rappela son fils.

- Allons, rentrons pour ce soir à Soubeyran.

Johannis attendait Chausses-de-Cuir et Jehan le Prêcheur à Soubeyran. Toute la maisonnée était sur pied de guerre, les oncles, la parentèle et les journaliers qui se tenaient la fourche aux pieds. Peu s'en fallut qu'ils ne lui fissent un mauvais parti. Toute l'autorité de Déodati, l'homme de confiance du défunt Soubeyran, ne pouvait suffire à retenir les hommes. La menace était sérieuse.

- Qu'est-ce que vous lui voulez à Chausses-de-Cuir ? Vous voyez bien qu'il n'est pas là. Partez d'ici.

Ils en venaient aux mains lorsque Chausses-de-cuir, son père et ses enfants franchirent le portail.

Johannis préféra composer:

- Je suis venu vous exprimer la volonté du gouverneur. Il vous interdit de prêter main-forte aux habitants de Cabrières et de vous opposer au vice-légat.

Jehan le Prêcheur se montra conciliant:

- Donnez-nous votre message par écrit pour que nous puissions rédiger paisiblement notre réponse. Nous sommes devenus méfiants, messire, tant nous sont faits de procès iniques.

- Il n'y a pas de réponse à apporter aux ordres du gouverneur, vous devez obéir.

- Qu'est-ce que ce langage ? répondit le Prêcheur furieux. Sommes-nous à ce point dévoyés que le droit de nous défendre nous soit retiré ? Messire, pendant plus de vingt ans, dans ce pays, nos ennemis nous ont torturés, humiliés avec la volonté de nous exterminer. Non messire juge, jamais nous ne renoncerons à notre foi et à nos coutumes. Haro ! sur les prélats corrompus et les adorateurs d'images et de bois peints !

- Vous blasphémez, vous insultez l'Eglise, l'autel et la Sainte-Messe. Pour tous ces crimes et d'autres encore, je vous assigne à comparaître devant le Sieur de Grignan.

Chausses-de-Cuir s'était placé entre les hommes de Déodati et le juge :

- Partez vite, au grand galop, aussi loin que vos chevaux pourront vous porter. Vous risquez de mourir ici, ce soir-même !

- Je vous retrouverai demain ou un autre jour, la justice du roi est patiente.

Le procureur du roi s'en retourna vers la grand' route. Il gardait toute sa dignité, sous le rire des enfants qui lui jetaient des pierres.

Les communautés villageoises puisaient dans l'Evangile et la présence des barbes, la force qui les tenait debout. Jehan le Prêcheur s'était rendu à Lourmarin où il était attendu pour une nuit de prières dans la maison de Catherine Callier, la servante de la Dame de Lourmarin.

Sous la ramée, dans la nuit étoilée de Provence, le chant des réformés montait vers le Dieu de tous les sacrifices et de tous les espoirs. La tension était forte, la conviction profonde d'un prochain salut. Les nouvelles, venues de la cour, redonnaient de l'espoir aux proscrits.

L'un des procureurs de la cause vaudoise, qui rentrait de Paris, fit le compte rendu de sa délégation:

- Nous avons fait savoir à sa majesté, que nombreux furent les nôtres à se présenter devant l'official pour abjurer comme il était proposé dans ses lettres de grâce et que nous n'avons trouvé que rejets, sévices et persécutions. La parole de notre roi n'est pas entendue en Provence. Sous prétexte de religion et de justice, les parlementaires et seigneurs de ce pays, tous alliés ou parents n'ont pour dessein que de nous occire et de nous déposséder. Le roi a bien voulu nous entendre et c'est une grande nouvelle que je vous apporte. Sa majesté, ouverte à nos suppliques, a décidé de surseoir à l'exécution des arrêts. Elle ordonne de libérer nos frères enfermés. Ceux qui failliront à ces ordres seront punis de manière exemplaire. Ainsi en a décrété le roi.

L'émotion était trop forte, un chant d'allégresse soulevait les poitrines, les vaudois s'embrassaient. La joie était dans les coeurs, les pensées allaient vers ceux qui, demain, seraient de nouveaux libres. Il y eut beuveries et ripailles toute la nuit. La nouvelle de la grâce royale courait dans la montagne en allumant ses grands feux de joie.

Catherine Callier s'était discrètement approchée de Chausses-de-Cuir:

- Je ne sais pas ce qui se passe dans la tête de ma maîtresse ; elle m'a demandé de te faire venir au château car elle voudrait te parler.

- Puisque la paix semble revenue, j'irai la voir dès demain. Si elle me propose du travail et des terres, je lui ferai bonne figure. La vie reprend. Je laisserai les Jassines à mes enfants et moi je resterai dans ce pays. Peut-être qu'une femme gentille, bien en chair comme toi, voudra bien me donner la main pour le reste de mes jours.

Le regard du garçon caressait la croupe de la fille de Callier.

Catherine, rougissante sous son fichu, préféra se sauver.

Comme il l'avait dit, Chausses-de-Cuir se rendit au château. Catherine le regardait venir. Le bougre, se disait-elle, a si bien fait toilette qu'il ressemble à un seigneur.

La proposition, à peine voilée de Chausses-de-Cuir, ne lui semblait pas sotte. Le garçon avait belle allure, ce qui le distinguait des soupirants habituels.

- Celui-là peut faire l'affaire, se disait-elle, encore faudrait-il qu'il précisât ses intentions. Catherine avait ses idées bien en place et ne s'en laissait pas conter. Sa position de femme de chambre de la baronne la rendait exigeante dans ses affaires de coeur.

C'est avec le sourire qu'elle accueillit Emmanuel Rey, ci-devant Chausses-de-Cuir, un nom de guerre qu'elle ne voulait plus prononcer.

- Viens, j'ai annoncé ta visite à la baronne. Elle t'attend, je t'accompagne jusqu'à sa porte. Après, vogue la galère, tu te débrouilles tout seul. Sois naturel, ne fais pas le gracieux, elle n'aime pas cela. Elle se méfie des hommes dont le regard lui échappe.

Elle eut en direction d'Emmanuel un regard qui semblait lui dire: garde-toi mon bonhomme, si tu veux me garder.

La porte franchie, le jeune paysan se trouva seul dans l'antichambre de la baronne.

Les effluves d'un parfum exotique flattaient ses narines. Bientôt apparut, dans l'encadrement de la porte ouverte à deux battants, une beauté grave, majestueuse aux gestes amples, sans affectation, toute de grâce et de dignité. Sa robe lui faisait une corolle d'un bleu d'azur et sa chevelure blonde, relevée en chignon, brillait des feux d'un diadème de perles serties.

Elle était belle la Dame de Lourmarin, veuve, pour la seconde fois, de son cousin de Cental.

Emmanuel fut subjugué.

- Approchez-vous, ordonna la baronne, venez dans la lumière que je vous regarde. Je ne vous ai jamais vu que sur un cheval avec une arme à la main. Vous conviendrez que ce n'est pas d'un usage commun chez les laboureurs. Je me languissais de rencontrer le vaillant Chausses-de-Cuir dont la mauvaise réputation court le Luberon. Tout cela est, semble-t-il, terminé. Bientôt vous retournerez à vos labours et m'en voyez ravie.

Un charmant sourire appuyait ses paroles.

Emmanuel confirma les propos de la baronne:

- Je crois que le roi nous fera bonne justice et que nous pourrons désormais vivre en paix et travailler sur nos terres... Je ne suis pas un homme de violence. Les soldats ont traité ma femme comme une chienne et détruit ce que j'aimais. Je me suis vengé, Madame.

Tout cela était dit calmement comme si la chose allait de soi.

La baronne avait jaugé son homme. Ni arrogant ni cauteleux, en tout point digne de respect.

- Je vous comprends, messire, car dans notre famille nous apprécions les qualités de coeur et de courage. Ce ne sont pas, hélas, les choses les mieux partagées dans ce pays...

La baronne entraîna le vaudois vers la terrasse qui dominait le village et faisait face au Luberon:

- ... Venez, prenez place à mes côtés, je veux vous entretenir d'un projet.

Après un temps de réflexion la baronne demanda:

- Croyez-vous possible de vous installer dans mon fief ? Je vous donnerai des terres, un joli domaine et le grain pour vos premières semences. Le vieux baile de mon village ne suffit plus à la tâche. Vous êtes vaillant à l'ouvrage et mes laboureurs vous tiennent en grande estime. Votre autorité est reconnue dans mon fief et nul ne sera jaloux de vous voir à la tête de mes fermiers.

- Je ne suis pas de votre fief, Madame, je dois l'hommage* au seigneur de La Coste qui ne me tient pas pour un bon sujet.

- Ce sera une affaire vite réglée si vous retenez mon offre. Le seigneur de Simiane est mon parent par les d'Agoult, il ne s'opposera pas à mon désir.

- S'il en est ainsi, Madame la Baronne, je suis votre serviteur. Sous huitaine je serai à vos ordres.

- Je suis ravie que vous acceptiez, je vous donnerai à bail les terres du Paradou à l'entrée de la Combe, les droits de pêche sur la rivière et de chasse dans les deffens. Vous aurez le gîte et le couvert au château et nous traiterons des redevances sur la base coutumière en vigueur sur mes terres. Cela vous convient-il ?

- On ne saurait trouver de meilleures conditions en Provence.

D'un ton contenu, la baronne confia à son nouveau baile:

- Sachez que je suis entourée d'ennemis qui convoitent mes biens et sont prêts à toutes les forfaitures.

La baronne semblait absorbée:

-... Vous m'êtes plus précieux que vous ne le pensez. Ils veulent piller mes terres, détruire mes récoltes et molester mes gens. Un homme comme vous, capable de réunir autour de lui plus de six cents guerriers, mérite qu'on se l'attache. Il me faut un capitaine, ce sera vous.

Je suis dans un château sans défenses et à demi-ruiné par la guerre. Ce ne sont pas mes femmes et mes serviteurs qui me protègeront des convoitises de ces larrons.

Blanche de Cental était franche et sans détours.

- Madame la Baronne, lui répondit Chausses-de-Cuir, pourra compter sur ma fidélité, car elle fut toujours juste et bonne envers ses tenanciers.

La châtelaine fit appeler sa dame de compagnie:

- Catherine, tu convoqueras le notaire de Pertuis afin que nous mettions sur le parchemin les modalités de notre accord. Tu feras préparer une chambre pour notre ami qui logera au château tout le temps qu'il faudra.

Chausses-de-Cuir s'inclina et emboita le pas de la servante.

- Eh bien, mon bonhomme, tu vas très vite en besogne, murmura Catherine avec une pointe de jalousie.

- En tout bien tout honneur, mon amie, je ne suis que son laboureur, son homme de main !

L'automne était venu. Chausses-de-Cuir avait réglé ses affaires et confié à Déodati le soin de remettre les terres des Jassines en cultures et de protéger ses enfants. Le lieutenant de Marron avait déposé les armes pour se consacrer à ses occupations de baile de la Dame de Lourmarin. Il envisageait de refaire sa vie avec la fille de Callier, ce qui ne déplaisait pas à sa seigneurie.

*

* *

Le scrupuleux Johannis battait la campagne en quête d'informations et, de passage à Lourmarin, fut avisé de la présence de Chausses-de-Cuir dans une hostellerie du village. L'émissaire du gouverneur n'avait pas oublié l'affront subi à Soubeyran et décida de s'emparer des mécréants. Sa troupe était bien légère mais, fort de son droit, il pénétra dans l'estaminet où se trouvait son ennemi.

Chausses-de-Cuir se leva surpris:

- De quoi sommes-nous accusés, aujourd'hui ? Dois-je vous rappeler qu'il y a trêve et qu'une grâce royale nous est accordée.

Johannis répliqua sèchement:

- J'entends bien... Cette grâce, si elle existe, ne concerne pas le rebelle que vous êtes.

Johannis tenait la situation bien en main et ses soldats bouclaient les issues. Toute résistance semblait inutile.

Chausses-de-Cuir, qui avait tant cru en ce pardon du roi, voyait tous ses espoirs s'effondrer et tenta de fuir. D'un bond, il sauta, pulvérisa la fenêtre et se trouva libre: libre de courir comme un fou dans les marais.

Johannis glapissait:

- Emparez-vous de lui, je le veux vivant.

La nuit était venue, une nuit claire d'automne qui givrait les ajoncs des paluds.

Les hommes du juge couraient sur les traces du fugitif, dont la silhouette se diluait dans la brume exhalée des eaux putrides. La troupe battait la campagne:

- Haro, haro, nous le tenons... Il ne peut pas nous échapper, les marais vont le bouffer !

Chausses-de-Cuir suffoquait:

- Ma vie s'arrête là, mieux vaut mourir ici que de brûler sur leurs bûchers. Le roi nous a trahi.

Son désespoir était à la mesure de ses rêves avortés. Il distingua sous la lune blanche l'étang, le Gorg* comme on disait dans le pays. Emmanuel pleurait comme un enfant en se jetant dans l'eau:

- Adieu le Paradou aux allures de promesses, adieu Catherine.

Il sombra.

Les hommes qui le poursuivaient arrivèrent au bord du Gorg au moment où l'eau fétide se refermait sur lui.

- Dommage, murmura l'un des chasseurs, le juge le voulait vivant.

Un bras s'agitait encore au-dessus de l'étang.

-Tends-lui une branche, il faut le sortir de là.

Le chef de la bande put s'approcher suffisamment du bord de l'eau pour glisser dans la main d'Emmanuel la perche qui le sauva.

Les séides de Johannis le ramenèrent à l'hostellerie. Le juge exultait:

- Je te l'avais bien dit; humilier un juge, le tuer ne change rien au cours des choses, un autre vient et poursuit la tâche commencée. Quoi qu'il puisse advenir, le dernier mot reste à la loi.

Enchaîné comme un galérien, Chausses-de-Cuir ne se débattait plus. Il exhalait sa rancoeur d'une voix lasse:

- De quelle justice parlez-vous ? De celle qui reste aveugle lorsqu'un évêque laisse impunément violer les filles de son diocèse ou de celle qui autorise le seigneur du village à brûler les fermes de ses vassaux pour s'emparer de leurs récoltes. Vous êtes tous complices, juges et seigneurs. Vous me tenez et je sais que je n'ai pas de recours. Dans quelques jours je serai brûlé sur la place des Prêcheurs et mes amis, pour me venger, tueront vos papistes. Allons-y, Messire, ne lanternons pas, il me tarde d'en finir.

Le juge Johannis était un homme de devoir et le prisonnier ne fut pas maltraité.

Chausses-de-Cuir est arrêté !

La rumeur se répandait dans le village et les habitants de Lourmarin se préparaient à défendre leur baile.

Prévenu, Eustache creva sa monture pour rejoindre son ami et, dès son arrivée, organisa la chasse. Le juge se réfugia au château, surpris de la tournure que prenait l'évènement.

En voyant Chausses-de-Cuir dans ses entraves Catherine courut jusqu'aux appartements de la baronne pour implorer son aide:

- Madame, les gens d'armes ont saisi votre baile et le retiennent au château, les paysans se rassemblent sous vos fenêtres et si le juge ne relâche pas son prisonnier, le village ne sera bientôt que feu et cendres.

La voix de la servante tremblait de chagrin.

- Quoi ? rugit la baronne, ils osent transformer ma demeure en prison et traiter mon baile comme un brigand ! Fais venir ici l'intendant du château, ce vieux sot n'aurait jamais dû laisser entrer ce suppôt du baron d'Oppède.

Dame Blanche s'impatientait mais l'homme ne se fit pas attendre:

- Quel parti est le vôtre ? Voulez-vous que notre village soit détruit ? N'avez-vous pas compris que nos vassaux sont aux abois et que rien ne saurait les arrêter ? Ce juge imbécile nous a mis le cul sur une poudrière. Est-il régulièrement commis ?

- Je ne crois pas, Madame.

- Alors qu'il s'en aille !

Le maître d'hôtel tenta de se disculper:

- Madame, le juge Johannis n'est pas un homme du baron, mais l'envoyé du gouverneur. Les griefs qui motivent cette prise de corps remontent à des faits bien antérieurs à l'arrivée de votre baile dans notre village. Il y eut crime de lèse-majesté divine et rébellion contre l'autorité du gouverneur, nous ne pouvons refuser d'assister les officiers de sa Majesté.

L'assurance de son maître d'hôtel calma la baronne qui changea de ton:

- Je vous comprends et que pouvons-nous faire ?

- Attendre, Madame, attendre. Le juge est dans la nasse. La colère monte sous nos murs et Messire Johannis ne peut espérer de secours du dehors. Il sera contraint à la reddition en priant Dieu de lui garder vie sauve.

- Attendons, répondit fataliste la Dame de Lourmarin.

Sous les remparts, la colère des paysans s'amplifiait. Les arquebuses tiraient sur le château.

Marron s'avança sous les créneaux et, les mains en porte-voix, interpella les assiégés:

- A vous Madame la Baronne, nous déclarons que, si Chausses-de-Cuir ne nous est pas rendu, nous brûlerons votre château et à messire Johannis qu'il n'en sortira pas vivant. Nous vous laissons jusqu'à l'aube de demain pour nous rendre notre ami.

Blanche de Levis convoqua Johannis:

- Les secours que vous attendiez vous ont fait défaut messire, je ne puis laisser brûler mon château pour un hérétique que vous ne pouvez pas retenir. J'admire votre courage, votre zèle pour la cause du gouverneur mais je ne peux supporter que mes gens soient tués pour votre prisonnier. Je vous demande d'y penser, avant qu'il ne soit trop tard.

Johannis était livide:

- Dois-je comprendre, Madame, que vous m'abandonnez ?

- Dans cette affaire, répondit la baronne, mes responsabilités de suzeraine l'emportent sur vos droits.

Johannis s'inclina:

- Pouvez-vous me garantir vie sauve et liberté pour mes hommes au sortir de votre village ?

- Je vous le promets, assura la baronne.

- Dans ce cas, Madame, je me retirerai au petit jour.

Johannis se rendit dans les communs ou Chausses-de-Cuir était retenu. Il n'eut pas un regard pour son prisonnier:

- Qu'on le détache et qu'il s'en aille, ordonna-t-il au bord des larmes.

Chausses-de-Cuir vit tomber ses entraves:

- Rendez-moi ma dague, exigea-t-il.

Catherine lui apporta un copieux repas de viandes, de fruits de saison et du vin en abondance, puis courut, sans attendre, à la poterne pour aviser Marron de la libération de son ami.

- Il est libre et il mange de bon appétit. Que l'un d'entre vous me suive chez Madame la Baronne.

Marron s'engageait sur les pas de la servante lorsque Jehan le Prêcheur le retint par le bras:

- C'est mon fils qui est retenu ici, c'est à moi de répondre de lui.

Le ton était ferme et sans réplique.

Catherine entraîna le Prêcheur dans le dédale des couloirs qui conduisaient aux appartements de la baronne. Elle s'effaça devant le vieux barbe.

Blanche de Lévis examina ce curieux bonhomme, tout de blanc vêtu et de si sereine apparence:

- Vous êtes leur prédicateur, je pense !

- Oui, Madame.

- Il ne tient qu'à vous que cette affaire se termine sans effusion de sang. Chausses-de-Cuir est libre, mais je me suis engagée à laisser le juge et ses soldats se retirer sans dommages. Pouvez-vous garantir ma promesse ?

- Nous ne sommes pas animés d'un esprit de querelle et messire Johannis ne sera pas méchamment traité. Il s'en ira libre.

- Je prends acte de votre engagement, répondit la baronne qui convoqua sur le champ son maître d'hôtel:

- Faites venir les syndics de la ville, qui se porteront garants de la vie de Johannis dans la traversée de notre fief.

VI

LE SINISTRE BARON

Ayant accédé à la plus haute charge du parlement de Provence le 10 décembre 1543, Maynier d'Oppède pouvait, en toute impunité, poursuivre sa vengeance contre les vaudois et Blanche de Levis dont il n'avait pu supporter l'humiliant refus d'une alliance entre leurs maisons.

Confiné dans son château du Luberon, le baron enrageait. Les pluies incessantes noyaient les plaines environnantes et les chemins, rendus impraticables, lui interdisaient de quitter son manoir.

Les lettres de Juin 1544, qui lui ordonnaient de cesser de poursuivre les hérétiques et d'élargir ceux qu'il détenait, lui brûlaient les doigts. Il les agitait sous les yeux de Pietro Gélido qui écoutait, dissimulé sous son capuce, la diatribe de son maître:

- Cette décision va conforter les luthériens dans leur insolence. Ils ont eu vent de ces lettres et fêtent leur victoire. Ils défilent pour la Saint-Michel dans les rues de Roussillon, tambours battants, bannières déployées, comme des gens de guerre...

Le baron était en proie à la plus noire des colères:

-... Que faut-il donc faire pour endiguer la puissance des luthériens ?

Gélido toussota pour attirer l'attention du baron:

- Ne pourrait-on surseoir à la publication de ces lettres afin de nous laisser le temps de préparer une nouvelle ambassade auprès de notre souverain ? Pour vaincre ses hésitations ce n'est pas sur le chapitre de l'hérésie que nous devons argumenter, car nous connaissons sa complaisance à leur égard, mais il y a des principes sur lesquels il n'a jamais transigé: le respect de l'autorité royale, la sécurité du royaume et la trahison. Par ce biais nous le persuaderons du danger que court le royaume en laissant se répandre la secte maudite. Nous les présenterons comme acquis à l'empereur, bien décidés à s'organiser dans le Luberon sur le mode de la République de Genève. La chose est crédible puisque le bruit en a couru et que l'empereur n'a jamais manqué de susciter des rébellions à l'intérieur du royaume. Il suffit de bien présenter l'affaire devant le conseil privé de sa majesté pour emporter la décision. La trahison est un bon argument. Je suis persuadé que le cardinal de Tournon saura l'utiliser pour convaincre le roi.

La rouerie de Gélido stupéfiait le baron:

- Votre rhétorique me plaît mon bon moine, je vous charge, puisque vous en avez eu l'idée, de cette délicate mission diplomatique. L'huissier Philippe Courtin sera notre représentant commissionné pour respecter les procédures. Vous serez comme son ombre et tiendrez la main sur lui. Il est dévoué mais peu délié d'esprit. Obtenez un décret d'annulation et vous aurez bien servi la sainte Eglise. En attendant les résultats de votre ambassade, je retarde la publication de ces lettres.

Le baron se mit à sa table de travail et rédigea un courrier qu'il remit à Gélido:

- Tenez cette commission pour l'huissier Courtin et que la Providence vous inspire.

Sur ces mots, le moine se retira. Il devait se rendre à Aix, la Durance était grosse et la traversée périlleuse.

Maynier d'Oppède, resté seul, pensait que ce moine était une fieffée canaille dont il convenait de se méfier.

- Nous les gens de bien, se disait-il, avons besoin de tels comparses qui nous déchargent des basses besognes, c'est la face cachée du pouvoir. En attendant la chasse continue.

Dehors la pluie redoublait de violence, le tonnerre roulait dans la combe et les nuages enrobaient son nid d'aigle.

Sous la modeste allure d'un moine, Pietro Gélido disposait d'un grand crédit au Vatican. Eminence grise du Légat Farnèse il réclama et obtint le départ de Ghinucci qui fut remplacé par un homme à poigne: le vice-légat Antoine Trivulco.

Parvenu à Amboise sur la fin de novembre 1544, Pietro Gélido seconda utilement l'huissier Courtin. Il usa de tous les ressorts de l'intrigue pour amener le cardinal de Tournon, dont l'influence était sans partage sur le roi malade, à révoquer les lettres de grâces de juin passé.

L'insécurité en Provence, « le tumulte » d'Avignon consécutif à la grande disette qui entraîna l'exécution de deux cents révoltés, entretenaient une agitation qui servait les desseins des émissaires d'Oppède à la cour.

Maynier eut enfin gain de cause, le souverain céda aux objurgations du cardinal.

«.... Le roi ordonne que le pays soit dépeuplé et totalement nettoyé de tels séducteurs et gens mal sentants de la foi malgré les lettres de rémission, de grâce et de pardon du 14 juin, obtenues par fraude et duperie. Lesquelles, le roi révoque pour les récidivistes et ceux qui n'auront pas abjuré.

Signé par le Roi en son conseil... »

Les moyens militaires dont disposait le baron étaient dérisoires en regard des forces que pouvaient lui opposer les vaudois en rébellion. En attendant que soient réunies les conditions de sa victoire, il décida de garder secrètes les lettres de révocation, afin de désarmer la vigilance des hérétiques.

L'occasion se présenta enfin lorsque,dans le courant du mois de mars de l'année 1545, le roi ordonna à ses troupes, stationnées en Italie. de rejoindre Marseille et d'embarquer pour le Havre où la guerre était imminente. Sur l'ordre de mission adressé au chef des bandes piémontaises, une main anonyme avait ajouté à l'adresse du capitaine Polin, lieutenant général des galères relâchant à Marseille, les quelques lignes qui décidèrent de la plus effroyable répression qu'ait connue la Provence.

«... plus dira au Capitaine Polin, que le roi a été averti qu'il y a plusieurs gens assemblés mal sentants de la foi, tant en Provence qu'au comtat Venaissin, c'est pourquoi il veut que les gens de guerre, levés pour servir dans l'armée de mer, soient employés autant pour l'exécution dudit arrêt, donné contre ceux qui seront trouvés en Provence, que contre ceux qui seront au dit Comtat Venaissin. Il veut aussi que les gens de guerre dudit comtat Venaissin soient aussi employés, par commun accord, contre ceux qui seront en Provence en sorte que Dieu et le roi soient servis.

Autant en dira au Sieur d'Oppède, président de Provence et lieutenant en l'absence du Sieur de Grignan... »

Le baron d'Oppède avait enfin les moyens de sa politique.

*

* *

Moitié femelle, moitié sorcière, elle gitait dans les baumes de l'Aiguebrun, à l'écart des grands chemins. Les meneurs de chèvres et les faux sauniers la rencontraient parfois au détour d'un sentier, lorsque le soleil à son lever se dégageait des brumes de la fraîche aurore. On la disait caraque: une moins que rien que la fureur des guerres, remontant la Durance, avait poussée jusqu'au fond de la vallée. Qui l'avait vue de loin, souple, féline, aérienne sur la pierre mouillée, en gardait le souvenir d'un instant fugitif de beauté incarnée. Une image de paradis perdu.

Elle posait ses nasses et ses collets, coulait sous la ramure comme une onde irisée.

Les femmes se signaient lorsque la silhouette de la Louve se dessinait sur le fond bleu du crépuscule; la Louve, soyeuse comme une eau dormante, se glissait dans l'ombre tiède de la nuit. Son chant descendait des Claparèdes, comme une plainte, se fracassait sur le rocher, pleurait sous les remparts du haut village.

Les laboureurs attardés, pastoureaux et brigands de pleine lune, pressaient le pas, vaguement inquiets. Les parfums nocturnes de la terre en gésine, la voix prégnante de la « Louba »*, les ensorcelaient.

Le Luberon exhalait un sulfureux mélange de désir et d'angoisse.

L'Eve éternelle, la divinité païenne au corps d'opale hantait les sommeils pesants, réveillait les corps inertes des amours avortées. L'image ondoyante et perverse de la Louba se glissait sous la couche, une main caressait la peau brûlante de la femme. L' homme se tendait et l'amante retrouvée feulait sous la lune.

Dans la nuit rutilante des Claparèdes, le chant rauque de la Louba, rythmait les charnelles incantations des sabbatiques retrouvailles.

Le soleil au matin, caressant le vantail, dissipait les moites langueurs de la nuit. Sur le seuil de la maison inondée de lumière, la terre restait ferme sous le pas et blonde la moisson.

La Louba se taisait au chant de la cigale...

D'aussi loin que la mémoire remonte, les « dits » des veillées égrènent le florilège des légendes de bergers: bergers des hautes pâtures, au coeur des nuits divagantes de lucioles évanescentes.

Le Luberon exsude ses sortilèges. « La Louba » se réinvente chaque nuit, au creux de ce silence rompu par les cris d'agonie de la bête surprise. La sorcière naît de l'ombre décharnée d'un vieux tronc calciné. L'herbe crépite de nuées d'insectes aux formes inavouées.

L'étrange créature se cachait dans le pays depuis tantôt dix ans.

A l'auberge des Seguins, Abel le faux-saunier tenait son auditoire en haleine:

- Il est probable, disait-il, que la Louve nous est venue la nuit de l'incendie du château de Lourmarin. C'était dans l'année de l'Empereur. Je me rappelle que les impériaux s'étaient avancés dans la combe et me coupaient le chemin de la Durance. J'ai dû revenir sur mes pas. J'ai manqué un chargement de sel à Pertuis que je devais porter sur Apt pour les colporteurs du Queyras. Ce jour-là, j'ai raté une bonne affaire.

Les paysans attablés s'impatientaient:

- Alors, tu nous la finis ton histoire. Ce ne sont pas tes affaires de brigands qui nous intéressent.

L'aubergiste avait rapporté un pichet de vin pour délier la langue du contrebandier.

- Bon, je poursuis. La route de Pertuis m'était fermée et du château me parvenaient les appels de la garde effrayée par l'approche des lansquenets. La bataille menaçait et je n'avais que le désir de me mettre à couvert dans la baume des Tombes. C'est là que je l'ai vue.

Le tenancier, le geste en suspend, retenait son souffle.

Le conteur s'impatientait:

- Alors tu le remplis ce gobelet !

Le faux-saunier prenait un malin plaisir à faire languir son auditoire.

- C'était la Louba ? s'enquit l'aubergiste en remplissant l'étain.

- C'était bien elle, cachée au fond de la grotte, habillée comme une baronne. Je jure par la vierge que je l'ai vue comme je vous vois. Moi, je me tenais devant, figé comme une alouette. Elle me regardait avec un drôle d'air: un air d'aveugle avec des yeux qui se posent sur toi sans te voir. Je me disais qu'une femme, belle comme une fée et habillée comme une princesse, perdue dans la montagne, ce n'était pas vrai, c'était un sortilège, une machination du diable pour me tenter. Il l'avait envoyée pour me voler mon âme. Alors, je me suis sauvé par le chemin de la rivière et je vous promets que je n'ai pas compté les prières que j'ai adressées à la vierge et à tous les saints du paradis. Les jours suivants, nous l'avons entendue, mes compagnons et moi hurler à la mort. On la voyait sur le rocher, face au ciel, raide comme une statue. Le poing dressé, elle insultait Dieu... On aurait pu l'entendre jusqu'à la Brémonde et ça nous glaçait le sang... C'est l'histoire vraie de la Louba que je vous conte !

L'aubergiste opinait:

- Il y a deux ans, elle a mené le même train pendant huit nuits, on devenait fou ici. Si bien que nous avons fait une battue. Nous avons retourné toutes les pierres de la montagne, sondé les baumes et les buissons. Nous n'avons rien trouvé, elle avait disparu. Croyez-moi, ce n'est pas une sorcière ordinaire, de celles qu'on brûle, non, c'est un fantôme, un être d'ailleurs qui vient du ventre de la montagne.

Le vieil Antonin, le berger de Roumagnoux l'avait rencontrée au bord de la rivière:

- Oui, je l'ai approchée, je l'ai vue près du ruisseau, j'étais à dix pas, peut-être moins, presqu'à portée de la main. Un beau brin de fille, nue comme un nouveau-né, une peau blanche comme du lait, et des cheveux noirs et longs comme des fils de...

Antonin cherchait ses mots...

- Des fils de soie... Tu sais, la soie de Carpentras, si douce au toucher et brillante à la lumière, et des fesses que t'aurais dit des coucourdes bien rondes, pommelées sans une once de graisse, des jambes longues et fines. Dieu qu'elle était belle, mais je me doutais que tout cela n'était que des artifices du diable, alors je me suis sauvé comme Abel.

Antonin regardait le tenancier:

- Il ne faut pas s'amuser avec ces choses-là, méfie-toi de la montagne, elle rend fou ceux qui se laissent prendre à ses mirages.

Et d'un air entendu le vieux pâtre murmurait:
- Il y en a qui savent et qui se taisent.

Les baumes divulguaient des secrets, aussi vieux que la terre,à ceux qui lisaient dans la pierre burinée les signes millénaires de l'humanité. Le pastoureau déchiffrait dans le ciel, le gros temps et le destin des hommes. Les vieilles, à l'agonie, révélaient à leur filles les poisons, les tisanes et les prières à Satan. Elles demandaient à Dieu la pluie pour les pacages et le soleil pour la récolte. Elles demandaient au diable la mort de l'ennemi, le feu dans sa maison. Si le plus gros de la dévotion s'en allait vers Dieu, une bonne manière au diable du Luberon les protégeait de ses maléfices. Un savant dosage assurait l'éternel équilibre entre le bien et le mal: le curé prêchait pour le pardon et le jeteur de sort les gardait du mauvais oeil.

La Louba avait disparu.

Le village se trouva, d'un seul coup, dépossédé de son démon familier. Quelque chose manquait au rythme des jours. Les gens du haut village se disaient qu'on pouvait fort bien s'accommoder d'un démon que l'on connaissait et qui ne faisait pas de gros dégâts dans les pacages. Si d'aventure, au plus fort de l'hiver, il lui arrivait de chaparder quelques poules, c'était, en quelque sorte, le tribu payé pour la tranquillité des bastides. La Louba ne décimait pas les troupeaux et respectait les enfants.

- L'hiver est trop rude disait l'aubergiste, elle a dû fuir vers la plaine et nous reviendra au printemps.

- On aurait dû lui porter à manger dans la baume de l'Eau. C'était peut-être une créature humaine.

- Va savoir, même si c'était un «Esprit», il ne faisait pas le mal, et on le connaissait. Il risque de nous en venir un plus mauvais, un vrai méchant. Il y en a des bêtes comme ça dans la Cévenne qui égorgent les troupeaux et s'attaquent aux hommes.

La Louba était partie, elle avait quitté son refuge, poussée par un instinct de bête. Elle s'en allait, tourmentée par la peur et giflée par le mistral qui soulevait, sur les labours gelés, des myriades de flocons tourbillonnants. Elle marchait courbée sur le chemin, trébuchant dans les ornières.

La Louba retournait à sa meute.

Alyne rentrait aux Jassines.

Dix années de honte, de douleurs et de folie s'achevaient sur l'immémorial chemin d'Emilio. Un voile se déchirait dans sa mémoire, comme un brouillard de novembre sous la chaude emprise du soleil. Elle reconnut l'abbaye sur sa droite, le vieux chêne foudroyé de la Croisée. Il était demeuré là, sec et noueux, momifié depuis la mort du patriarche. Les souvenirs affluaient comme un torrent dans sa cervelle bousculée et les larmes coulaient de ses yeux rougis par le froid. A chaque pas qui la rapprochait de sa maison, la mémoire replaçait les jalons du passé: souvenirs des amours fécondes et des terres lourdes de promesses. Le drame qui l'avait jetée sur les sentiers de l'errance s'était usé avec le temps. Alyne se sentait neuve, régénérée.

Dans le lointain, sa maison émergeait des bancs laiteux de brume. Une écharpe de fumée s'échappait du toit. Elle se souvenait, la Louve, de ses nuits glacées de Chantebelle, des baumes suintantes d'humidité. Elle avait vécu tout ce temps, loin des chaudes caresses du feu de bois, loin des amours tranquilles du foyer.

- Folle que j'étais, murmurait-elle.

La porte à deux battants s'ouvrait sur la cour. L'indestructible pierre d'Emilio et le platane aux branches courtes givrées de cristal blanc, l'attendaient.

Elle resta immobile, un moment saisie. Le temps immuable, le temps des choses impavides et des éternels recommencements s'était figé pour elle. Chaque chose était à sa place comme autrefois. Le mirage d'un fils caché derrière la soue à cochon, semblait lui dire par delà le temps perdu:

- Viens me chercher si tu le peux.

Elle resta longtemps dans l'ouverture béante du vantail, la nuit se faisait proche et les formes se diluaient. Elle ne sentait pas le froid qui traversait ses haillons. Elle ne sentait pas la neige qui floconnait sur ses cheveux.

A l'intérieur de la maison, la lueur du calèu dansait sur le carreau.

- Emmanuel m'attend, se disait-elle. Je vais ouvrir la porte et je me jetterai dans ses bras. Je n'ai pas trop changé. Je ne suis pas encore vieille, il me reconnaîtra. Mes enfants seront là.

Elle arrangea ses nippes déchirées, se composa un visage avenant et, tremblante de tous ses membres, poussa la porte de la maison.

A la demande d'Emmanuel, Déodati s'était installé aux Jassines avec les enfants. Dès la fin de l'été ils avaient quitté Soubeyran pour travailler leurs terres. Cette terre abandonnée depuis dix ans et qu'il fallait labourer et préparer comme une jeune mariée pour les gestations à venir.

Emmanuel et Jehan passaient à la maison, sans trop s'attarder pour ne pas attirer l'attention des malveillants.

Lorsque la silhouette d'Alyne se profila sur le pas de la porte, Enguerrand s'empara d'une arme, tandis que sa soeur se cachait derrière la cheminée.

L'étrange créature qui pénétrait dans la maison semblait fragile, vacillante dans la pénombre. Une femme égarée, une pauvresse abandonnée et mourante de froid.

Bérengère s'approcha d'elle:

- Que veux-tu ?

La femme se taisait, son regard d'illuminée allait de l'un à l'autre. Elle tendit une main sale vers le visage de Bérengère pour le caresser, le reconnaître. Un murmure coula de ses lèvres blanches:

- Bérengère, ma fille !

Secouée de sanglots, la forme s'écroula sur la terre battue.

Enguerrand s'était précipité. Il saisit la femme et la serra contre lui. Sous les cheveux défaits et grisonnants, dans ce regard incendié et ces traits fatigués, il reconnaissait le visage qui ne l'avait jamais quitté au creux des nuits de Soubeyran.

- Maman, ma mère !

L'enfant ne savait plus ce qu'il faisait, il tenait le corps inerte de sa mère, la serrait contre lui, l'embrassait, voulait la réchauffer, lui rendre l'âme.

- Bérengère, apporte-moi des vêtements secs, donne-lui de la soupe, approche un siège, bouge-toi, c'est notre mère, tu entends, notre mère ! Elle n'était pas morte et moi, je le savais.

Bérengère était toute blanche. Les souvenirs brouillés remontaient à la surface de sa mémoire. Quelques traits émergeaient de l'enfance: l'ovale d'un visage, le dessin d'une bouche.

- Ma mère, reprenait-elle en écho, ma mère !

Deux larmes irisaient ses joues.

Elle se jeta contre son frère en essayant d'étreindre dans un même élan les corps enlacés de la mère et du fils.

*
* *

Pâques 1545...

Lorsqu'il reçut notification de la décision royale, répudiant les lettres de grâces accordées au mois de juin 1544, rendant exécutoire et aggravant les effets de l'arrêt de Mérindol de novembre 1540, le baron décida de garder le secret afin de maintenir les vaudois dans l'illusion d'une grâce dont ils ne bénéficiaient plus.

Il réunit sur le champ le conseil exécutif du gouvernement de Provence et demanda au capitaine Polin de La Garde de lui prêter main-forte en vertu des lettres de cachet précédemment reçues. La ville d'Apt fut requise pour deux cents soldats qui devaient se tenir prêts, le jour dit, dans la Combe de Buoux. Dans le même temps le vice-légat s'engageait à rassembler sur les terres du Comtat les mercenaires qu'il placerait sous les ordres du baron.

Lorque ces préparatifs furent achevés, monsieur d'Oppède publia les lettres de révocation et fit requérir leur exécution par l'avocat du roi, devant le parlement. Fort de son droit, il convoqua le ban et tous les hommes en état de porter les armes. Des bandes se constituèrent, placées sous l'autorité de capitaines de fortune attirés par les proies à saisir.

Les Vaujouine, Redortier, Baudoin, Labbé et autres coureurs incontrôlés devaient parachever l'oeuvre de destruction commencée par les compagnies du Piémont.

La guerre était imminente.

Le quatorze avril 1545, dans la grande salle du château de Cadenet, se tenait le premier conseil de guerre de la campagne. Autour de la grande table siègaient les capitaines, les parents, les complices du baron et les commissaires de la cour chargés de dire le droit.

Le président était en colère, l'intendance ne suivait pas:

- Monsieur de la Fonds, je veux que toutes les dispositions soient prises pour que les hommes du capitaine Polin prennent leurs quartiers ce soir même dans Lourmarin, sur les terres de Blanche de Levis, baronne du Cental, à charge pour elle et ses habitants de pourvoir au gîte et à la nourriture des hommes et des chevaux. Ses granges sont les mieux garnies de Provence.

Sous le masque taillé à la serpe, le sourire aigu du baron soulignait quelque trouble plaisir.

Il poursuivait:

- Monsieur de la Fonds, veillez à ce que maître Anjoux s'assure de la bonne exécution de mes ordres. Une lettre de la baronne m'indique que ses sujets manifestent l'intention de se soumettre à condition que l'armée les laisse en repos. Voilà ma réponse.

Maynier d'Oppède tendit un pli cacheté à son procurateur:

- Veuillez remettre personnellement mes ordres à madame de Cental.

Monsieur de la Fonds était l'ombre de son président, dévouée jusqu'à l'abnégation. Il se retira pour exécuter sa mission tandis que le baron dissertait avec ses lieutenants:

Le capitaine Polin fit observer:

- Pour exécuter une simple mesure de police, je ne vois pas l'intéret de tout ce branle. Cinq mille hommes sur pied de guerre, de la cavalerie, des canons et un retard certain dans l'exécution de ma mission.

Le baron tenta de calmer le chef de guerre:

- Les vaudois sont en armes et l'on en compte près de vingt mille, qui tiennent les bourgs et les hameaux depuis le Comtat Venaissin jusqu'aux bords de la Durance. C'est une armée que vous avez devant vous.

Le sieur Genson intervint:

- Ceux de Villelaure et de La Roque se sont joints à ceux de Mérindol et tiennent les bois. Ils sont déjà plus de deux mille.

- Vous voyez, disait le baron, et si j'en crois les rapports qui me sont faits, il en est de même dans tous les villages.

- Je n'ai pas le sentiment, murmura le commissaire de la cour Tributiis, que les hérétiques se soient mis en rébellion, je les vois fuir leurs villages, affolés par nos soldats. Ce ne sont pas, me semble-t-il, les signes d'une grande résistance. Je ne les crois pas dangereux. Il suffirait peut-être de leur montrer le bâton pour ne pas avoir à s'en servir.

- Ils sont dangereux ! tonna d'Oppède... Ils se cacheront dans les bois jusqu'à ce que les soldats du baron de La Garde aient quitté la Provence et, le danger passé, ils retourneront à leurs erreurs. Je ne laisserai pas passer l'occasion de les détruire au gîte.

Le baron ne se contrôlait plus:

- Mérindol n'est rien, Mérindol n'est qu'un prétexte. Sachez que je n'ai pas convoqué le ban et l'arrière ban des états de Provence pour ne pendre qu'une vingtaine de mécréants.

Maynier tournait autour de la grande table comme un fauve en colère.

Le capitaine Polin rappela avec insistance que sa mission première était de se rendre au Havre pour servir le roi et que l'embarquement de ses troupes à Marseille ne pouvait souffrir de retard. Il ajouta à l'intention de Tributiis:

- Il est trop tard, Monsieur, pour avoir des états d'âme. Ce n'est plus l'heure du procès mais celui du châtiment. Je veux faire vite et au moindre coût. Mes compagnies doivent sortir indemnes de cette expédition.

Le baron rassura le capitaine:

- Nous sommes le 15 avril, je vous promets que dans une semaine tout sera achevé.

- J'en accepte l'augure, trancha Polin en se levant.

La Dame de Lourmarin savait que les bandes italiennes devaient camper dans son village et n'ignorait pas que la peur chassait ses sujets de leurs maisons.

L'ambassade de monsieur de la Fonds s'avérait délicate. La réputation de la baronne n'était plus à faire dans le pays. Il pensait rencontrer une furie et se trouva en présence d'une femme abattue, portant sur le visage les signes d'un insondable désespoir.

Elle était vêtue de noir, le teint blême, les traits tirés par des nuits d'insomnie.

- Je vous attendais Messire. La justice du roi passe... Avant La Pâque, il ne restera ni âmes qui vivent sur les terres de Cental ni grains dans nos greniers. Monsieur d'Oppède y veillera.

La baronne accablée s'était tue.

- Madame, une partie des armées du roi fera étape dans votre bourg, mille hommes de guerre et trois cents chevaux qui s'en vont, par la mer, pour le service de sa majesté contre les anglais. A ce devoir envers le roi, Madame, vous ne sauriez vous dérober. Monsieur le président vous demande également de rassembler les sujets de vos terres de Lourmarin, de Villelaure et des fiefs circumvoisins au village de la Tour d'Aigues où ils déposeront les armes pour être jugés selon le droit...

Blanche de Lévis lui coupa la parole:

- Les villages du pays d'Aigues ne sont pas de mon fief, mais de celui de Jean Nicolas Bouliers de Cental, le fils que mon défunt mari eut de sa première épouse Feue Françoise de Clermont d'Amboise. L'enfant est placé sous la tutelle de dame Merite Trivulce sa grand-mère, comme moi, de Cental par son mariage... Ne confondez pas, je vous prie, nos biens et nos droits respectifs.

Le procureur ignora l'interruption:

- De même, vous ferez parvenir au capitaine Polin de la Garde le rôle des sujets de votre fief obéissants et bons chrétiens... Il en sera de même pour les sujets de Dame Emérite Trivulce, tutrice du jeune seigneur Jean Louis Nicolas Bolliers de Cental... ainsi que vous le précisiez à l'instant.

De la Fonds parlait comme un notaire.

- Cessez de mentir Monsieur le conseiller, le service du roi m'ordonne de recevoir ses troupes sur nos terres, j'y souscris, bien qu'il y ait d'autres lieux mieux adaptés au campement des armées. Ils sont là pour une affaire que nous connaissons, vous et moi.

L'émissaire d'Oppède se montrait conciliant:

- Madame, tout peut arriver, le bon et le mauvais. Que vos gens ne s'obstinent pas à prêcher l'hérésie mais confessent leurs erreurs, abandonnent leurs armes et se rendent à merci. En sacrifiant les plus exécrables de vos sujets, peut-être pourrons-nous épargner les autres. Dois-je vous rappeler le mauvais parti qui fut fait, ici-même, à maître Johannis, l'émissaire du comte de Grignan ?

La baronne eut un geste d'impuissance:

- Messire, je ne dispose sur mes sujets que du pouvoir de les convaincre que m'autorisent l'estime et l'amitié qu'ils me portent. J'userai de ce pouvoir pour les amener à céder devant la justice du roi. Allez, Monsieur, donnez-moi jusqu'à demain pour les convaincre.

Monsieur de La Fonds se retira.

La baronne fit appeler Chausses-de-Cuir et Jehan le Prêcheur.

- Emmanuel, dit la baronne, si vous voulez sauver vos terres, vos maisons, vos vies, il n'est plus temps de faire les séditieux. Ils seront là demain, plus de mille, bien décidés à vous tuer jusqu'au dernier.

- Hélas, madame, murmura le Prêcheur, ils ont déjà commencé. Nos frères nous rapportent que Cadenet est déjà la proie des mercenaires.

Blanche de Lévis s'effondra en larmes:

- Vous ne savez pas ce dont ils sont capables. Les soldats de Polin ne sont pas des êtres humains, mais des bêtes sans foi ni loi. Je vous en conjure, demandez votre pardon.

Chausses-de-Cuir était ému:

- Madame, votre chagrin nous va droit au coeur, mais nous n'avons plus confiance dans la parole du roi et encore moins dans celle du baron. Hier nous étions convaincus que les lettres de grâce de juin dernier nous protégeaient, aujourd'hui nous savons qu'il n'en n'était rien et que le roi lui-même s'est dédit. Les bandes du Piémont passeront, Madame, et nous fuirons dans la montagne, dans les baumes où jamais aucun soldat ne s'est aventuré. Les soldats restent sur les routes, et ne viennent pas dans la montagne. A quoi pourraient leur servir leurs arquebuses et leurs canons contre des ombres ?

Jehan le prêcheur de sa voix cassée manifesta une opinion contraire:

- Je ne peux pas me résoudre à ne plus faire confiance à notre roi. Il faut espérer en sa justice. Sans elle il n'y aura pas de salut pour nous. Plaçons-nous sous sa protection encore et toujours. Tenons-nous prêts à rencontrer monsieur d'Oppède et déclarons-nous bons chrétiens, décidés à nous remettre entre ses mains avec l'accord de tous nos frères que nous voulons consulter. Tant que dureront les débats nos vies seront sauves.

La baronne partageait l'avis du Prêcheur.

- Je crois qu'il est sage de vous placer sous la protection royale qui peut, seule, nous éviter le pire. Humiliez-vous, s'il le faut, pour garder l'essentiel, même si les principaux chefs de votre communauté doivent se sacrifier pour sauver le plus grand nombre.

- Nous y sommes prêts, madame la baronne, depuis le premier jour, répondit le Prêcheur. Que les fidèles du pape se rendent à la Tour d'Aigues et qu'ils soient épargnés. Quant à nous, que Dieu nous garde.

- Ce sera la réponse que je porterai personnellement au baron d'Oppède. Quant à vous, fuyez dans la montagne et cachez-vous, dit la baronne.

Accompagnée de ses syndics, connus pour leur loyauté envers la religion, Blanche de Lévis se rendit à Cadenet. Il lui semblait déchoir d'avoir à quémander au baronnet du pape la grâce de ses laboureurs. Elle exposa, aux noms de Dame Mérite et d'elle-même, les motifs de leur requête: les vaudois de leurs fiefs désiraient se présenter auprès des commissaires du roi pour discuter des conditions de leur reddition.

Maynier sursauta:

- Madame, on ne discute pas les décisions royales ! Qu'ils se présentent devant moi ne changera rien à leur destin !.. Ils n'ont jamais voulu du pardon que le roi leur proposait en échange de leur abjuration. Bien au contraire, madame la baronne, ils se tiennent en armes sur vos terres, dans les forts qu'ils se sont construits dans la montagne, à Saint-Phalez notamment, où ils sont plus de deux mille assemblés en rébellion... Ils mentent, pour tenter d'éloigner de leurs têtes le glaive de sa majesté.

Le baron cynique souriait, patelin:

-... Je ne suis que l'exécuteur des décisions du roi et de son parlement de Provence. Vous me voyez requis par l'avocat du roi, Maître Guérin et contrôlé par trois commissaires de la cour. J'ai l'ordre de procéder à la destruction de Mérindol, à l'extirpation de tous les hérétiques, désobéissants à la justice et qui s'opposeront à l'exécution de l'arrêt. Hélas, Madame, tous les villages de ce pays se tiennent en armes dans les forts aménagés dans la montagne... Concluez vous-même !

Conciliant, il ajoutait:

-...Mais il est promis vie sauve à ceux qui se rendront: vie sauve sur les galères du roi.

Maynier souriait.

La baronne se cabrait:

- Voilà une autre manière de les tuer. Qui jugera entre l'hérétique et le bon catholique ?

- La Providence, Madame, la Providence, affirmait le baron fataliste. Il est de votre devoir comme de votre intérêt de préparer le gîte, les vivres et le fourrage pour les soldats de monsieur de la Garde.

Sur ces mots, le baron du pape tourna les talons, laissant la baronne humiliée, sans recours face aux dangers qui s'accumulaient aux marches de ses fiefs.

Chausses-de-Cuir attendait dans la cour du château le retour de la baronne:

- Mon cher Emmanuel, votre destin est scellé. Ce sera les galères ou la mort...

- Alors Madame, cela nous évitera bien des mots inutiles. Ce sera la guerre autant que faire se peut. Je parle pour mes frères de Lourmarin, nous refusons de préparer l'étape pour les Piémontais et, de ce jour, nous nous retirons dans la montagne où nous regrouperons nos forces. Nous défendrons, dans un même élan, notre foi et vos terres qui furent notre asile, notre patrie, le refuge de nos pères.

Chausses-de-Cuir s'inclina devant la baronne.

- Que Dieu vous garde, Madame, murmurait le proscrit. Emmanuel est mort pour la seconde fois.

Une grande émotion étreignait les paysans rassemblés dans la cour. Tous se mirent à genoux. Catherine entonna un psaume comme aux plus beaux jours de l'été sous la ramée.

La baronne se retira en pleurs dans ses appartements. Tout était dit.

Ceux qui voulurent partir se retirèrent dans la montagne proche de leur village, les autres gagnèrent Mérindol. Et ceux qui optèrent pour la clémence royale se rendirent à la Tour d'Aigues.

Jehan le Prêcheur demeura dans Lourmarin. Le vieux barbe fatigué, s'arrêtait au bord de la route. La mort lui faisait signe et il ne se dérobait pas.

Chausses-de-Cuir retourna aux Jassines pour protéger ses enfants.

*

Il la reconnut tout de suite. Le temps n'avait altéré ni l'ovale de son visage ni la profondeur de son regard.

Alyne était là, assise auprès du feu mourant.

- Alyne ! Hurla-t-il, Alyne mon amour !

Elle se leva, s'avança chancelante vers les bras qui se tendaient vers elle. Des mots, elle n'en pouvait dire, mais son sourire exprimait l'amour, la joie du retour et son regard parlait de l'ineffable.

Emmanuel, tremblant comme au premier jour, serrait l'ombre qui cherchait à se fondre dans sa chair.

Dans la nuit des Jassines, la Louba se lovait sous l'étreinte de l'amant retrouvé.

Chausses-de-Cuir devait quitter la bastide pour rejoindre les vaudois en armes. Les supplications et les larmes ne purent le retenir.

Marron l'attendait.

VII

ET LE LUBERON PLEURE...

Lourmarin brûle.

Le baron d'Oppède, sur son blanc destrier, regarde le sac de la ville et se réjouit.

Le sang coule dans les ruelles et les filles écartelées subissent la loi des vainqueurs. On pend les hommes aux poutres de leurs maisons. Le feu, la mitraille, les cris d'horreur mènent leur train d'enfer sur les bords de la Durance.

- Tue, tue, tue et la prise est pour toi. Les Forbin, Lauris et Pourrières, neveux, gendres, robins et capitaines poussent la meute en avant.

La belle Catherine git, éventrée, sur le seuil de sa maison et les chiens errants se disputent ses entrailles.

- Dieu ne veut pas cela...

Le Prêcheur supplie les bras en croix et tente d'arrêter la horde des mercenaires:

-... Dieu ne peut pas abandonner ses enfants dans cet enfer.

- Il est à moi, hurle le capitaine Redortier...

Jehan s'effondre sous le coup de pertuisane qui lui traverse la poitrine. Son corps, traîné par les soldats, est cloué en croix à la poterne du château.

Ainsi mourut sur cette terre de Lourmarin, Jehan le Prêcheur qui parlait d'un Dieu miséricordieux pour les pauvres, les exclus, les malmenés.

De sa fenêtre, la baronne pouvait apercevoir le corps déchiré du pasteur drapé dans un linceul de fumée noire.

Villelaure, la Motte, La Roque, Saint-Martin de la Brasque et les greniers de Cental sont incendiés. La vallée de la Durance n'est plus qu'un gigantesque brasier. Seul le château émerge au-dessus des flammes qui dévorent le village. Abandonnant la ville, les vieilles bandes marchent sur Mérindol. Les vaudois atterrés fuient devant la vague des mercenaires lâchés sur le pays donné en proie. Les repentis de la Tour d'Aigues, entravés deux par deux, sont poussés vers les galères de Marseille et leurs enfants vendus à l'encan pour deux écus la pièce aux portes de la ville.

Mérindol est dévasté et ce qui reste après le passage des hordes fait l'affaire des pilleurs d'épaves.

*

Chausses-de-Cuir avait ramené le corps de son père sur la terre de ses aïeux pour lui donner une sépulture décente. Jehan le Prêcheur reposait dans le petit enclos des Jassines, auprès de ses parents.

Les enfants plantèrent, sur sa tombe, un amandier.

- L'amandier, disait Bérengère en larmes, fleurira dès le printemps prochain et pour toujours en souvenir de lui.

Emmanuel insista beaucoup pour que les enfants et leur mère se cachent dans la montagne:

- Va, Alyne, tu connais bien les Claparèdes, ils ne vous trouveront pas. Il y a des vivres cachés dans les baumes. Le mois prochain, il fera chaud et la montagne sera belle, vous pourrez tenir tout l'été. Si tu ne le fais pas pour toi, fais-le pour les enfants. Plus tard, ils pourront trouver refuge dans la ville sainte de Genève et ne trembleront plus pour leurs vies. Partez pendant que vous le pouvez. Eustache a besoin de moi à Cabrières, je ne peux pas vous accompagner.

Alyne se cramponnait à cet époux qu'elle ne voulait plus perdre.

-... Souviens-toi Enguerrand, tu es l'avenir de notre race, gardetoi mon fils, c'est ton devoir le plus sacré.

- Oui, répondirent-ils en le voyant partir, c'est promis.

Et lorsque sa silhouette eut disparu, ils décidèrent de rester.

Chausses-de-Cuir arriva trop tard aux abords de Cabrières assiégée. La ville avait fermé ses portes. Il attendit l'occasion qui lui permettrait, dans la fureur des combats, d'entrer dans le bourg pour se battre aux côtés de son ami.

Après Lourmarin et Mérindol, tous les hauts lieux de la résistance vaudoise furent livrés en pâture à la soldatesque.

A Cabrières, Eustache Marron était convaincu que tout était perdu. Sous les murs de la ville le vice-légat Trivulco les encerclait et ses lieutenants, impatients de forcer les portes, tentaient de le persuader de ne pas attendre les bandes d'Oppède et de Polin.

Le prélat haranguait ses capitaines:

- Messires, à la veille de la Pâque Sainte, nous offrirons à notre Seigneur la vie de ces hérétiques afin que sa gloire soit reconnue en tous les lieux de ce pays. La ville de Cabrières est condamnée, ses murs seront ruinés et ses terres à jamais inhabitées. C'est le décret de l'Eglise et la volonté de Dieu.

Baudoin de la bande de Saint-Rémy et Labbé lieutenant de Loubières tentaient d'arracher l'ordre d'assaut.

- Nous devrions prendre la ville avant le jour, suggéra l'un d'eux, car les bandes de luthériens pourraient nous prendre à revers.

- Mais non, messire Baudoin, nous devons attendre le président d'Oppède et le baron de La Garde.

Baudoin insistait:

- Vous êtes sur vos terres, Eminence, vous y pouvez agir à votre guise.

Trivulco se fâcha:

- Nos accords prévoient une action conjointe et nous ne changerons pas de stratégie.

Baudoin et Labbé se retirèrent forts mécontents. Après Lourmarin et Mérindol, les bandes du Piémont les priveraient encore de la meilleure part du butin.

- Patience, conseillait Labbé à son compère, les mercenaires seront bientôt partis. Ils ne peuvent pas tout emmener. Il nous restera des caves, des greniers pleins de blé et de l'or sous les fagots. Si tu m'en crois mon compagnon, restons dans le sillage du baron et nous ferons fortune.

Dans le petit matin de ce dimanche qui précéda la Pâque, l'armée royale marcha sur Cabrières. Les pertuisanes, les casques et les hauberts, luisaient dans les clartés enbrumées de l'aurore.

Trivulco se porta à la hauteur de Maynier d'Oppède qui caracolait en avant, vêtu d'un sayon noir, barré d'une longue écharpe blanche. Il inspirait la terreur et sentait la mort.

Trivulco s'inclina devant le lieutenant général du roi:

- Mes soldats et mes canons sont placés sous vos ordres.

Les trois couleuvrines du vice-légat devaient forcer la victoire. Il savait par l'expérience du malheureux Ghinucci, que la ville ne pouvait être prise sans l'appui des bouches à feu. Il fallait abattre les murs pour venir à bout de la résistance.

Maynier et Polin de la Garde saluèrent le vice-légat d'un signe courtois de la main.

- Eminence, répondit le baron, votre confiance m'honore, mais nous devons nous en tenir à la lettre de nos accords...Vous représentez la Loi sur les terres du pape et je ne suis que le bras armé de sa majesté mis au service de la sainte Eglise.

Les assauts de courtoisie des deux robins agaçaient le capitaine:

- Messeigneurs, les soldats du roi n'obéissent qu'à un seul chef.

Il se frappa la poitrine:

- Moi et moi seul. Ne cherchez pas à contourner mes ordres, vous ne feriez que rendre ma tâche plus difficile et ne seriez pas écoutés. J'ajoute aussi que la ville sera donnée en proie à mes soldats ainsi que le prescrivent les lois de la guerre. Ils tueront ceux que vous avez condamnés, prendront leur butin et se retireront en bon ordre comme des soldats.

Les deux « robins » comme les avait désignés Polin, avec un soupçon de mépris, décidèrent de ne pas heurter de front le capitaine de l'armée royale. Ils savaient que ces mercenaires ne reconnaissaient pour chef que celui qui partageait avec eux la boue des camps, les coups d'arquebuse et le butin.

Les légendes couraient les campements. Elles disaient les faits d'armes des fameux capitaines qui leur offraient les victoires et les villes en proie. La mémoire des hordes gardait le souvenir du sac de Rome et des fabuleux butins du Vatican.

Polin de la Garde fit appeler ses lieutenants:

- Nous avons les canons du pape, faites tirer jusqu'à ce que les murs tombent, je veux entrer ce soir dans la ville, tenez la cavalerie en retrait, et les hommes de pied, prêts à l'assaut, derrière les murets qui entourent le village.

Polin évaluait en connaisseur les fortifications vaudoises:

- Les murs sont épais et parfaitement entretenus. Les bougres se sont préparés depuis longtemps et n'ont rien laissé au hasard. Ce sont de vrais combattants.

Installé dans le beffroi, Marron surveillait les préparatifs du capitaine Polin. Les couleuvrines concentraient leurs salves sur la porte principale. Il avait fait placer, en avant de la porte, les chars, les cuves de bois, les madriers, les meules de pierre et tout ce qui pouvait faire obstacle à la progression des soldats. Du haut des remparts, ses compagnons d'armes tiraient leurs carreaux meurtriers sur les servants des canons. Le vice-légat comptait ses morts. Les vaudoises à demi-folles de rage, jetaient les pierres sur les assaillants, soignaient les blessés, tandis que les enfants apportaient munitions et vivres à leurs aînés. Marron revivait l'épisode lointain de ses premiers combats. Les vaudoises de Cabrières chantaient comme les dames de Marseille, échevelées et fières. Il servait, en ce temps-là, un roi qui, aujourd'hui, voulait le faire mourir.

Les hérétiques se battaient avec l'énergie du désespoir. Ils n'avaient rien à espérer et ne pouvaient choisir que leur mort qu'ils voulaient digne.

Toute la journée les boulets s'écrasèrent contre les hauts murs de pierres.

Polin s'impatientait:

- Il nous faudrait trois fois plus de canons.

Oppède sentait que le temps jouait contre lui. Il décida, en accord avec le vice-légat, d'envoyer aux assiégés un émissaire chargé de leur promettre, s'ils se rendaient, vie sauve et bonne justice.

La proposition fut accueillie avec soulagement dans le camp des vaudois. L'espoir rayonnait sur le visage des femmes:

- Notre Foi nous a sauvés, chantaient-elles. Dieu nous a entendus.

Marron rassembla ses compagnons dans l'église du village, ne laissant sur les remparts que les hommes indispensables à la défense des poternes:

- Je vous en conjure mes frères, ne vous laissez pas abuser par les promesses du baron d'Oppède. Il vous ment comme il nous a toujours menti.

Maître Arnoud fit sagement observer qu'il convenait, avant de se prononcer, d'entendre les propositions de Guyot de Malaucène, l'envoyé du président.

Ce dernier, qui se tenait en retrait, fut sommé de présenter les propositions du baron. Il tira de son pourpoint la lettre que son maître lui avait confiée:

- Il ne vous sera fait aucun dommage, ni déplaisir si vous vous rendez et laissez entrer dans vos murs, le vice-légat d'Avignon, le lieutenant général du roi, l'évêque de Cavaillon, le Capitaine Polin et le Seigneur de votre village.

Les femmes qui entrevoyaient une chance de salut, faisaient chorus:

- Il faut déposer les armes, il nous promet vie sauve et la protection royale. Nous ne voulons pas voir mourir nos enfants.

Marron tenta de ramener le calme:

- Il y a trahison, ne cédez pas aux promesses du baron...

- Non, non, hurlaient les vaudoises, assez de sang, assez de martyrs, nous voulons vivre.

Marron s'effondra en larmes:

- Dieu m'est témoin que je les aurai mis en garde.

Le barbe Guillaume Serre rédigea la réponse des vaudois par laquelle ils disaient accepter de se rendre selon les conditions proposées dans la missive du baron.

Toute la nuit, les vaudois prièrent, rendant grâce au Seigneur de les avoir sauvés en cette ultime extrêmité.

Le lendemain lundi, au vingtième jour de ce mois d'avril, les portes de Cabrières s'ouvrirent devant les soldats du roi. La ville s'était rendue au grand soulagement du vice-légat.

Les vaudois se tenaient reclus dans la salle basse du château et dans l'église du village, inquiets mais confiants dans la parole royale.

Dehors, les chefs de l'expédition débattaient de la conduite à tenir. Maynier ne voulait rien entreprendre sans l'accord du vice-légat et Polin de la Garde se gardait bien de sortir de son rôle d'exécutant.

Les engagements du baron ne liaient pas le vice-légat. Ce bel artifice de procédure rassura les consciences et l'on put poursuivre en toute quiétude l'extermination des hérétiques.

Redortier et Labbé s'en allèrent quérir, parmi les vaudois, les chefs de la rébellion. Marron les attendait, debout devant le maître autel.

Redortier s'approcha:

- Tu es leur chef ?

- Je l'ai été.

Il toisait les vaudois honteux. Il avait sacrifié sa jeunesse, ses amis, sa famille pour ces hommes qui l'abandonnaient. Ils avaient tant parlé de révolte, de dignité que leur capitulation, malgré les souffrances endurées, était une trahison. Ils avaient trahi leurs martyrs, leur foi et leur chef. Marron s'en allait les fers aux pieds, sous les coups des soldats qui le traînaient en Avignon pour le pendre, le brûler, ou le laisser pourrir dans les cages de fer suspendues aux créneaux du grand palais.

Un vieux pleurait:

- Eustache, comprends-nous, il y a les femmes et les enfants et nous ne pouvons pas les sacrifier.

- Nous devions tous avoir vie sauve, clamait Guillaume Serre, pourquoi l'emmenez-vous ? Il doit être jugé comme nous et avec nous.

Labbé s'approcha du barbe et le giffla à la volée:

- Tu n'as rien à dire, luthérien. Celui-là est à part, le baron lui réserve un sort digne de son rang. Il était capitaine de votre armée et sera jugé comme un chef.

D'une bourrade, il projeta Marron vers la sortie.

- En avant capitaine ! Et son rire résonna sous les voûtes.

Les vaudois outragés se jetèrent sur les gardes. Il fallut appeler des renforts pour ramener l'ordre dans la prison. Marron fut aussitôt conduit en Avignon sous bonne escorte.

Le baron hurlait:

- Emparez-vous des plus turbulents et conduisez-les sur le pré, derrière les murs, nous allons les châtier comme ils le méritent.

Une vingtaine d'hommes furent saisis et entraînés dans le champ voisin où se tenait la troupe aux ordres de capitaines de circonstance; bandes de villages expertes en brigandage, plus féroces que la soldatesque et qui achevaient, dans le carnage et l'abjection, l'oeuvre commencée par les mercenaires du roi.

La tension était forte, Pourrières, le gendre de Maynier, s'excitait de vin et d'injures:

- Tue, tue, pas de quartier, vengeons nos morts.

Pourrières ne se contrôlait plus et, d'un revers de son épée il fracassa la tête d'un pauvre vieux qui lui demandait grâce. Ce fut le signal de la curée.

Maynier en tête parcourait le village, sabrant comme un soudard:

- Tuez les tous, les hommes, les femmes, les enfants, les chats et les chiens.

La horde se répandit dans le village forçant les portes de l'église où se tenaient les femmes, les enfants, les vieillards pour qui les vaudois avaient rendu les armes.

Deux vieilles femmes qui demandaient leur pardon furent mises nues.

- Regarde, comme elles sont belles, éructait l'un, ce cul, ces reins et ce petit conin. Venez mes belles, couchez-vous là.

L'un d'eux dévida sa corne de poudre dans le déduit des aieules qui hurlaient sous le feu qui leur brûlait le ventre.

Les enfants horrifiés se serraient contre leurs mères et les soldats riaient.

- Vous êtes des monstres, criait une jeune femme enceinte.

- Que dis-tu ma belle, ironisait le mercenaire, viens là, je te réserve pour un meilleur usage.

Elle fut bientôt réduite, nue, sous la fureur des soldats qui prirent leur plaisir d'elle avant de l'éventrer. Des entrailles béantes de la mère agonisante, ils sortirent l'enfant vif et tentèrent de l'immoler.

Quelques vieux routiers de Paulin eurent pitié de l'être vagissant:

- Arrêtez, salopards, ou nous vous crevons comme des chiens.

Les brigands prirent peur et s'enfuirent, laissant sur place les armes et le butin. L'enfant fut baptisé et laissé pour mort aux côtés de sa mère.

Tous les hommes qui s'étaient remis entre les mains du baron furent massacrés. Les soudards couraient la ville brandissant sur les pointes de leurs pertuisanes les têtes des vaudois occis. Les corps des femmes violentées tombaient des fenêtres du château, du clocher de l'église et des remparts: plaies vivantes, pantins désarticulés qui s'écrasaient sur le pavé des rues.

Cabrières ne suffisait plus à rassasier la horde. Les bandes du vice-légat couraient la campagne, pillaient les mas, incendiaient les granges et poussaient les troupeaux devant eux. Ils firent le siège de la baume de Barigoule où quelques familles avaient pu se réfugier. Tous moururent enfumés comme des renards et l'on compta, aux petit jour, vingt-cinq cadavres à demi consumés.

Dieu ne reconnaissait plus les siens et les pillards ne distinguaient pas entre le bon catholique et le luthérien. Les chariots croulants sous le grain, les troupeaux, s'en allaient vers les granges seigneuriales. La terre était livrée, par le baron, au pillage de ses affidés qui se partageaient la peau et les os de leurs propres sujets.

Lorsque plus rien ne subsista de la prospérité d'antan, le baron décréta que les chrétiens devaient être épargnés.

De sa cachette, Chausses-de-Cuir, impuissant, assista au sac de la ville et vit son ami entraîné par les soldats. Lorsque tout fut consommé et que la troupe se fut retirée, il rentra dans Cabrières, se mêlant aux pillards qui s'arrachaient les pauvres restes oubliés. Ils emportaient la vaisselle, les tuiles, les volets, les portes, les harnais des chevaux, les cuveaux, les outils, les habits retirés des cadavres.

Le vaudois se déplaçait comme une ombre sur ce charnier. Il retournait un corps qu'il croyait reconnaître. Le visage souriant qu'il avait aimé le regardait de ses yeux morts et les frêles jeunes filles, qui, embellies de rêves et de chansons, dansaient jadis sous la ramée, gisaient sur le carreau d'église, souillées, mêlées aux enfants des garrigues, fauchés en leur prime saison.

Chausses-de-Cuir gémissait:

- Dieu d'injustice et de douleurs, le jour de ta Pâque et de ta Résurrection, combien des nôtres sont morts pour ta gloire ? Mais quels sont donc ces élus pour qui il est écrit qu'une place de choix leur est gardée dans ton paradis ? Quel est ton camp ? Es-tu du côté des victimes ou avec les bourreaux ? Il pleut sur les cadavres de mes frères et leur nuit est glacée. Il pleut ce soir, comme il neigeait sur les enfants morts du val Ghisone par une nuit de Noël. Tu ne nous a jamais secourus. Gloire à toi pour les siècles des siècles.

Emmanuel se frappait le front contre la pierre rugueuse et le sang se mêlait à la pluie, aux larmes qui trempaient son visage.

La nuit était venue. La bourrasque soulevait des gerbes de vapeur qui fusaient des poutres calcinées. Une odeur de cendres chaudes et de chairs brûlées se répandait dans les rues. Les corps décapités pendaient comme des hardes aux crochets des auvents. Vaincu, brisé, le fils du Prêcheur se retira par la grande porte que les vaudois confiants avaient ouverte à leurs bourreaux. Il s'en retournait aux Jassines dans la fureur de l'orage qui battait les hauts murs du château d'Oppède, sabré d'éclairs. Il allait, l'esprit vide, insensible au froid, à la tourmente qui le perçait jusqu'à l'os, aux hurlements des loups, à la mort qui rôdait dans la nuit.

Il arriva fort tard à sa bastide. Les volets étaient clos mais une lumière discrète coulait sous la porte. Il murmura désespéré en poussant le vantail:

-Ils sont restés les malheureux !

Alyne et ses enfants sursautèrent. Le visage d'Emmanuel était effrayant. Les yeux rougis de larmes regardaient bien au-delà d'eux-mêmes et ne les voyaient pas.

- Père ! cria Enguerrand.

Le masque inerte articula d'une voix sans timbre:

- Pourquoi n'êtes-vous pas partis ? Loin, très loin, jusqu'au diable s'il le fallait, vous ne seriez pas plus malheureux qu'ici, l'enfer est ici, à notre porte et je l'ai vu. Où est Déodati ? Il ne devait pas vous laisser seuls.

Alyne s'approcha de son époux et se pressa contre lui. Emmanuel appuya son visage meurtri sur les cheveux cendrés de l'épouse, en un geste de suprême abandon. Elle mesurait son désarroi et prit conscience que l'indomptable Chausses-de-Cuir était mort sous les boulets de la horde papiste. Emmanuel lui était rendu, fragile comme un enfant perdu.

Elle lui murmurait des mots d'apaisement:

- Déodati est à Soubeyran, ma mère a besoin de lui. Je suis là et je t'ai dit que rien désormais ne pourrait nous séparer, je n'ai que vous qui me reteniez en ce monde et si je suis rentrée des Claparèdes, c'est que vous m'étiez plus chers que ma vie et que mon honneur perdu. Si je dois mourir ce sera près de toi.

Les enfants se serrèrent contre leur mère. Le regard de la Louba se durcissait sous les feux de la cheminée. Elle se tendait, les sens aux aguets. Prête au combat, Alyne retrouvait les mouvements coulés, silencieux de la louve.

Elle leur confia dans un souffle:

- Maintenant que nous sommes tous réunis, il faut quitter cette maison, les Claparèdes me seront de nouveau secourables. Allons nous cacher dans la beaume de l'Eau.

Bérengère pleurait, elle avait peur de traverser la Valmasque:

- Non, mère, nous serons à découvert dans la plaine et ils nous prendront au petit jour.

Enguerrand proposa:

- Nous ne serons en sécurité que derrière les remparts du village et nulle part ailleurs !

- Mais comment pourrons-nous y pénétrer de nuit, les poternes sont fermées ! se décourageait sa soeur.

- Il faut passer par le verger du seigneur de Simiane, attenant au château. Une porte est dissimulée sous la treille.

- Nous suivrons ton conseil, conduis-nous. Bérengère, donne la main à ton père, je te prie.

La voix était ferme, le geste sobre et assuré.

A demi-inconscient, Emmanuel leur suggéra de prendre des armes. Enguerrand s'empara de l'arbalète, Alyne glissa un couteau sous ses jupes.

Elle souffla la chandelle, s'approcha de la porte et l'ouvrit sans faire grincer les gonds pour écouter la nuit. Les nuages s'effilochaient sous la poussée du vent et les reflets de lune se diluaient dans la blancheur diaphane de la brume. C'était l'heure où la bête repue gagne son gîte, où le brigand, ivre mort, oublie ses victimes: l'heure des passeurs, des faux-sauniers, du petit gibier et de la Louba.

Alyne pressait son monde:

- Allons ne perdons pas de temps, dans deux heures le jour sera levé et nous serons à découvert. N'oubliez-pas de passer loin des bastides... Ceux qui, hier, vous parlaient en ami vous tueraient ce matin.

Ils quittèrent les Jassines en ayant soin de tirer les verrous avec le secret espoir d' y revenir un jour.

Les enfants soutenaient leur père. Alyne allait devant attentive aux bruits de la nuit.

Nul ne pouvait repérer ces ombres fuyant le long des chemins creux. Ils arrivèrent avant le jour à la petite porte sous la treille et pénétrèrent dans la cour du château sans avoir rencontré âme qui vive.

Alyne décida de frapper à l'entrée du manoir. Dans la vaste cuisine les servantes de la Dame de La Coste poussaient les feux.

Le sac de Cabrières nourrissait les conversations. Les femmes racontaient que leur jeune seigneur avait obtenu que ses sujets soient épargnés à condition que les hérétiques du village se rendent la hart au col devant le président d'Oppède.

La vieille Marie s'étrangla de colère lorsque, sur le seuil de la maison, apparut le plus rebelle des hérétiques de la seigneurie.

- Tu n'es pas le bienvenu ici et tu nous mets tous en danger, tu es pire que la peste, va-t-en !

La vieille femme s'avançait sur Bérengère en brandissant un tisonnier chauffé à blanc.

La Louba s'était repliée sur elle-même, tendue comme un arc, prête à bondir.

- Taisez-vous vieille folle.

La voix tomba de l'escalier qui descendait des étages. La jeune Dame de La Coste avait entendu les propos de sa servante. Elle s'approcha d'Alyne:

- Qui que vous soyez, votre place est ici, quels que soient vos torts et vos erreurs, vous êtes de notre fief et je vous dois assistance. C'est le droit féodal auquel nous n'avons jamais failli.

La jeune femme était pâle, fatiguée d'une nuit sans sommeil. Les atrocités dont son époux lui avait fait le récit l'avaient éprouvée.

Elle reprit en s'adressant à ses servantes:

- Ce que les hommes vous interdisent, Dieu vous le commande, sachez-le.

Bérengère s'était agenouillée et baisait les mains de la jeune femme:

- Grand merci, Madame, que Dieu vous bénisse.

- Reposez-vous, car vous semblez bien fatigués. Qu'on leur donne à manger !

Christol et Jaume Grieux s'empressèrent aux ordres de leur maîtresse.

Christol pris de pitié s'approcha d'Emmanuel:

- Mon pauvre ami, te voilà bien mal partagé. Depuis quand n'as-tu pas mangé ?

Emmanuel ne savait pas. De Lourmarin aux Jassines et des Jassines à Cabrières, il avait couru, sans jamais s'arrêter, pour arriver trop tard, trop tard à Lourmarin pour sauver son père et trop tard à Cabrières pour aider son ami. Toujours trop tard...

Il prit quelque nourriture et but du vin, beaucoup de vin pour oublier.

Terrassé, il s'endormit.

Alyne s'excusait:

- Pardonnez-lui, Madame, ce qu'il a vu n'était pas supportable.

- Je sais, murmura la Dame de La Coste, mon époux est dans sa chambre assommé, plus mort que vif. Que Dieu nous préserve d'une telle abomination. Allez dans la grange et dormez, dormez si vous le pouvez, moi je ne peux pas.

Ils se retirèrent dans les communs et s'endormirent au jour levant.

*
* *

Monsieur le baron observait de sa terrasse les derniers feux de l'incendie de Cabrières. Entouré de ses amis, parents et capitaines, il buvait à la victoire qui lui vaudrait la reconnaissance du Saint-Père et les plus grands honneurs.

- Il me semble, plastronnait-il, que nous avons bien travaillé pour le service de l'Eglise et de sa Majesté, mais l'oeuvre n'est pas achevée. Voyez, là-bas, sur les rochers, les murailles de La Coste et le château de Ménerbes. Ce sont des repaires d'hérétiques.

Le baron était rentré dans la grande salle de son château où il donnait un festin à ses invités. Prélats et nobliaux commentaient les événements de la journée. Pourrières racontait ses exploits. Labbé et son compère Baudoin se désolaient de n'avoir eu que maigre part de la curée:

- Les bandes du Piémont ne nous ont rien laissé, confiaient-ils aux capitaines Loubières et de Saint-Rémy.

- Patience, vous aurez votre heure, répliquait monsieur de Saint-Rémy.

Maynier se préoccupait du sort de La Coste. Gélido l'écoutait.

- Le jeune seigneur de La Coste est venu, ici- même, me demander d'épargner ses sujets, je n'ai pas oublié que les mécréants de son village ont brûlé le couvent de Saint-Hilaire et massacré les bons moines, leur sang m'interpelle et réclame sa vengeance.

Gelido se faisait l'avocat du seigneur de La Coste:

- Mais si les mal sentants se rendent, comme il est prescrit, la hart au col vers les prisons d'Aix, peut-être serait-il de bonne politique de préserver les terres du sieur de Simiane qui est bon catholique.

- Il n'empêche, répartit le baron, que son village est un repaire d'hérétiques. Il est le parent de Blanche de Lévis et je n'ai pas fini de régler mes comptes avec elle.

- Je crains que trop de sang ne nuise à nos intérêts, souffla le moine.

- Ne t'inquiète pas, nous avons, grâce à toi, la loi pour nous et la protection des puissants... Que suggères-tu ? demanda le baron.

- Nous ne pouvons pas moins faire que de porter un commandement, signé de votre main, au seigneur de La Coste pour lui enjoindre d'ouvrir les portes de sa ville et de livrer les hérétiques de son fief. Vous lui promettrez, si vos ordres sont exécutés, la vie sauve pour les bons sujets.

Maynier se frottait les mains:

- Je retiens ce plan qui nous a si bien réussi à Cabrières et que nous allons mettre à exécution sur le champ.

Labbé et Baudoin, toujours à l'affût, se trouvaient à quelques pas du baron:

- Approchez-vous mes braves, j'ai une mission à vous confier. Demain mardi, vous vous rendrez au château de La Coste pour demander au seigneur de vous remettre les hérétiques de son fief. Vous serez accompagnés d'une modeste escorte pour ne pas effrayer les villageois. La troupe vous rejoindra dans la journée pour la prise de corps des hérétiques désignés. C'est une mission de diplomates et non de chefs de guerre que je vous confie, précisa-t-il.

Labbé et Baudoin, dûment commissionnés, se retirèrent pour préparer leur ambassade.

Le baron retourna à ses invités.

La pluie avait cessé, le ciel était serein, les femmes avenantes, le vin d'Arbois de bonne cuvée et l'avenir souriant. Le baron jubilait.

Au matin du mardi 21 avril, les deux capitaines prirent le chemin de La Coste accompagnés d'une faible escorte. Le gros de la troupe campait aux abords de Cavaillon et devait les rejoindre dans la matinée.

Baudoin était ravi:

- Dans ce village les luthériens sont nombreux et prospères. Crois-moi compère, la prise sera bonne et le butin sera gros même après avoir prélevé la part du baron pour la bonne manière.

- Souviens-toi que nous sommes ici en diplomates, le baron l'a bien précisé, fit observer Labbé.

- Oui, j'entends bien mais il suffit parfois d'un petit rien pour changer le cours des événements. Rappelle-toi Pourrières devant Cabrières qui, d'un seul coup de couteau, trancha l'affaire. Le baron en perdit ses états d'âme. Il suffira de lui dire que les hérétiques se sont montrés rebelles à ses ordres... Qui pourra dire le contraire ?

Nous attendrons que les hommes nous aient rejoints pour présenter nos commissions...

Labbé tomba d'accord, son compère était un malin.

Dès que la petite troupe s'approcha du village, les vigiles sonnèrent le tocsin. Le jeune seigneur de La Coste fut tiré de son lit par des villageois atterrés, qui se voyaient déjà dépossédés, maltraités et vendus aux galères. Les syndics conjurèrent leur maître de se porter au-devant des soldats afin de les assurer de leur allégeance envers le roi, la sainte Eglise et le baron d'Oppède.

- Vous devriez, suggéra l'un d'eux, offrir à leurs chefs , de la nourriture, du vin et le gîte au château. Il ne faut en rien leur déplaire.

Le seigneur, contraint par ses sujets, se dirigea vers la petite escorte qui se présentait aux barrières de la ville:

- Messires, je vous prie d'accepter l'hospitalité de mon château, pour y dîner et prendre du repos.

Blanc de peur, le seigneur de La Coste pouvait difficilement prononcer les mots de bienvenue qui lui brûlaient la gorge. Son bégaiement réjouissait les soudards qui mesuraient ainsi la frayeur qu'ils inspiraient.

- Le chapon est cuit à point, souffla Baudoin à son comparse.

Puis il reprit d'une voix hautaine:

- Monseigneur, nous ne pouvons pas accepter l'hospitalité que vous nous proposez. Votre village est infesté d'hérétiques et nous ne serions pas en sécurité.

- Alors si vous ne voulez pas entrer, acceptez une collation de viande et de vin que je vous ferai livrer, ici-même, par deux de mes gens, insistait le seigneur.

- Faites-nous servir sous les arbres, le temps est doux et la campagne fort belle ce matin.

Le seigneur rentra dans sa ville, persuadé d'avoir convaincu les soudards des bonnes dispositions de ses sujets. De retour dans son château, il confia à Jaume Grieux et au bon Christol, le soin de régaler la bande.

- Ne lésinez pas, donnez-leur ce qu'ils demandent et sans compter.

Les deux serviteurs de La Coste chargèrent leurs paniers de viandes et de vins, de pain et de fromages et se dirigèrent vers la troupe qui s'installait pour faire bombance.

Jaume et Christol suivaient scrupuleusement les consignes de leur maître, les verres se vidaient aussitôt que remplis, les soudards n'étaient jamais rassasiés.

Ainsi le temps passait, Baudoin attendait le gros de la troupe qui bientôt s'annonça dans la côte de La Yaude.

- Enfin, murmura Labbé, on va pouvoir commencer.

Du haut du beffroi, les syndics observaient la progression des mercenaires. Une véritable armée montait vers leur village. Le spectre de Cabrières se profilait sur l'horizon, tambours battants et enseignes déployées. Pris de panique, ils ordonnèrent la fermeture des portes, abandonnant les deux serviteurs entre les mains des soldats.

La ville se mettait en défense et Baudoin, fou de colère, voyait la proie lui échapper. Foin des finasseries diplomatiques du baron, l'heure était au sac et à la tuerie. Jaume et Christol furent massacrés sous les oliviers, tandis que le gros de la troupe parvenue à pied d'oeuvre ravageait le verger, vidait les celliers, incendiait les communs sans pouvoir entamer les murailles inexpugnables.

Baudoin, fulminait:

- Nous ne prendrons pas la ville ce soir, mais il nous reste les fermes et les troupeaux.

Les bandes s'égaillèrent dans la campagne. Elles pillèrent les Jassines et tuèrent, à Soubeyran, la mère d'Alyne.

Les troupeaux volés vaguaient dans les champs et mangeaient le blé en herbe.

Les soudards emmenaient les vierges pubères et les enfants au verger de Simiane pour les violer. Les fillettes de neuf ans passaient de l'un à l'autre, battues entre deux ruts et enivrées jusqu'à l'écoeurement et les plus âgées dansaient nues. Couvertes de sang, de foutre et de vomissures, elles dansaient, les vaudoises, sous les rires des soldats, offertes à qui les voulait prendre. Les mères, aussi nues que leurs filles, se battaient comme des furies. Puis, vaincues, à genoux, suppliaient leurs tortionnaires de les laisser mourir:

- Tuez-la, tuez-moi, mais ne la déshonorez pas !

Les soudards riaient, tranchaient le têton avachi de la mère sous les yeux révulsés de l'enfant et la corne de poudre allumait des feux d'enfer dans le sexe des femmes. Les bacchanales de l'Apocalypse résonnaient des cris de fureur et de désespoir.

Au petit jour, les soldats repus s'endormaient sur les corps glacés de leurs victimes. Ils marchandaient, supputaient les juteux profits que leur laisserait la vente de leurs proies sur les marchés de l'Isle, à cinq écus la pièce pour le moins.

Mais les portes du village restaient obstinément closes et Baudoin dut se résigner à confesser l'échec de sa mission.

Maynier somma les syndics d'ouvrir les poternes, d'abattre les murs et de laisser entrer les soldats.

A Baudoin il ordonna de réduire les hérétiques et de n'en laisser échapper aucun.

Chausses-de-Cuir se réveilla lorsque sonna le tocsin. Alyne, appuyée contre la porte de la grange qui dominait la cour, observait le mouvement des troupes de Baudoin aux abords du verger. Enguerrand était près d'elle:

- Il ne faut pas qu'ils trouvent la petite porte sous la treille, sinon nous sommes perdus. murmurait-elle. Préviens le sire de La Coste pour qu'il renforce ses défenses de ce côté.

Enguerrand se précipita au logis du jeune Simiane et l'informa de la fragilité de ses arrières.

Emmanuel, Bérengère, Alyne et Enguerrand se trouvaient enfermés dans la ville. Emmanuel en mesura les conséquences:

- C'est le piège qui se referme sur nous.

Il regardait sa fille et ajouta:

- Nous aurions dû fuir dans les Claparèdes comme ta mère le disait. Les baumes de la montagne sont de plus sûrs refuges que les remparts de cette ville. Mais il faut croire que le sort nous est contraire, qu'il est écrit que notre destin est de n'en point réchapper. Je suis prêt à me battre pour ne pas mourir comme un mouton. Mourir me sera plus facile si je vous sais loin d'ici. Bérengère et Enguerrand doivent se mettre en sûreté. Un jour ils témoigneront, ils seront la mémoire de notre peuple.

Emmanuel pleurait:

- Je vous en conjure mes enfants, sauvez-vous, épargnez-moi cette douleur de vous voir mourir sous mes yeux et protégez votre mère.

Alyne sursauta:

- Il n'est pas question que je te quitte !

Le ton était sans répliques, les yeux noirs de la Louba brûlaient d'une étrange passion.

- Je reste pour mourir avec toi. Je ne veux pas de cette vie maudite que tu veux m'imposer. Que nos enfants soient sauvés, je le veux, mais que moi je survive cela ne sera pas. Tu disposes de mon honneur contre mon gré et cela je te l'interdis.

Elle se jeta dans les bras de son époux:

- Par delà les ténèbres de la mort, il y a la Lumière et les verts pâturages d'Emilio. Ne soyons pas effrayés de la mort qui nous guette. Elle sera notre dernier refuge, le plus beau.

Bérengère et son frère regardaient leurs parents comme s'ils les voyaient pour la première fois. Un sentiment si fort unissait ces deux êtres, qu'ils en étaient eux-mêmes submergés. Ils eurent la révélation que leurs parents étaient passés, d'un commun accord, au-delà du monde sensible. De ce monde-là, ils étaient exclus. Enguerrand baissa la tête, le couple se tenait uni dans l'encadrement de la porte de grange. Leurs silhouettes indissolublement liées se découpaient sur le fond tourmenté d'un ciel de printemps.

Le jeune garçon, que la souffrance avait mûri trop tôt, hoquetait:

- Que votre volonté s'accomplisse, vous survivrez je le jure. Ils vous tueront peut-être, mais jamais vous ne mourrez. Le sang versé parlera dans les pierres de nos villages.

Bérengère se jeta dans les bras de ses parents:

- Va ma fille, murmurait la mère, que ton ventre, un jour, porte les beaux fruits de ces Jassines que nous avons tant aimées. Souviens-toi de l'amandier du chemin, de la pierre d'Emilio et du soleil penché sur la margelle du puits. Que ces souvenirs emplissent ta mémoire jusqu'à ce que les temps soient accomplis et que vous reveniez sur la terre qui vous a vus naître.

Emmanuel serra ses enfants une dernière fois dans ses bras:

- Restez au château, placez-vous sous la protection de la Dame de La Coste, c'est une sainte femme qui ne vous trahira pas.

Le jeune seigneur de La Coste ne quittait plus sa chambre. Il avait fait savoir qu'il ne pouvait s'opposer aux ordres du lieutenant général du roi.

La discussion était vive dans le village lorsque Chausses-de-Cuir et la Louba firent leur apparition. Les uns voulaient ouvrir les portes, abattre les murailles tandis que les autres voulaient se mettre en défense.

Les quelques vaudois qui n'étaient pas morts à Cabrières se rapprochèrent de Chausses-de-Cuir:

- Que fait-on capitaine ?

La Louba se tenait en retrait et observait les hommes.

La réponse tomba, nette et sans détours:

- On se bat, il n'y a rien à attendre de ces gens-là, nos frères de Cabrières l'ont appris à leurs dépens.

Le baile se déclara bon catholique et estima que le roi ne pouvait pas les confondre avec les mécréants du village. Il prétendit que la justice allait son train et que les vaudois étaient assurés d'un procès équitable.

- Il n'y aura pas de procès, fulmina la Louba, êtes-vous donc aveugles ? Ils ont fait les mêmes promesses à Lourmarin, Mérindol et Cabrières... Pas un n'en est sorti vivant.

Le ton montait et les vaudois du village n'étaient plus assez nombreux pour imposer leur loi. Chausses-de-Cuir se trouva isolé au milieu des papistes. Le parti des catholiques l'emporta largement.

Chausses-de-Cuir regarda la Louba et le long regard qu'ils échangèrent, signait leur défaite.

- Emparez-vous d'eux, ordonna le syndic, ouvrons la ville, démolissons la muraille et livrons les hérétiques aux commissaires du roi. Gardez-les bien, ils sont les gages de notre bonne foi.

Les villageois s'emparèrent des deux fugitifs et les attachèrent ensemble au pilier de l'église. Leurs mains se serraient dans une dernière étreinte.

Les hérétiques de moindre envergure furent jetés dans les prisons.

Grâce à la complicité des villageois, Baudoin et Labbé pouvaient chanter victoire.

Les murailles éventrées livrèrent la ville à des brigands sevrés de gros butin depuis tantôt huit jours.

Les notables suppliaient les soudards d'épargner les bons catholiques mais tous étaient hérétiques pour peu qu'ils soient riches.

Craignant pour sa vie, le baile désigna Chausses-de-Cuir comme l'un des chefs de la rébellion:

- Voyez, Messire Baudoin, la bonne prise que nous gardions pour vous: c'est Chausses-de-Cuir, le lieutenant de Marron.

Le soudard s'approcha du prisonnier et le toisa:

- Tu as droit à un traitement de chef, comme ton ami Marron, je ne peux pas te tuer sur place. Le vice-légat te veut vivant. Tu seras jugé en Avignon.

Il ordonna à ses gens d'armes de conduire, sous bonne garde, le prisonnier hors les murs.

- Et la femme ? demanda le baile.

Qu'elle soit emmenée au verger, avec les autres. Sa beauté la préserve...

La Louba hurla lorsque son homme fut entraîné par les ruffians. Cernée de pertuisanes mais les mains libres, elle faisait front comme un fauve au milieu de l'arène. Il émanait d'elle cette force concentrée, silencieuse de la bête aux abois. Baudoin fut stupéfait, admiratif devant la Louve des Claparèdes, jamais une femme n'avait montré autant de courage devant lui:

- Voilà une proie que je veux mienne. Gardez-la comme votre propre mère. Votre vie répond de la sienne.

Les soldats eurent bien du mal à maîtriser la Louba.

Le village brûlait. La mort jonchait les rues de cadavres éventrés. La violence manquait d'imagination, les crimes se répétaient comme une litanie d'un bout à l'autre du Luberon. Les femmes violées se jetaient du haut de la muraille et leurs cadavres remplissaient les fossés du château, tandis que la noria des chariots croulants de bonnes prises enrichissait le baron d'Oppède et ses féaux.

La nuit tombait, lourde de ses pulsions inavouées que les ténèbres exaspèrent. C'était l'heure de l'orgie et les vierges attendaient, parquées comme des bêtes, le bon plaisir du soldat. Les mères impuissantes leur tendaient des couteaux:

- Mourez puisque Dieu le veut, mais mourez chastes, rugissaient-elles.

Après une harassante journée de pillages et de meurtres, Baudoin eut envie de cette femme indomptable, féline, souple, excitante et rebelle.

Enchaînée comme une esclave, la Louba fut conduite au verger où l'attendait son bourreau.

- Donne-moi du plaisir, de la joie et tu auras la vie sauve.

Vaincue, Alyne baissait la tête.

- Détachez-la, elle n'est plus dangereuse et laissez-moi seul avec elle.

Baudoin s'était retiré près de la fontaine aux nymphes du jardin florentin. Au milieu des colonnettes renversées, la vasque avait gardé son charme bucolique, entre les lilas immaculés et les parterres d'iris bleus. Repu jusqu'à l'écoeurement, de carnage et de feu, il avait besoin d'air pur, de tendresse et de beauté. Baudoin était sincèrement épris de cette femme.

Les longs cheveux défaits de la Louba tombaient sur ses épaules en vagues sombres frangées d'écume. Son regard accrochait les derniers feux du jour et son visage fermé ne laissait paraître aucune émotion. Elle n'ignorait rien de ce qui l'attendait: le désir de l'homme, chaque geste de l'humiliation imprimée dans sa chair.

- Viens sur le banc ma mie, pour me parler de toi.

Il avait posé son arme et se montrait confiant. La Louba semblait domptée.

Elle s'approcha, presque souriante, souleva ses jupes comme pour une invite, dégagea son couteau et frappa. La lame glissa sur l'acier du colleret. Baudoin bascula et par chance sauva sa vie.

La Louve fuyait vers les douves, grimpait sur les éboulis des murs détruits. Baudoin, furieux, courait sur ses talons:

- Sus à la bête, tue, tue.

Acculée au sommet de la muraille, au bord du précipice, il la tenait enfin. Là-bas, au-dessus des Jassines, le vent poussait des nuées d'encre. Le Luberon se dérobait.

- C'est un temps de Toussaint, murmura-t-elle.

La Louba hurla dans le ciel de Pâque, une dernière fois et se jeta dans le vide. A demi-morte, elle fut violée par les soldats et au petit matin, dans une dernière étreinte, la petite des Soubeyran, la perle des vaudois, rendit son âme à Dieu, pure et virginale comme une rosée de mai.

*

Chausses-de-Cuir mourut sous les coups des mercenaires durant son transfert en Avignon. Il avait tenté d'étrangler l'un de ses gardiens. Emmanuel avait choisi sa mort. Ce fils de la Lumière et du vent n'aurait pas supporté la nuit glauque des cachots.

*

La troupe se retira, fortune faite, ne laissant derrière elle que ruines et feux mourants.

Oppède s'en alla porter plus loin, le feu de ses obsessions et les enfants des Jassines, miraculeusement sauvés par la Dame de La Coste, ensevelirent leur mère, près de la tombe d'Emilio et gagnèrent Genève où ils vécurent en paix.

*

Bien des années passèrent, Enguerrand revint au pays pour combattre aux côtés des « réformés », ses frères. Il n'avait rien oublié des heures sanglantes de son passé. Dans Ménerbes assiégé par les papistes et vaincu pour la dernière fois, il attendait la mort en rédigeant ses mémoires.

Ménerbes le 8 décembre 1578.

Mes chers enfants,

Le massacre des Vaudois de Provence en l'an funeste 1545, s'inscrit, dans la tragédie de ce siècle, sur l'unique page qui vous soit destinée.

Je n'instruirai pas le procès des bourreaux car je laisse aux docteurs de notre foi le soin d'en assumer la terrible responsabilité.

Je vous livre, dans ces quelques feuillets, les joies simples de la terre, l'angoisse de vos aïeux, de leurs frères et de leur amis, la lente montée de la colère et le souffle de la violence.

Vos aïeux se nommaient Emilio, Jehan le Prêcheur et l'inoubliable Chausses-de-Cuir, mon père.

J'ai tenté, en suivant leurs traces, de vous peindre la garrigue et ses lumières, le Luberon et ses ombres, vous faire sentir les parfums de cette terre que vous n'avez pas connue. Le poète parfois, tenait la plume du témoin et ce ne fut pas la moindre de ses joies.

Un jour viendra où le lancinant appel d'un retour à vos sources vous jettera sur les routes. Vous chercherez, comme je l'ai fait, les témoins et les pistes du passé, vous scruterez les morceaux calcinés de votre berceau pour lui arracher son histoire.

Face à la montagne, près des ruines de notre bastide, vous trouverez un enclos dévoré par la ronce. Entre les cierges noirs qui plient sous le mistral, sont enterrés vos ancêtres et là sont vos racines.

J'exprime le souhait de vous voir revenir un jour sur la terre des Jassines, le creuset de notre race.

Que Dieu vous accorde la grâce de voir refleurir l'amandier du chemin.

Que paissent dans les jas les troupeaux de mes fils.

Il pleut sur la montagne, la pluie maussade du deuil.

Assiégés sur le rocher de Ménerbes, les voies de la retraite nous sont coupées. Nous n'avons plus de poudre et plus de nourriture. Demain nous nous rendrons.

Que Dieu nous préserve...

Les chants sont morts sur Mérindol.

et le Luberon pleure...

Enguerrand Rey

Sant Savornin, à la Toussaint 1991

H.L

LEXIQUE

Les termes définis dans ce lexique sont suivis d'un astérisque (*) dans le texte.

A-B

Baile: .... Représentant du seigneur auprès de la communauté villageoise.
Ban: .... - proclamation officielle fixant la date des vendanges.
.... - convocation des vassaux en armes.
Banaste: .... Panier.
Blanc: .... Petite monnaie.
Barbe: .... Prédicateur vaudois.
Bastide: .... Ferme, mas.
Baume: .... Grotte.
Brune: .... Tombée du jour (poétique).

C

Cabane: .... Borie, construction de pierres sèches.
Calèu: .... Lampe à huile.
Campane: .... Cloche.
Capelan: .... Prêtre.
Caraque: .... Gitane.
Cotte Hardie: .... Tenue de pénitence.
Couleuvrine: .... Canon.
Cramer: .... Brûler (populaire).
Croisée: .... Carrefour.

D

Délat: .... Accusé d'hérésie.
Deffens: .... Forêts et taillis interdits de libre pature.

E

Essarts: .... Friches.
Essarter: .... Défricher.

F

Faillols: .... Haricots.
Feintise: .... Rouerie.
Fuste: .... Granges alpines.

G

Galine: .... Poule.
Garçounet: .... Petit garçon, garnement.
Gast: .... Estropié.
Gastes (Terres): .... Terres en friches.
Gay savoir: .... Poésie, art du vivre des troubadours.
Gorg: .... Etang.
Gouyard: .... Serpe de vendangeurs.
Gros: .... Monnaie.
Guindelles: .... Baquets.

H-I-J-K-L

Hart: .... Corde.
Herme: .... Landes.
Hommage: .... Serment féodal.
Jas: .... Enclos, bergerie, parc à moutons.
Jassines: .... Enclos, hameau de La Coste.
Jonchée: .... Amas d'herbes et de fleurs répandu sur le sol.
Louba: .... Louve.
Luchet: .... Bêche provençale.

M

Mal sentants: .... Hérétiques.
Masque: .... Sorcier.
Morion: .... Casque.
Mur, Mur étroit, Murus Durus: .... Cachot très étroit et sans lumière.

N-O

Novales: .... Terres défrichées et cultivées.
Novis: .... Fiancés, promis, jeunes époux.
Oblat: .... Enfant voué au service de Dieu.

P

Paluds: .... Marais.
Papeau: .... Pape (péjoratif).
Papistes: .... Catholiques.
Pas: .... Passage, col.

Plan: .... Plaine.
Plan d'Apt: ....Moulin et lieu-dit situés au nord de l'actuel plan d'eau sur la route de Saint Saturnin.
Pauvres de Lyon: .... Disciples de Valdo, Vaudois.

Q-R-S-T-U

Relaps:................................... Retombé dans l'hérésie après abjuration.
Restanque: .... Terrasse cultivée à flanc de montagne.
Retrait:.......................... Cachette dissimulée dans les murs des bastides.
Spélonque: ....Grotte, baume.
Tasque: .... Part de la récolte réservée au seigneur.
Tenure: ....Fermage, terre à bail.
Tine: .... Cuve à raisin.

V-W-X-Y-Z

Valmasque: .... Val des sorciers entre La Coste et Ménerbes.
Vaudois: .... Disciples de Valdo, hérétiques, parfois synonymes de sorciers et de masques.

BIBLIOGRAPHIE

Histoire de France.

CLOULAS Yvan : Catherine de Médicis. Editions Fayard
CLOULAS Yvan : La vie quotidienne des Châteaux de la Loire au temps de la Renaissance. Editions Hachette.
DEJEAN Jean-Luc Marguerite de Navarre. Editions Fayard.
JACQUARD Jean : François 1er Editions Fayard.
JEAN LUCAS-DUBRETON : Charles-Quint . Editions Fayard.
LEVER Maurice : Le sceptre et la marotte, histoire des fous à la Cour de France. Editions Fayard.
Luce PIETRI, Marc VENARD : Le Monde et son Histoire (XIIIe-XVIIe siècle) Editions Laffont.
MAURO Frédéric : le XVIe siècle Européen, aspects économiques. P.U.F
POGNON Edmond. Histoire du peuple français de Jeanne d'Arc à Louis XIV.
VIVET J.P : Histoire de la France et des pays européens, 1453-1600. Editions Laffont.

Histoire de Provence.

BAILLY Robert : Dictionnaire des communes du Vaucluse: Edition A. Barthelemy. Avignon.
BOZE André : Histoire d'Apt: Laffitte reprints.
DUBLED Henri : Histoire du Comtat Venaissin. CREDEL.
FABRI de PEYRESC : Histoire abrégée de Provence et autres textes. Editions Aubanel. Avignon.
GIRARD Joseph : Evocation du Vieil Avignon. Editions de Minuit.

LEROY LADURIE : Les Paysans du Languedoc: Editions Flammarion.
MARCHANDIAU J.N. : Outillage Agricole de la Provence d'Autrefois. Edisud.
PEYRE B. Histoire de Mérindol en Provence. Laffitte Reprints.

Histoire Religieuse.

DELUMEAU Jean : La peur en Occident. Editions Fayard.
FEBVRE Lucien : Au coeur religieux du XVIe siècle. Bibliothèque générale de l'école des hautes études en sciences commerciales.
HISTORIA Spécial : Les guerres de Religion. Revue sept 1985.
LAMBERT G : Histoire des guerres de religion en Provence: Editions Chantemerle.
MICHELET Edmond : Renaissance et Réforme. Editions Laffont.
MIQUEL Pierre : Les guerres de Religion. Editions Fayard.
VERILL A H : L'Inquisition. Editions Payot.

Histoire du Valdéisme.

ARCHE Guy : Le massacre des vaudois du Luberon. Editions Curandera.
AUBERY Histoire de l'exécution de Cabrières et de Mérindol. Association d'Etudes vaudoises et Historique du Luberon. Diffusion Edisud.
AUDISIO Gabriel : Le Barbe et l'inquisiteur, minutes du procès de Pierre Griot. Edisud.
AUDISO Gabriel : Les Vaudois du Luberon, Association d'Etudes Vaudoises et Historiques du Luberon.
PEZET Maurice : L'épopée des Vaudois. Editions Seghers.
TOURN Georges : Les Vaudois, l'étonnante aventure d'un peuple-église. Editions Réveil-Claudiana.

Une table d'Orientation...

PREMIERE PARTIE
Le temps des Jassines

DEUXIEME PARTIE
Chausses-de-Cuir

ACHEVÉ D'IMPRIMER
SUR LES PRESSES DE
L'IMPRIMERIE CHIRAT
42540 ST-JUST-LA-PENDUE
EN AOÛT 1996
DÉPÔT LÉGAL 1996 N° 2698

IMPRIMÉ EN FRANCE